Compreenda as finanças de sua empresa

Introdução a Análise das Demonstrações Contábeis

Yumara Lúcia Vasconcelos

Compreenda as finanças de sua empresa

Introdução a Análise das Demonstrações Contábeis

QUALITYMARK

Direção Editorial
SAIDUL RAHMAN MAHOMED
editor@qualitymark.com.br

Produção Editorial
EQUIPE QUALITYMARK

Capa
WILSON COTRIM

Editoração Eletrônica
MS EDITORAÇÃO ELETRÔNICA

CIP-Brasil. Catalogação-na-fonte
Sindicato Nacional dos Editores de Livros, RJ

V451c

Vasconcelos, Yumara Lúcia

Compreenda as finanças de sua empresa : introdução à análise das demonstrações contábeis / Yumara Lúcia Vasconcelos. – Rio de Janeiro : Qualitymark, 2005

376p. :

Inclui bibliografia
ISBN 85-7303-599-4

1. Balanço (contabilidade). 2. Empresas – Finanças.

I. Título.

05-2951.

CDD 657.3
CDU 657.3

2006
IMPRESSO NO BRASIL

Qualitymark Editora Ltda.
Rua Teixeira Júnior, 441
São Cristóvão
20921-400 – Rio de Janeiro – RJ
Tel.: (0XX21) 3860-8422

Fax: (0XX21) 3860-8424
www.qualitymark.com.br
E-Mail: quality@qualitymark.com.br
QualityPhone: 0800-263311

Dedicatória

Agradeço e dedico aos meus pais, pela referência moral, amor e paciência.

Às minhas irmãs e ao professor Walter Crispim da Silva, pelos incentivo e apoio constantes.

Às minhas avós, Áurea Alves do Bomfim e Helena Araújo, o meu reconhecimento.

Agradecimentos

Aos amigos e mestres Dr. ALBERTO FRANQUEIRA CABRAL, Prof. WALTER CRISPIM DA SILVA, Dr. MARIANO YOSHITAKE, Dr. WILSON TOMÉ SARDINHA e Dr. ANTÔNIO LOPES DE SÁ pela oportunidade de conviver com mentes tão iluminadas.

É redundância, mas não posso deixar de citar a contribuição desses sábios para o desenvolvimento da ciência contábil, uma vez que a atuação deles tem sido intensa e valiosa. Contribuição tal que vem fazendo ascender, ao longo dos anos, a Contabilidade ao seu legítimo patamar, ao nível de seus usuários. Qualidade, profundidade técnica e amor à profissão têm sido marcas constantes na trajetória desses amigos.

Destacaria, ainda, como diferencial, a preocupação deles em dar, no estudo doutrinário, caráter prioritário aos trabalhos científicos, pois as idéias, movidas pelo desejo de fusão e aperfeiçoamento de técnicas, vêm abrindo caminho para a renovação do conhecimento contábil.

Só com uma mente isenta de vaidade um profissional pode conseguir elevar uma classe ao patamar que merece; e eles o conseguiram.

A eles, pois, esta homenagem e a minha gratidão.

Nota da Autora

Este livro objetiva nortear a prática de analistas financeiros na leitura e interpretação das demonstrações contábeis, servindo de referência para estudos nos meios acadêmico e profissional.

Didaticamente explicita as técnicas de análise das demonstrações contábeis, enfatizando aspectos relevantes da interpretação dos resultados encontrados na sua aplicação.

Almeja-se que a abordagem desta obra seja útil para a tomada tempestiva de decisões através do uso da análise das demonstrações contábeis no dia-a-dia das empresas, oferecendo aos profissionais da área contábil e afins um trabalho que possa, de alguma forma, contribuir para atualização e especialização.

Trata-se de um livro-texto para a disciplina ANÁLISE DAS DEMONSTRAÇÕES CONTÁBEIS e matérias afins nos cursos de Ciências Contábeis, Administração, Economia e Direito.

Leitura complementar para as disciplinas Contabilidade Gerencial, Administração Financeira e Análise de Crédito, recomendada principalmente como apoio didático em cursos especiais, como também para as consultas profissionais.

Yumara Lúcia Vasconcelos

Prefácio

A professora Yumara Lúcia Vasconcelos nos brinda e encharca-nos de orgulho com sua obra INTRODUÇÃO À ANÁLISE DAS DEMONSTRAÇÕES CONTÁBEIS: COMPREENDENDO AS FINANÇAS DE SUA EMPRESA, por ser luz a iluminar, passo a passo, a metodologia de análise das demonstrações contábeis.

Não poupou trabalho e tinta a ilustre acadêmica Yumara Lúcia Vasconcelos em especificar detalhadamente um roteiro correto para análise de balanços, corrigindo e atualizando conceitos antes defasados.

Tão necessária à análise de balanços que propicia aos empresários o controle e a diretriz a serem empreendidos, capacitando-os para o melhor desempenho de suas atividades em harmonia com o mercado e com a legislação regente.

A análise das demonstrações contábeis torna-se necessária, principalmente nos dias atuais, não somente para manter o empreendimento em progresso, mas também enfrentar a competitividade do setor, mensurar o custo dos capitais de terceiros, avaliar a participação no cenário econômico-social e detectar possíveis fraudes cometidas na empresa sob análise.

A obra por si só é um curso superior de altíssima qualidade. É bússola que orienta o caminho a seguir, seja para o analista profissional, seja para o empresário e governantes.

Yumara, você, proficiente nas Ciências Contábeis, está simbolizada nesta obra.

Muitos direcionarão sua nau visionária para a preciosidade deste Manual de Análise das Demonstrações Contábeis.

Orgulhosamente,

Alberto Franqueira Cabral
Acadêmico Titular da Academia Brasileira de Ciências Contábeis

Sumário

Capítulo 1

Histórico e Importância da Análise das Demonstrações Contábeis

Neste capítulo, abordaremos o histórico da análise das demonstrações contábeis, discorreremos ainda acerca de seu conceito, importância, tipos, principais usuários bem como áreas específicas onde a análise se faz necessária no campo profissional.

1.1. Histórico e Importância

É provável que a análise contábil seja uma prática bastante antiga. Segundo Iudícibus (1998), a necessidade de analisar Demonstrações Contábeis é tão antiga quanto a própria origem da Contabilidade. Possivelmente, o criador de rebanhos tenha praticado a análise vertical para ter noção exata da composição de seu rebanho e, ainda, tenha feito uso da análise horizontal para precisar a variação dos elementos patrimoniais (animais) no tempo. A disseminação e a vulgarização da análise, entretanto, foram obra dos banqueiros. Os bancos governamentais e de desenvolvimento alavancaram seu uso a serviço da análise da capacidade creditícia de empresas.

A Análise de Balanços, como técnica consolidada, surgiu numa concepção popular, da necessidade dos bancos em estudar as empresas solicitantes de empréstimos (proponentes).

Registros de seu início datam do final do século passado, segundo Matarazzo (1995), introduzida pelos banqueiros americanos que passaram a solicitar balanços de empresas tomadoras de empréstimos. Iudícibus (1998, p. 21) acrescenta que: "O surgimento dos bancos governamentais de desenvolvimento, regionais ou nacionais, em vários países, deu grande desenvolvimento à análise de balanços..."

Não obstante, reconheçamos o papel das instituições financeiras no apuro da técnica de Análise Contábil: a proliferação crescente das organizações – empresas nacionais, multinacionais, de pequeno, médio e grande portes – principalmente no início do século atual, que também motivaram proprietários e administradores a analisarem seus negócios.

Em 9 de fevereiro de 1895, o Conselho Executivo da Associação dos Bancos de Nova York aceitou e formalizou a iniciativa de solicitação de balanços às empresas candidatas a tomadoras de empréstimos, divulgando, em 1900, um formulário de proposta de crédito o qual conteria um espaço reservado ao balanço patrimonial das empresas[1], sem qualquer referência à medição de coeficientes.

Myer (1973, p. 25), transcreve-nos a resolução:

> *"(...) recomendar aos membros desta associação que solicitassem aos tomadores de empréstimos de suas respectivas instituições que lhes fornecessem declarações escritas e assinadas de seus ativos e passivos, na forma que o Comitê de Declarações Uniformes dos vários grupos recomendar".*

[1] É importante destacar que as Demonstrações Contábeis consistiam apenas em "provas documentais" do trabalho realizado pelo guarda-livros, sem qualquer valor gerencial adicional.

Após essa medida, a prática passou a ser adotada em larga escala e recomendada por líderes banqueiros, principalmente James G. Cannon, vice-presidente do Fourth National Bank of New York e padrinho do movimento. O crédito era concedido ao comerciante somente após a análise de solvabilidade. O estudo tomava por base a análise da capacidade financeira do solicitante (Myer, 1973).

Segundo Matarazzo (1995), a literatura contábil do começo do século atual já destacava a relevância de estudar e comparar dados das demonstrações financeiras, porém não ficava clara a definição dos parâmetros ou bases a se comparar, o que nos leva a levantar a possibilidade de estas primeiras análises terem sido realizadas sem um roteiro preestabelecido. O próprio Cannon, ao reforçar a necessidade e as vantagens do procedimento analítico, até então, não comunicava como seria feita a análise.[2]

Começavam a cogitar para as Demonstrações Contábeis um valor adicional. A técnica evoluía com velocidade. A literatura da época apoiava e acompanhava a dinâmica do movimento.

Em 1906, as declarações eram analisadas profundamente pelo gerente de crédito, utilizando-se do recurso da comparação entre empresas. As fraquezas da proponente eram cuidadosamente procuradas e seus pontos fortes anotados (Myer, 1973).

Acreditamos que esse evento teria propiciado um questionamento maior no meio bancário acerca do que, de fato, deveria ser objeto de comparação.

Em 1908, o crédito era concedido tomando como critério o ativo de realização imediata. Autoridades no assunto acreditavam que a relação entre ativo a curto prazo e passivo devia ser de 2 ½ 1.

A análise estática ganhava corpo de técnica.

Um livreto chamado *A Anatomia de um Relatório de Estrada de Ferro* é considerado um clássico da análise de estradas de ferro. A obra foi publicada em 1900 por Thomas F. Woodlock e abordava a prática de análise contábil. Recomendava, por exemplo, o cálculo da percentagem das despesas operacionais em relação com a renda bruta (análise vertical) e o estudo acurado das contas do ativo circulante. No entanto, não dispomos de informações se tal livreto subsidiou os banqueiros da época na definição de como as Demonstrações deveriam ser analisadas (padrão).

A Análise Contábil era ainda incipiente e, acreditamos, alcançava estágios diferentes em segmentos distintos. Em 1906, John Moody, em sua obra *A Arte dos Investimentos em Wall Street*, singularizava a análise no setor de investimentos, dando

[2] A confusão conceitual era tal que o leiaute era considerado parte da análise.

ênfase ao estudo da rentabilidade do capital investido, pois, até então, não era praticado no meio bancário, já que se discutia a situação financeira isolada de seu potencial e contexto econômico.

Familiarizar-se com as características do ciclo operacional era importante, mas a etapa seguinte para o investidor, ou estudante, era analisar o poder de ganho do investimento.

Em 1911, Lawrence Chamberlain, em seu livro *Princípios de Investimento em Apólices*, já utilizava as seguintes relações:

- Entre as despesas operacionais e o lucro bruto definido por Woodlock. Denominou-a de RAZÃO OPERACIONAL;
- Entre as despesas de transporte e a renda operacional. Denominou-a de RAZÃO DE TRANSPORTE;
- Entre a margem de lucro e a renda líquida total. Denominou-a de FATOR DE SEGURANÇA;
- Entre as rendas específicas e a renda global operacional;
- Entre as despesas específicas e a despesa global operacional, e outras.

Tornou-se costume das instituições bancárias exigir a apresentação de balanços e escrutiná-los para conhecer a situação financeira das proponentes.

O uso da técnica era generalizado e os empresários da época começavam a aceitar passivamente tal prática, embora outros critérios não-financeiros fossem também considerados. Registros indicam que a concessão de crédito com base na tradição e no histórico de relacionamento com a proponente ainda era fortemente praticada; sobre essa questão, é importante enfatizar que toda e qualquer mudança de costume ou procedimento de natureza relevante e repercussiva implica um tempo maior de conscientização e adaptação na sociedade.

No decorrer dos anos, a técnica foi evoluindo à medida que se avolumavam os questionamentos sobre certos dados do balanço. O coeficiente de liquidez era considerado o de maior peso, no que culminou num certo descontentamento[3], e em 1913 novos índices e novos enfoques foram surgindo:

- Os depósitos bancários eram comparados ao exigível;
- O percentual das contas a receber em relação aos demais itens patrimoniais;
- O percentual de estoques em relação às vendas no período considerado;
- As condições do negócio e segmento.

[3] Autores entendiam que outros aspectos deveriam ser analisados igualmente.

Enfim, o número dos componentes a serem comparados aumentou notadamente e, com isto, proliferaram, também, as informações úteis que podiam ser extraídas das Demonstrações, tanto que dois anos depois o Banco Central dos Estados Unidos determinou que a concessão de crédito estaria subordinada, obrigatoriamente, à apresentação do balanço patrimonial.

Após 15 de janeiro de 1915, os títulos só eram descontados ou comprados pelo Federal Reserve Bank, com a apresentação de tais Demonstrações. Defendemos que esse fator tenha ocasionado um grande avanço no que concerne à evolução da estrutura das Demonstrações Contábeis, visto que os contadores da época passaram a dar maior atenção à sua elaboração, mobilizando até mesmo revistas e jornais especializados, ainda que, em nível concreto, pouca coisa tenha se modificado.

As Demonstrações ainda padeciam da falta de uniformidade ou padrão de critérios, a terminologia e classificação aplicadas não eram homogêneas, o que comprometia o trabalho do analista e, até mesmo, restringia seu alcance elucidativo. O analista já conseguia perceber seu universo, a matéria-prima de seu trabalho e suas limitações. Como tentativa de solução deste problema, três anos depois, em 1918, o Banco Central divulgava uma espécie de manual[4], contendo formulários-padrão tanto para o Balanço Patrimonial, quanto para a Demonstração de Lucros e Perdas, hoje conhecida como Demonstração de Resultados, introduzindo alguns procedimentos de auditoria e de princípios que norteariam a sua construção[5]. O manual foi enviado ao American Institute of Certified Public Accountants, revisado e publicado em três edições com os seguintes títulos:

- *Verification of Financial Statements* (1929);
- *Examination of Financial Statements* (1936);
- *Audits by Certified Public Accountants* (1959).

Embora tais eventos tenham contribuído para a evolução e cristalização dos conceitos da Contabilidade e da, até então, *Análise de Balanços*, em 1919 Alexander Wall já apresentava um modelo de Análise de Balanços usando índices bastante compatíveis com as necessidades da época, indicadores estes que não se limitavam apenas aos dados do ativo e do passivo circulantes. Em trabalho com outros autores, Alexander Wall, através de fórmulas matemáticas, desenvolvia, enfim, um método de avaliação de empresas, até então inexistente. Talvez por isso seja considerado historicamente como o "pai da Análise de Balanços", embora entendamos que a ele coube apenas o grande mérito pela sistematização da técnica, apesar de ino-

[4] Métodos aprovados de preparação de Declarações de Balanço.

[5] Somente em 1920 foi estabelecido um comitê de Terminologia.

var na criação de novos índices, visto que a técnica já era praticada em larga escala. Em qualquer campo do conhecimento humano, a humanidade consagra os inovadores sem um resgate histórico preliminar.

A sistematização de um método de avaliação de empresas promovida por Wall foi de fundamental importância ao desenvolvimento de outras técnicas analíticas, principalmente no que concerne ao avanço no estudo de índices-padrão, referência para determinados setores. Em 1923, James H. Biss, em sua obra *Financial and Operating Ratios in Management*, concluiu que para cada ramo de atividade existem indicadores que lhe são próprios, ou seja, específicos de área (Matarazzo, 1995).

Os índices característicos do setor vêm sendo divulgados desde 1931, inicialmente pela *Dun & Bradstreet*, EUA. Entretanto, foi em 1925 que veio a "inovação" da análise horizontal introduzida por Stephen Gilman, com a vantagem de indicar as variações ocorridas, em relação a um ano-base escolhido, dos itens patrimoniais de maior relevância. Estamos nos referindo à análise horizontal enquanto técnica formal, posto que não se pode afirmar sua origem com exatidão.

A *Du Pont*, de Nemours, também contribuiu favoravelmente para o desenvolvimento das técnicas analíticas, introduzindo um modelo de rentabilidade de empresa, no qual se calculava a margem de lucro e o giro dos negócios, o *Return Investment*. A partir daí, as técnicas ganharam requintes matemáticos, construindo bases.

A incerteza do futuro dos negócios propiciava o desenvolvimento das técnicas analíticas, respondendo às mais variadas indagações, principalmente sobre a continuidade de empresas e detecção de processos falimentares.

Em 1932, Paul J. Fitz Payrick, de forma aleatória, agrupou e selecionou 19 empresas que haviam quebrado no período compreendido entre 1920 e 1929, objetivando a comparação com outras 19 que haviam obtido sucesso; a sua meta era comparar os índices calculados para cada um dos grupos com um padrão. O pesquisador observou que os índices das empresas bem-sucedidas ultrapassavam esse padrão, na maioria dos casos considerados, enquanto os das empresas falidas ficavam abaixo daquele padrão mínimo que fora fixado. A técnica de Análise Estática Comparativa com padrões começava a tomar corpo.

Outro importante estudo foi realizado por Winakor e Smith, ao analisarem 183 empresas que faliram no período de 1923 a 1931, analisando-as nos 10 anos que antecederam o processo falimentar; os indicadores foram 21 índices construídos com base em demonstrações padronizadas. Como resultado, constataram a deterioração gradativa dos índices calculados à medida que a empresa se aproximava da falência. Segundo os pesquisadores, dentre os índices calculados o mais predito foi o de capital de giro sobre o ativo total. A análise horizontal ou temporal ga-

Independente da nomenclatura utilizada, trata-se de matéria contábil cuja importância se justifica na necessidade das empresas em ter apoio gerencial qualificado e eficaz.

Analisar uma empresa é mensurar as conseqüências das decisões já implementadas através da decomposição de um todo. Sem sombra de dúvidas, é um processo de decomposição em que, através do exame das partes, chega-se a uma visão do todo.

É o estudo analítico que proporciona ao gestor a identificação de tendências acerca do estado econômico e/ou financeiro da empresa, com foco não somente no presente, mas também no futuro[7].

Através da análise, tem-se uma visão panorâmica do patrimônio de uma entidade, em seu aspecto qualitativo e quantitativo, fornecendo elementos para se identificar fatores (determinantes) que conduziram ou conduzem o negócio ao estágio atual[8].

De uma Análise Econômico-Financeira emergem algumas respostas a questões básicas:

- A alocação dos recursos injetados na empresa foi eficaz?
- A rentabilidade do empreendimento gerou satisfação aos investidores?
- A opção de financiamento foi convenientemente analisada?
- Que fatores afetaram os resultados no período compreendido na análise?
- Qual o impacto da política administrativa ou da própria estratégia da empresa sobre o *status* do negócio em plano geral?

É importante destacar que a análise contábil em si não tem como objetivo apresentar soluções, mas possibilita a identificação dos problemas que afetam a dinâmica patrimonial. Trata-se, portanto, de uma importante ferramenta de controle gerencial.

A Análise das Demonstrações Contábeis poderá ter inúmeras finalidades, a saber:

a) Verificar a qualidade das aplicações, se harmônicas ou não;

b) Aferir a capacidade creditícia de uma empresa;

c) Medir o desempenho operacional: lucratividade e produtividade;

d) Aferir a eficiência da administração;

---

[7] Quando toma por base demonstrações projetadas.

[8] A Análise das Demonstrações Contábeis permite a identificação do desempenho de ações gerenciais implementadas.

e) Servir de referência para projeções;

f) Estudar a viabilidade de projetos diversos (captação de recursos externos, fusões, incorporações e cisões);

g) Servir de argumento em trabalhos periciais em resposta aos quesitos que clamam pela aplicação da técnica para uma melhor fundamentação (processos de falências e concordatas, por exemplo).

Diante do exposto, a Análise das Demonstrações Contábeis é fundamental para que a Contabilidade, em uma organização, cumpra seus objetivos, uma vez que:

a) Sinaliza eventuais problemas financeiros e econômicos;

b) Serve de base ao processo decisório, especialmente decisões de investimentos;

c) Fornece uma visão ampla da organização, dando condições para que medidas corretivas possam ser acionadas.

1.2. Conceito

As Demonstrações Contábeis são representações bastante sumárias das variações dos elementos patrimoniais, razão pela qual carecem da análise.

A Análise das Demonstrações Contábeis consiste em uma técnica, privativa do profissional de Contabilidade, que visa proporcionar ao usuário das Demonstrações Contábeis informações referentes à situação econômica e financeira das entidades. A técnica compreende dois aspectos: o estático e o dinâmico. Estático, uma vez que analisa a empresa no presente; dinâmico, porque analisa o passado identificando tendências, permitindo comparações entre os saldos ao longo do tempo.

A Análise das Demonstrações Contábeis preenche a lacuna deixada pelas Demonstrações Contábeis, permitindo que o usuário da informação contábil conheça o patrimônio das entidades sob dois aspectos, o econômico e o financeiro. Aquele diz respeito ao resultado auferido pela empresa; este refere-se à capacidade de pagamento ou solvência do negócio.

1.3. Habilidades, Postura e Perfil do Analista Contábil

Inicialmente, faz-se necessário ao analista o conhecimento técnico de contabilidade, consubstanciado através da sua vivência profissional; ele deve conhecer os insumos básicos para a construção da informação.

Independente dos objetivos a que se subordinará a análise, deverá fazer seu trabalho com zelo, objetividade, independência e prudência. Vejamos alguns comportamentos técnicos desejáveis para ele:

- *Planejamento.* O analista deverá planejar seu trabalho com base nos objetivos e orientação da análise (se interna ou externa). Tal etapa evita consumo desnecessário de tempo. Qual o ponto central da análise? Como chegar a esse tipo de informação (pleiteada na análise)? Quais os indicadores são mais eficazes? Quais os fatos que marcaram a empresa no período compreendido na análise? Que meios utilizarei para chegar às respectivas respostas acima relacionadas?

  É na fase de planejamento que o analista estuda os melhores meios para se obter os dados necessários, assim como tratá-los para que se alcance uma conclusão.

- *Postura proativa.* Recomenda-se ao analista manter uma postura proativa; ele não deve buscar pontos positivos ou negativos, mas, sim, os reflexos dos eventos sobre o comportamento dos elementos patrimoniais. Identificando-se um quadro patrimonial "negativo", deverá evidenciá-lo em relatório, desde que possa relacioná-lo às variações patrimoniais.

1.4. Campos de Atuação do Analista Contábil e Tipos de Análise

Por ser o raio de atuação do analista muito amplo, a Análise das Demonstrações Contábeis interessa a usuários diversos: investidores (visão do negócio), empresários, sejam titulares, cotistas ou acionistas (no apoio à gestão), os próprios profissionais da área contábil (trabalho que faz parte de suas atribuições), economistas (para projeção de cenários), intermediários financeiros, sindicatos, credores, Bolsa de Valores, autoridades fiscais nos âmbitos federal, estadual e municipal, clientes, empregados, concorrentes e outros.

Vejamos alguns usuários:

- *Provedores de serviços contábeis.*

  A orientação contábil é um dos fatores determinantes na continuidade de qualquer empresa, já que não basta a existência de contabilidade organizada, mas sim da aplicação da informação contábil no contexto das necessidades gerenciais do negócio.

- *Sindicatos e associações de classe.*

  Apesar de pouco comentado na literatura especializada, os sindicatos e as associações de classe são também usuários da Análise das Demonstrações Contábeis. É importante para eles desenvolverem estudos e projeções e levantarem estatísticas acerca do comportamento do setor em que operam. Aos sindicatos, patronal ou de empregados, a análise contábil pode ser instrumento bastante útil de participação desses agentes sociais no processo de crescimento da empresa, qualificando as reivindicações e dando suporte para a elaboração de acordos de classe.

- *Auditoria interna e externa.*

  A Análise das Demonstrações Contábeis na prática de auditoria é utilizada na fase de revisão analítica. Tem ainda aplicação no estudo de indícios de irregularidades ou erros.

Imaginemos a situação em que um determinado componente de despesa tenha crescido de forma desproporcional nos últimos anos (análise horizontal); digamos ainda que esse comportamento não seja real e que tenha ocorrido um erro no processamento da informação. O auditor, valendo-se da observação feita quanto ao comportamento da conta, pede o razão analítico, confronta com o diário, checando inclusive alguns documentos, chegando então à conclusão do erro. Ora, se não fosse feita uma análise temporal preliminar o auditor não teria atentado para a falha.

- *Perícias judiciais.*

  A Análise das Demonstrações Contábeis é aplicada em perícias judiciais, e dentre elas podemos citar: perícias que envolvem determinação de fundo de comércio, do valor negocial de empresas e apuração da situação financeira de empresas em processos de falências, concordatas e recuperação financeira.

  A Análise das Demonstrações Contábeis pode ter, conseqüentemente, como usuário, a sociedade em função de seu cunho informativo.

  A análise pode principalmente ser aplicada em pesquisas empresariais, especificamente no estudo do desempenho dos setores econômicos.

O Quadro 1 na página seguinte apresenta de forma sumária os principais usuários da técnica de análise.

A Análise Contábil, em nível gerencial, deve ser vista como recurso profilático para a saúde financeira das organizações.

1.5. Tipos

A Análise Contábil pode ser conduzida interna ou externamente à entidade estudada.

1.5.1. Análise Externa

A análise externa, por ser realizada fora da empresa, é limitada no que se refere à disponibilidade de dados (análise sem profundidade).

Quadro 1: Usuários da Análise das Demonstrações Contábeis

Usuários da Análise das Demonstrações Contábeis	Utilidade
Gestores/Controladoria	• Para a previsão de êxitos na gestão ou detecção de indícios de problemas financeiros; • Para efetividade dos controles gerenciais; • Para fundamento de ações gerenciais corretivas ou preventivas.
Instituições financeiras/ entidades fomentadoras do desenvolvimento industrial	• Na análise da situação financeira de proponentes a crédito junto a instituições financeiras; • Acompanhamento do resultado das políticas econômicas empregadas para incentivo ao empreendedorismo.
Clientes e empregados	• No estudo do grau de estabilidade das relações comerciais e laborais.
Economistas	• Na previsão de cenários setoriais, regionais, nacionais e conjunturais.
Fornecedores	• Para avaliação da capacidade de pagamento do cliente.
Auditoria externa	• Na identificação de crises financeiras que podem levar à descontinuidade do negócio.

A freqüência depende do objetivo da análise, mas em geral é solicitada:

- Em levantamento de fichas cadastrais;
- Em pesquisas acadêmicas;
- Em trabalhos diversos de consultoria e perícia.

1.5.2. Análise Interna

A análise interna é realizada na entidade, por isso é mais profunda. O analista integra o quadro funcional da empresa, fator que lhe dá acesso aos dados e permite conhecer o ambiente interno, além de fundamentar melhor o comportamento dos elementos do patrimônio (contextualização).

O Quadro 2 na página seguinte mostra as principais diferenças entre as análises internas e externas.

Independente da terminologia empregada, a Análise Contábil é importante porque objetiva confrontar os elementos do patrimônio e estudar os efeitos provocados pelos fatos a que se presta, registrando-os através da observação de sua composição quantitativa e qualitativa. Trata-se de um importante ponto de partida para se prever o futuro de uma empresa. Quanto mais o analista conhecer a empresa (políticas e operações), mais qualificado será o trabalho.

Quadro 2: Análise Comparativa entre a Análise Interna e a Externa

Análise Interna	Análise Externa
• Vínculo como empregado ou prestador de serviços; • Objetivos mais comuns: – Avaliar o desempenho da equipe gestora; – Dar suporte a decisões de investimentos em projetos de expansão; – Analisar a qualidade dos controles financeiros e gerenciais.	• O analista está vinculado a terceiros (fornecedores, entidades governamentais e bancos); • Objetivos mais comuns: – Dar suporte a decisões referentes à concessão de crédito (instituições financeiras); – Fundamentar decisões relacionadas a fusões, incorporações, cisões, compra e venda de títulos, aquisição de controle acionário etc.

1.6. Questões para Discussão

1) De que forma a Análise das Demonstrações Contábeis pode ser usada na gestão das empresas? Que tipo de decisão ela pode fundamentar?
2) Usando sua vivência organizacional, quais os tipos de informações a Análise das Demonstrações Contábeis ajuda a construir? Relate experiências e as compartilhe com os colegas.
3) Como inserir a Análise Contábil no processo decisório das organizações?
4) Qual a expressão que você julga hoje ser a mais adequada à realidade da análise?
5) Qual o tipo de análise (interna ou externa), em sua opinião, exige maior cautela do analista? Fundamente sua resposta.
6) Que cuidados você sugeriria ao analista externo para confeccionar o relatório de análise?
7) Quais os reflexos desses cuidados sobre a conclusividade do relatório?

1.7. Trabalho Interdisciplinar

1) De que forma a Análise Contábil pode ser utilizada nos trabalhos periciais? Pesquise aplicações e exemplos. Entreviste alguns peritos e prepare uma pequena apresentação para o grupo.
2) Em que momento o contador utiliza, na Auditoria, a Análise das Demonstrações Contábeis? Comece definindo a técnica de Auditoria e seus objetivos. Entreviste auditores e prepare uma pequena apresentação para o grupo.

1.8. Artigo de Opinião

Análise das Demonstrações Contábeis: Um Importante Instrumento Gerencial

Por *Yumara Lúcia Vasconcelos*

Artigo publicado no Boletim 08 do IOB COMENTA, 3ª semana de fevereiro de 2002.

As Demonstrações Contábeis consistem em sintéticas exposições do *status* patrimonial de um empreendimento e, quando dispostas em períodos sucessivos, das variações dos elementos do patrimônio. Por serem sintéticas, objetivas e, portanto, dirigidas a um determinado enfoque (econômico ou financeiro), não possibilitam ao usuário leigo em contabilidade obter maiores detalhes acerca do estado patrimonial em sua unidade.

A técnica de análise das Demonstrações Contábeis tem por finalidade facultar uma visão mais apurada do *conjunto* patrimonial da entidade (Figura 1).

Figura 1: Finalidades do Estudo Analítico

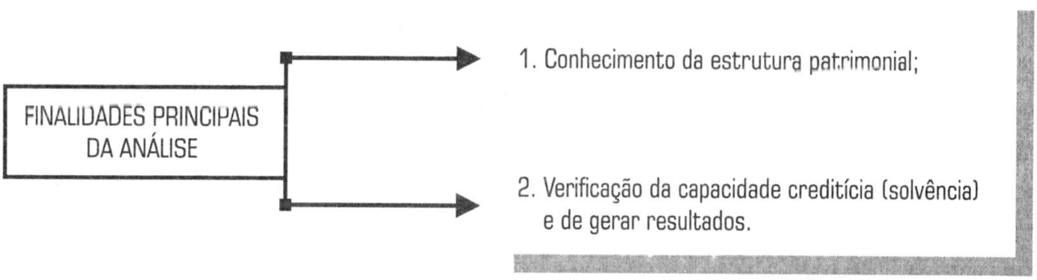

Trata-se, pois, de um importante instrumento de gestão porque possibilita:

1. Conhecer a estrutura patrimonial em sua totalidade;
2. Verificar a capacidade creditícia do negócio (condição de absorver aportes);
3. Avaliar o grau e o nível de endividamento da empresa, em termos qualitativos e quantitativos;
4. Identificar tendências no comportamento patrimonial, positivas ou degenerativas;
5. Observar se há boas perspectivas para geração de recursos operacionais;
6. Detectar eventuais problemas no giro das mercadorias (estoque), das contas a receber (direitos) e contas a pagar: o prazo de recebimento é compatível com a programação de pagamentos?

Enfim, não são poucos os motivos gerenciais que nos levam à aplicação da técnica de Análise das Demonstrações Contábeis. Mas, o que seria então analisar Demonstrações Contábeis?[9]

Analisar uma Demonstração Contábil é estudá-la em nível de minúcias, a fim de interpretarmos seus componentes de formação, e construir informação diretiva aos fins a que se destina a análise. É evidente que esse nível de minúcias a que se deve ater o analista é variável e depende dos objetivos do trabalho. Assim, o desdobramento de um determinado componente patrimonial somente deve ser feito se de fato auxiliar o analista na leitura da situação e consecução dos objetivos da análise. Excesso de detalhamento pode fazer com que o produto final da análise perca objetividade e confunda o próprio analista ou usuário.

Franco (1986, p. 106) coloca-nos que:

> *"Um conhecimento sem análise é incompleto, porque sem ela não conhecemos as particularidades dos componentes do conjunto. Não obstante, nada vale conhecer as particularidades dos elementos que formam o todo sem conhecer as relações recíprocas entre as partes e a atuação de cada uma no conjunto analisado".*

A análise contábil é, então, o meio através do qual se constrói informações a partir das Demonstrações Contábeis. Cumpre ressaltar, porém, que a análise não se confunde com informação, porque esta advém daquela através da interpretação, mas com ela não se confunde, visto que é o meio, e a informação, o fim.

O quadro seguinte mostra as aplicações da técnica de análise:

Aplicação
Análise de crédito
Acompanhamento pós-crédito
Reorganizações societárias
Confecção de plano de ação para saneamento financeiro
Reformulação da estratégia competitiva do negócio
Controle de gestão
Inversão de capital

Não basta identificar as variações patrimoniais, é essencial, a um bom entendimento dos fatos, explicar o "porquê" de tais variações (identificação das causas) e atrelá-las ao contexto em que foram geradas.

[9] Exemplos de Demonstrações Contábeis: balanço patrimonial, demonstração do resultado do exercício, demonstração de origens e aplicações de recursos, demonstração de lucros ou prejuízos acumulados e demonstração das mutações do patrimônio líquido.

A Contabilidade não está confinada, como muitos ainda insistem em pensar, à mecânica do registro; tomá-la exclusivamente com esta atribuição é debilitar sua capacidade informativa e a própria gestão.

As atribuições da Contabilidade vão muito além da mera geração das Demonstrações Contábeis. O fluxo da informação contábil se completa apenas quando se contempla a informação (Figura 2). Isto porque, enquanto a produção das Demonstrações Contábeis é um processo de síntese, seu exame é um procedimento de análise seguido por uma nova síntese que é a interpretação (Figura 3).

A análise e a síntese no processo contábil se complementam já que a eficácia de uma está atrelada à da outra, assim como nossas atitudes estão vinculadas à visão.

> *"Sem análise, todo conhecimento é superficial e destituído de clareza; sem a síntese, é incompleto e não oferece a idéia de conjunto"* (Franco, 1986, p. 110).

Desta forma, analisar Demonstrações Contábeis não deve ser vista como uma formalidade, mas como uma utilidade e, ainda, como algo essencial em tempos de acirrada competitividade. Fazê-la, é edificar informações relevantes aos objetivos da própria análise e, neste ínterim, interessa muito à administração de qualquer negócio. Lembremos que a informação é o bem mais precioso de uma organização.

1.9. Orientação ao Professor

- Recomenda-se ao docente promover a integração entre as disciplinas que utilizam a técnica de Análise das Demonstrações Contábeis como meio para atingir seus objetivos, motivando os alunos a questionarem a relação entre elas. O primeiro capítulo é ideal para se trabalhar na primeira semana de aula na disciplina de Análise das Demonstrações Contábeis;
- A aplicação de artigos ou textos curtos para a leitura é recomendada antes da promoção de debates porque estimula o aluno a expressar suas opiniões, contrárias ou não às do autor.

Figura 2: Fluxo da Informação Contábil

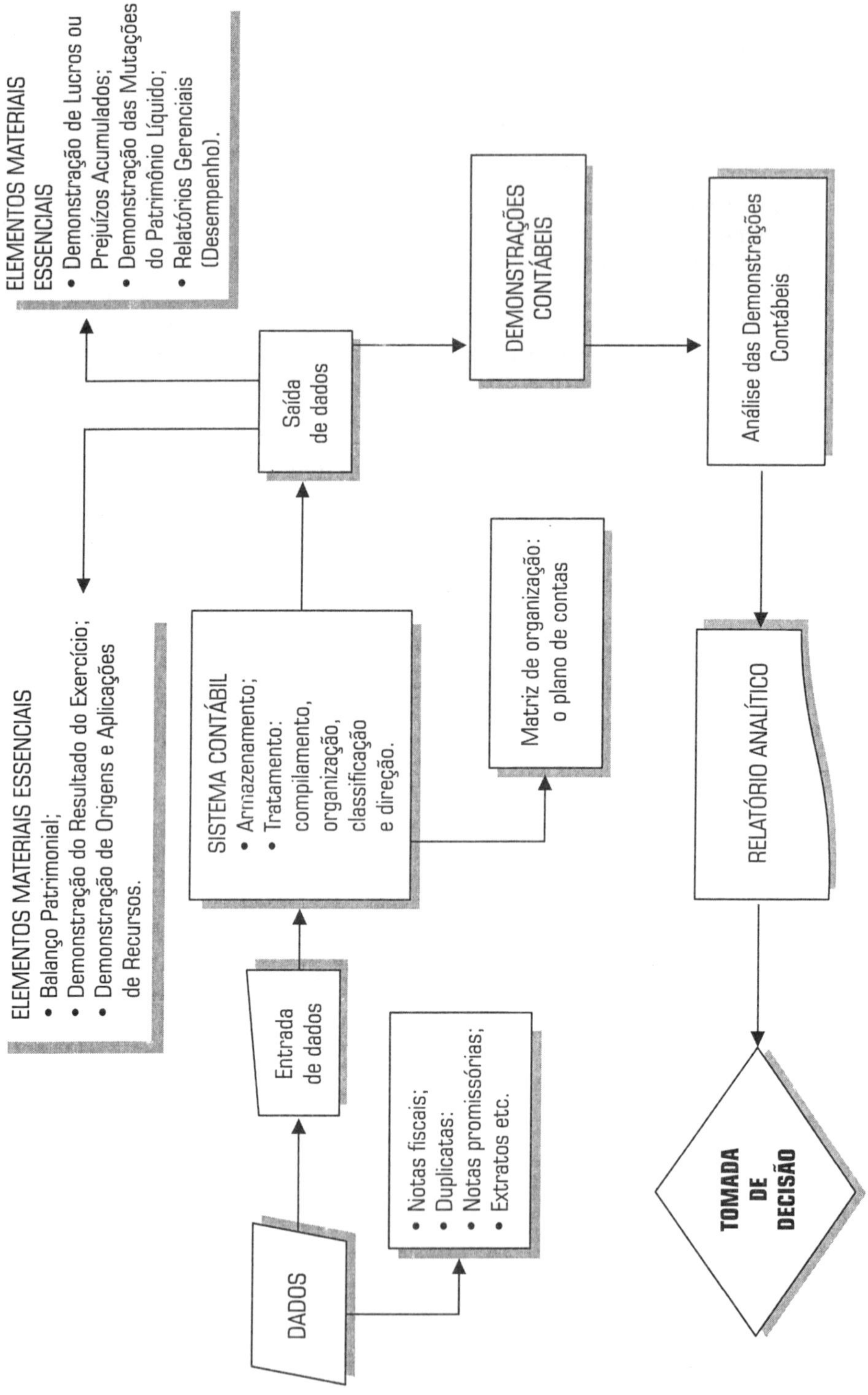

Figura 3: Fluxo Resumido da Informação Contábil

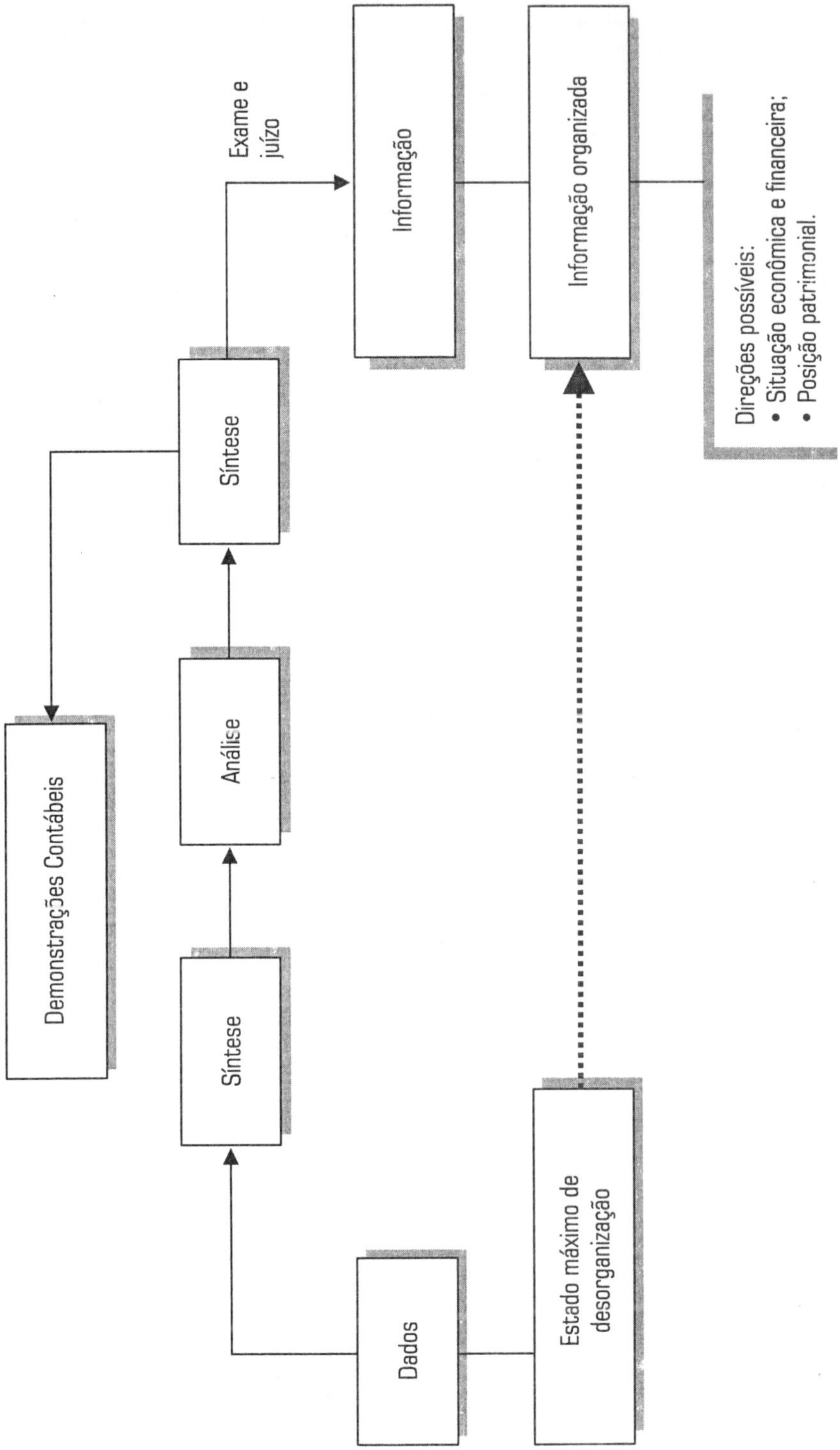

Capítulo 2

Etapas do Trabalho de Análise das Demonstrações Contábeis

Neste capítulo, abordaremos as etapas de Análise das Demonstrações Contábeis, a importância e o significado do preparo das Demonstrações Contábeis para a Análise Contábil.

2.1. Fases do Trabalho de Análises das Demonstrações Contábeis

A Análise das Demonstrações Contábeis pode ser conduzida nas etapas que seguem:

1ª Etapa: Visita à empresa (caso de uma análise externa contratada) analisada com o objetivo de ganhar visão acerca do negócio e reconhecer o ciclo operacional da entidade (diagnóstico de realidade). Deverão ser identificadas as necessidades do usuário da informação a ser construída a fim de que o planejamento seja eficaz. São informações importantes: critérios de avaliação de ativos e de constituição de provisões; duração do ciclo operacional; histórico de inadimplência; condições de financiamento e as operações mais significativas, ou materiais, realizadas no período. Essa é a fase em que se deve buscar informações acerca do segmento no qual a instituição atua.

2ª Etapa: Realização do planejamento do trabalho: determinação de objetivos, meios materiais, horas que o serviço demanda, relação das Demonstrações Contábeis a serem solicitadas, dentre outros.

3ª Etapa: Solicitação por escrito das Demonstrações Contábeis e relatórios gerenciais necessários. As seguintes Demonstrações são geralmente necessárias: Balanço Patrimonial, Demonstração do Resultado do Exercício (DRE) e Demonstração de Origem e Aplicação de Recursos (DOAR). Outras poderão ser solicitadas: Demonstração de Lucros ou Prejuízos Acumulados (DLPA) ou Demonstração da Mutação do Patrimônio Líquido (DMPL) e Notas Explicativas.

Recomenda-se ao analista a leitura cuidadosa das notas explicativas, relatório da diretoria da empresa e do parecer dos auditores independentes. Esse estudo tem o propósito de extrair informações relevantes para a análise a ser realizada (eventos posteriores à data de encerramento do balanço, mudança de critérios, restrição de ativos e contingências).

Outros aspectos importantes a serem considerados:

- Variáveis que afetam o desempenho das vendas;
- Mercado potencial;
- Públicos interno e externo;
- Política de investimento e outros.

Quanto maior a profundidade da análise, maior o número de informações necessárias.

A primeira grande motivação para a Análise das Demonstrações Contábeis é o potencial informativo de cada uma delas.

Nesta fase dos trabalhos, o analista deve averiguar se realmente solicitou as peças necessárias para estudo, por um período mínimo de três anos consecutivos. Faz-se necessário que ele compreenda a informação a ser buscada em cada demonstração. Que tipo de informação pode ser elaborado a partir da leitura de uma DRE, DMPL, DLPA e DOAR?

É importante destacar que cada demonstração gerada no sistema contábil tem o seu foco informativo, assim como suas limitações. Dessa maneira, é primordial que o analista destas Demonstrações conheça-os a fim de não superdimensionar suas funções informativas. Assim, a solicitação das Demonstrações Contábeis deve se basear nesse entendimento.

O Balanço Patrimonial e a Demonstração de Origem e Aplicação de Recursos têm enfoque financeiro evidenciando a composição patrimonial da entidade (recursos próprios e de terceiros) e os reflexos sobre a formação do capital de giro. A DRE apresenta uma abordagem econômica, demonstrando os elementos que compõem o resultado da organização. A Demonstração das Mutações do Patrimônio Líquido mostra as mudanças estruturais ocorridas no patrimônio líquido da empresa.

Embora os insumos, em geral utilizados para uma análise, sejam as Demonstrações Contábeis obrigatórias[10] determinadas pela legislação societária, o analista deve buscar toda e qualquer informação que suporte suas afirmações. Por precaução técnica, recomenda-se que as Demonstrações Contábeis tenham sido auditadas[11].

Os relatórios internos são de grande valia para o trabalho do analista, pois constituem exemplos de relatórios internos: fluxo de caixa, orçamento das áreas e/ou integrado, planejamento estratégico, relatório da diretoria, relatórios financeiros, e outros. Eles apresentam informações, como: projetos de expansão, política financeira, estudos de mercado, política de RH, essenciais para que o analista contextualize o momento da empresa e identifique seus pontos fortes e fracos.

O desenvolvimento desta etapa depende da disponibilidade e do acesso às informações.

4ª Etapa: Coleta e conferência da documentação solicitada.

5ª Etapa: Verificação das classificações patrimoniais e, se necessário, reagrupá-las, considerando a materialidade da reclassificação.

---

[10] Balanço Patrimonial, DRE, DLPA ou DMPL e DOAR.

[11] É importante que essa documentação seja solicitada através de carta à empresa.

6ª Etapa: Análise propriamente dita, incluindo comparação com o desempenho de empresas do mesmo gênero, dos mesmos ramo e porte, possibilita verificar se os problemas são isolados ou se decorrem de dificuldades do próprio setor. É nessa etapa que é gerado um banco de dados com informações de empresas congêneres, como também realizados a triagem e os cálculo dos indicadores.

7ª Etapa: Elaboração do relatório, contendo as impressões levantadas e as recomendações.

A elaboração da informação depende dos objetivos da análise e de seus usuários.

Bancos e credores, por exemplo, interessam-se pela indicação da capacidade de pagamento de uma empresa.

Acionistas e cotistas atuais ou potenciais se interessam pela análise da estrutura de capital, rentabilidade e perspectiva de resultado.

A cúpula diretiva utiliza a análise para identificar pontos fortes e fracos, bem como o desempenho da administração na alocação de recursos.

Além do esclarecimento gerado pelo estudo das Demonstrações, recomenda-se ao analista obter informações adicionais como:

- Histórico de inadimplência (que pode ser utilizado como ajuste de determinados índices);
- Tipos de financiamentos e finalidades;
- Critérios de avaliação adotados;
- Prazos médios de recebimento e pagamento;
- Dimensão do ciclo operacional;
- Situação dos estoques (filosofia, controle e capacidade de realização).

O roteiro pode variar de analista para analista e também conforme o tipo de análise, todavia as recomendações apresentadas ensejam uma melhor fundamentação do trabalho do profissional.

2.2. Preparo das Demonstrações para a Análise Contábil: Padronização e Reclassificação

2.2.1. Necessidade de Padronização

Anterior à realização da análise, o analista contábil deve estudar detalhadamente as Demonstrações Contábeis. Mais do que uma forma de torná-las comparáveis, a padronização reflete uma crítica à sua estrutura. Em verdade, se ela fosse perfeita não haveria a necessidade de prepará-las para análise.

Como foi dito, a padronização é extremamente importante porque leva as demonstrações contábeis a uma melhor condição de comparabilidade.

Vejamos alguns pontos que justificam esta etapa:

- *Simplificação.* Quando tomamos, para fins de análise, uma mesma referência qualitativa de classificação (procedimentos homogêneos), a comparação é facilitada sobremaneira.
- *Comparabilidade.* Certos tipos de empresas, a exemplo dos bancos e seguradoras, têm plano de contas obrigatório, e as demais? É importante enquadrar a Demonstração em um modelo que permita a comparação.
- *Alinhamento com os objetivos da análise.* A arrumação dos dados nas Demonstrações Contábeis deve ter como referência os objetivos da análise, o que consiste numa reflexão acerca da relevância dessa ou daquela reclassificação.
- *Precisão.* O registro é uma tarefa humana, portanto suscetível a equívocos. Os erros de ordem qualitativa são os mais comuns (classificações erradas). São despesas que deveriam ser contabilizadas no exercício e se apresentam como despesas do exercício seguinte, empréstimos a longo prazo não transferidos para o curto prazo, saldos inconsistentes (estoques e provisão para devedores duvidosos).
- *Aproximação.* A padronização aproxima o analista da empresa analisada porque permite uma maior intimidade.

Figura 4: Tripé que Justifica a Padronização

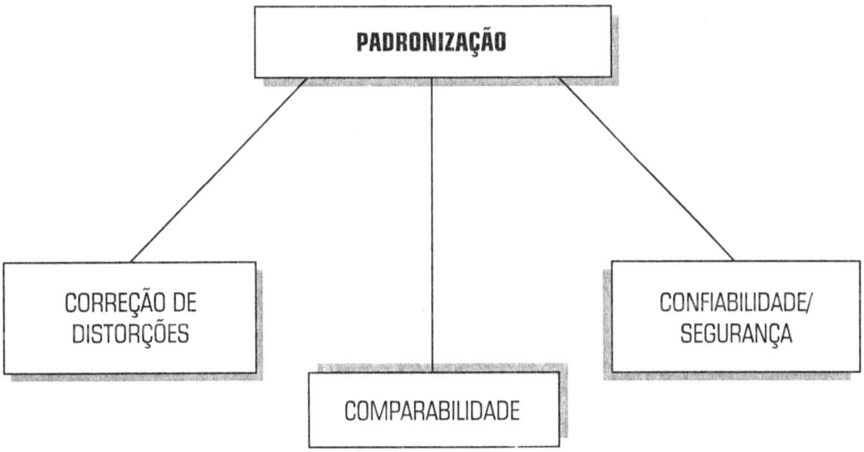

A padronização se justifica principalmente porque, embora a classificação tradicional baseada nos prazos de realização e exigibilidade seja importante, esta não expressa a dinâmica da situação econômico-financeira. Os prazos são mal medidos, quadro que exige do analista discernimento na avaliação da estrutura patrimonial.

2.2.2. A Reclassificação e os Ajustes das Contas

A reclassificação das Demonstrações Contábeis visa melhorar a apresentação técnica e visual dos dados. Os ajustes, na maioria das vezes, concentram-se no balanço patrimonial e na demonstração do resultado do exercício. Embora importante, não é um procedimento obrigatório.

Vejamos alguns casos de ajuste de classificação:

2.2.2.1. Balanço Patrimonial: Procedimentos Recomendados

Abaixo enumeramos alguns procedimentos recomendados para a preparação do balanço patrimonial para análise:

- *Apresentação com base nos critérios de relevância e materialidade.*

Os grupos devem apresentar apenas as contas essenciais, pois em excesso prejudicam a visualização do usuário. Assim, recomenda-se condensar os saldos em seus respectivos subgrupos.

- *Contas sujeitas a retificação e dedução.*

Para as contas ativas, sujeitas a provisão, depreciação, amortização e exaustão recomenda-se apresentação na forma líquida, posto que permite uma melhor visualização e leitura dos saldos.

Vejamos alguns exemplos:

Exemplo 1:

Forma encontrada

Contas a Receber	100
(–) Provisão para Devedores Duvidosos	(20)
Saldo	80

Forma a ser apresentada

Contas a Receber	80

Exemplo 2:

Forma encontrada

Imobilizado	10.000
(–) Depreciação	(2.000)
Saldo	8.000

Forma a ser apresentada

Imobilizado	8.000

Esse procedimento auxilia o analista na verticalização do balanço para trabalho.

- *Duplicatas descontadas.*

Para as duplicatas descontadas recomenda-se a transferência de seu saldo para o passivo, uma vez que consiste numa obrigação potencial, ou seja, uma fonte de recursos. Essa transferência é sinal de prudência, não obstante a empresa que entrega duplicatas para desconto conviver com o risco do não-pagamento dos clientes.

O registro das duplicatas no ativo não afeta o equilíbrio do balanço patrimonial, mas afeta a leitura acerca da capacidade de pagamento da empresa a curto prazo.

O primeiro reflexo negativo sobre a análise é que se trata de uma fonte de recursos aplicados, e, por esta razão, deve ser reportada no passivo e não no ativo. A operação de desconto de duplicatas consiste em um tipo de financiamento de capital de giro. Contabilizando essa conta no ativo (para fins de análise) o passivo deixaria de relacionar todas as origens dos recursos investidos na empresa.

O segundo reflexo é a distorção da análise dos índices de liquidez, endividamento, giro das obrigações ou qualquer outro índice que contemple o passivo.

O terceiro é o fato de a conta poder ser utilizada para mascarar os índices afetados pela operação.

Já o quarto reflexo é a perda de comparabilidade entre as demonstrações que optem por modos de financiamento de capital de giro diferentes.

Imaginemos que uma empresa A opte pelo desconto de duplicatas e que outra empresa B tenha escolhido a opção de empréstimos a curto prazo com caução de duplicatas.

A estrutura da empresa B, em uma análise comparativa com a empresa A, seria por certo prejudicada por conta do maior volume de obrigações.

• *Despesas antecipadas.*

As despesas antecipadas, segundo entendimento de alguns analistas, devem ser levadas ao resultado como despesa do período, diminuindo o lucro. O referido ativo somente se transforma em fundos nos casos de quebra de contrato (restituição). A orientação repousa no argumento de que se trata do único item do ativo circulante que não se converterá em dinheiro. A reclassificação, todavia, gera polêmica em função do não atendimento ao princípio da competência.

• *Ativo diferido.*

As despesas pré-operacionais podem ser levadas ao resultado do exercício. A análise do ativo permanente deve ser cercada de atenção, pois o ativo diferido é todo ele fictício, ou seja, não-realizável, uma vez que agrupa gastos que beneficiam exercícios posteriores.

• *Transações com sócios.*

As contas que reportam transações com sócios também merecem atenção especial do analista. Vejamos algumas situações:

- *O sócio (pessoa física) solicita empréstimo à empresa analisada:* tal evento pode não representar ingresso de recursos a curto prazo, e geralmente não o faz. Assim, contabilizam-se tais empréstimos no realizável a longo prazo em função da flexibilidade de pagamento. Todavia, entendemos que vale a pena indagar a respeito do prazo previsto para reembolso à empresa. Embora tenha direito a recebê-lo, faz-se necessário verificar a previsão de pagamento para a classificação da conta (data em que o valor efetivamente retornará), se a curto ou longo prazo;
- *O sócio (pessoa física) injeta recursos na empresa a título de empréstimo*, sem exigir contraprestação em dinheiro, mas sim, em quotas de capital ou ações; trata-se de um passivo interno para futuro aumento de capital. Em geral, esse tipo de operação constitui reforço de capital com objetivos diversos: suprimento de caixa ou não-retirada dos sócios visando futuro aumento de capital. Quando o analista proceder ao estudo do passivo, convém verificar o prazo dessa exigibilidade e, ainda, refletir se de fato constituem "exigibilidades". Os recursos restituíveis em novas ações, independente da origem, devem ser transferidos para o subgrupo RESERVAS.

• *Dúvidas quanto à exigibilidade.*

Na situação em que não há segurança quanto ao prazo de exigibilidade da dívida, recomenda-se transferir o saldo para o passivo circulante: comportamento prudente;

- *Resultado de exercícios futuros.*

A reclassificação das contas do grupo Resultado de Exercícios Futuros depende da natureza da informação que se deseja buscar:

- Quando a análise tem a finalidade de estudar a liquidez da empresa, admitindo-se a descontinuidade das operações, o saldo da conta deve ser transferido para o passivo circulante ou exigível a longo prazo. A explicação é simples: a contraprestação do valor recebido ainda não foi efetivada (produto ou prestado). Dessa forma, como se admite a descontinuidade do negócio, a honra do compromisso deve ser convenientemente destacada;
- Admitindo-se a continuidade, recomenda-se a transferência do saldo para o grupo patrimônio líquido, na figura da conta LUCROS (OU PREJUÍZOS) ACUMULADOS.[12] Os resultados de exercícios futuros constituem recursos entregues à empresa antecipadamente, os quais não poderão ser posteriormente exigidos. A operação, todavia, ocorre antes da prestação de serviços e da entrega de mercadorias, objeto do acordo.

- *Capital a integralizar.*

No patrimônio líquido, a conta capital social será apresentada na forma líquida (deduzida da parcela referente ao capital a realizar).

- *Ativo fictício ou superavaliado.*

O analista pode, no intuito de simplificar e agilizar o seu trabalho, ajustar os ativos que estão superavaliados, ou que certamente não serão realizados. São exemplos de ativos nessas condições:

a) Ativos obsoletos, ou seja, sem condições de uso;

b) Ativos de baixa probabilidade de realização (por exemplo, cheques antigos em cobrança);

c) Capital realizado ficticiamente;

d) Ativos depreciados erradamente, gerando uma defasagem em relação à forma adequada.

Após algumas reclassificações mencionadas (liberalidade do analista), o balanço poderá ser estruturado de três formas distintas. Comecemos por aquela que utiliza os conceitos de ativo real e fictício.

O ativo fictício corresponde a valores de difícil realização ou simplesmente irrealizáveis. O ativo real compreende itens de fato realizáveis.

---

[12] Uma vez que não mais caberá a devolução do dinheiro recebido antecipadamente.

O balanço é apresentado da seguinte forma:

Quadro 3: Modelo de Padronização de Balanço Utilizando o Conceito de Ativo Fictício

Ativo Real
Circulante
Caixa e bancos Aplicações financeiras Clientes Impostos a recuperar Estoques
Realizável a Longo Prazo
Empréstimos a sócios
Permanente
Investimentos Participações em outras empresas Imobilizado Máquinas e equipamentos Móveis e utensílios Terrenos
Ativo Fictício
Despesas antecipadas Ativo diferido
Passivo
Circulante Fornecedores Obrigações fiscais Obrigações trabalhistas Duplicatas descontadas Outras contas a pagar
Exigível a longo prazo
Empréstimos
Patrimônio Líquido
Capital social Reservas Lucros acumulados

A padronização envolve a arrumação do balanço patrimonial e da DRE.

Note que na adoção dessa estrutura de balanço para análise, duas reclassificações polêmicas são evitadas, aquelas que envolvem o ativo diferido e as despesas antecipadas.

Outra estrutura que poderá ser utilizada pelo analista é aquela que utiliza os conceitos de ativo e passivo circulante financeiro e operacional.

Optando-se por essa estrutura, tanto o ativo quanto o passivo deverão ser classificados em operacional (empréstimos, financiamentos e duplicatas descontadas) e financeiro (impostos e fornecedores).

O balanço é apresentado da seguinte forma:

Quadro 4: Modelo Alternativo de Padronização de Balanço

Ativo
Circulante
Financeiro
Caixa e bancos Aplicações financeiras
Operacional
Clientes Impostos a recuperar Estoques
Realizável a Longo Prazo
Empréstimos a sócios
Permanente
Investimentos Participações em outras empresas Imobilizado Máquinas e equipamentos Móveis e utensílios Terrenos Diferido Despesas pré-operacionais
Passivo
Circulante
Financeiro
Duplicatas descontadas Empréstimos

Operacional
Fornecedores Obrigações fiscais Obrigações trabalhistas Outras contas a pagar
Exigível a longo prazo
Empréstimos
Patrimônio Líquido
Capital social Reservas Lucros acumulados

A terceira classificação é aquela que divide as contas em erráticas, cíclicas e não-cíclicas.

As contas erráticas do ativo compreendem as de curto prazo que não são necessariamente relacionadas à atividade operacional da empresa, ou renováveis. São exemplos: caixa, bancos e aplicações financeiras.

As cíclicas do ativo compreendem as contas de curto prazo que são renovadas pela própria atividade principal da empresa. São exemplos: clientes, estoque, despesas do exercício seguinte e outros.

As contas não-cíclicas do ativo compreendem as de longo prazo ou de caráter permanente, como também são exemplos: os empréstimos a sócios, as despesas do exercício seguinte, as participações em outras empresas, máquinas e equipamentos, entre outros.

As contas erráticas do passivo também não são necessariamente renováveis ou associadas à atividade-fim da empresa. Compreendem as duplicatas descontadas, os dividendos, os financiamentos, e outros.

As contas cíclicas integram, como no caso do ativo, o ciclo operacional da empresa. Compreendem as contas de curto prazo que são necessariamente relacionadas à atividade operacional da empresa, portanto renováveis. São exemplos: os fornecedores, as obrigações fiscais (impostos sobre operações) e trabalhistas.

As contas não-cíclicas do passivo compreendem o passivo exigível a longo prazo.

Quadro 5: Modelo de Padronização de Balanço Utilizando a Classificação das Contas em Erráticas, Cíclicas e Não-Cíclicas

Ativo
Contas Erráticas
Circulante
Caixa e bancos Aplicações financeiras
Contas Cíclicas
Clientes Estoques
Contas Não-Cíclicas
Realizável a longo prazo
Empréstimos a sócios
Permanente
Investimentos Participações em outras empresas Imobilizado Máquinas e equipamentos Móveis e utensílios Terrenos Diferido Despesas pré-operacionais
Passivo
Contas Erráticas
Circulante
Duplicatas descontadas Empréstimos
Contas Cíclicas
Fornecedores Obrigações fiscais Obrigações trabalhistas
Contas Não-Cíclicas
Exigível a longo prazo
Empréstimos
Patrimônio Líquido
Capital social Reservas Lucros acumulados

Essa terceira forma de padronizar é interessante para o analista porque facilita o cálculo do saldo tesoura (T), diferença entre ativo e passivo erráticos.

Outra vantagem em classificar as contas dessa forma é o fato de proporcionar ao analista uma visão das contas que estão diretamente ligadas ao ciclo operacional e que por isso se renovam com grande velocidade.

2.2.2.2. DRE: Procedimentos Recomendados

Enumeramos alguns procedimentos recomendados para a preparação da demonstração do resultado do exercício para análise:

- Recomenda-se que as contas PIS e COFINS sejam classificadas no grupo despesas operacionais, caso tenham sido deduzidas das Receitas Brutas. Manter as deduções: devoluções, IPI, ICMS, SIMPLES e ISS.
- Agregar as despesas e receitas financeiras aos itens não-operacionais, uma vez que são operações que não decorrem do objetivo principal do negócio.

O Quadro 6 mostra os procedimentos geralmente executados para a padronização das Demonstrações Contábeis.

Quadro 6: Procedimentos Recomendados na Padronização

Descrição das Contas	Grupo de Origem	Grupo Destino
Duplicatas descontadas	ATIVO CIRCULANTE	PASSIVO FINANCEIRO
Ativo diferido	ATIVO PERMANENTE	PATRIMÔNIO LÍQUIDO
Contas de sócios solicita empréstimo	ATIVO REALIZÁVEL A LONGO PRAZO	ATIVO CIRCULANTE, se assim corresponder melhor à expectativa de pagamento
Contas de sócios O sócio (pessoa física) injeta recursos na empresa a título de empréstimo	PASSIVO EXIGÍVEL A LONGO PRAZO	PASSIVO CIRCULANTE ou patrimônio líquido, se esse valor for agregado ao capital da empresa
Não existe segurança quanto ao prazo de exigibilidade da dívida	PASSIVO EXIGÍVEL A LONGO PRAZO	PASSIVO CIRCULANTE
Resultado de exercícios futuros Descontinuidade da empresa	RESULTADOS DE EXERCÍCIOS FUTUROS	PASSIVO EXIGÍVEL A CURTO OU LONGO PRAZO
Resultado de exercícios futuros Continuidade	RESULTADOS DE EXERCÍCIOS FUTUROS	PATRIMÔNIO LÍQUIDO

Conforme apresentamos inicialmente, a reclassificação não é obrigatória, embora recomendável em alguns casos, a depender da análise de cada situação (com base nos critérios de relevância e materialidade).

Na hipótese de saldos materiais ou relevantes, a análise requer reflexão e discussão.

Quando existirem dúvidas quanto a determinada conta, recomenda-se prudência ao analista. Por exemplo, se a classificação de determinada conta de natureza passiva gerou dúvidas quanto ao prazo de exigibilidade, o analista deve levar ou manter o saldo no curto prazo.

Tratando-se de ativo, deve optar por manter o saldo no longo prazo.

2.2.2.3. Estudo Dirigido: Texto para Trabalho em Sala de Aula

Reclassificação e Ajustes das Contas nas Demonstrações Contábeis

Considerações Gerais

Preliminarmente à análise, é essencial preparar as demonstrações para estudo. Preparo que, em alguns casos, envolve meros ajustes e, em outros, a reclassificação.

A realização das reclassificações e ajustes, etapa que precede a Análise das Demonstrações Contábeis, objetiva melhorar a eficiência através de uma apresentação de dados mais visuais, ou seja, claros.

A maior parte dos ajustes concentra-se nas demonstrações do balanço patrimonial e do resultado do exercício.

Os ajustes comuns feitos no Balanço Patrimonial são:

a) Duplicatas descontadas

A conta duplicatas descontadas é classificada como redutora do saldo "Contas a Receber", para fins de Análise das Demonstrações Contábeis e por isso deve ser reclassificada no passivo circulante. Esse ajuste decorre das características peculiares à própria operação.

Caso o cliente titular da duplicata não honre a dívida, a empresa deverá reembolsá-la ao banco (co-responsabilidade). Para a instituição financeira, os títulos descontados constituem obrigações do endossante (sacador).

Acompanhe-nos em um exemplo:

Balanço Patrimonial Antes do Ajuste

ATIVO	PASSIVO
CIRCULANTE	CIRCULANTE
DISPONIBILIDADES	Fornecedores 100
Caixa 10	Empréstimos 150
Bancos 100	
CRÉDITOS	
Contas a Receber 200	
(–) Duplicatas Descontadas ... (70)	
ESTOQUES	
Mercadorias 300	

A relação entre ativo e passivo circulante é de 2,16.

Balanço Patrimonial Depois do Ajuste

ATIVO	PASSIVO
CIRCULANTE	CIRCULANTE
DISPONIBILIDADES	Fornecedores 100
Caixa 10	Duplicatas Descontadas 70
Bancos 100	Empréstimos 150
CRÉDITOS	
Contas a Receber 200	
ESTOQUES	
Mercadorias 300	

A relação entre ativo e passivo circulante cai para 1,9. Assim, ao classificar as duplicatas descontadas no passivo, o analista está sendo prudente, reconhecendo o risco inerente à operação.

Geralmente, as empresas descontam duplicatas para reforçar seu caixa. Tanto os empréstimos bancários como o desconto de duplicatas são opções de captação de recursos no mercado financeiro, sendo, portanto, operações financeiras. Note que, ao invés de recorrer a uma operação de desconto, a empresa poderia solicitar um empréstimo bancário para reforçar seu caixa.

Que outra(s) razão(ões) você adicionaria à argumentação acima? Você concorda com a classificação?

Vejamos o reflexo sobre a interpretação do Balanço Patrimonial da não reclassificação desta rubrica no passivo.

Empresa Y

ATIVO		PASSIVO	
CIRCULANTE		CIRCULANTE	
DISPONIBILIDADES		Fornecedores	200
Caixa	10	Empréstimos	350
Bancos	70		
CRÉDITOS			
Contas a Receber	200		
(–) Duplicatas Descontadas	(100)		
ESTOQUES			
Mercadorias	300		
TOTAL AC	480	TOTAL PC	550

Empresa X

ATIVO		PASSIVO	
CIRCULANTE		CIRCULANTE	
DISPONIBILIDADES		Fornecedores	200
Caixa	30	Empréstimos	350
Bancos	70		
CRÉDITOS			
Contas a Receber	300		
ESTOQUES			
Mercadorias	100		
TOTAL AC	500	TOTAL PC	550

Imagine que as empresas acima desejem reforçar seu caixa. A empresa Y resolve entregar duplicatas em desconto e a X opta por um empréstimo. Considere como valor de reforço do caixa $ 100. Digamos que você seja convidado a analisar a capacidade de pagamento das duas empresas (congêneres). A que leitura você chegaria em cada um dos casos?

A relação (Ativo Circulante/Passivo Circulante), antes da reclassificação, era 0.87 para a empresa Y, e 0.90 para a empresa X. Após a reclassificação, o quadro se altera.

Veja:

Empresa Y

ATIVO		PASSIVO	
CIRCULANTE		CIRCULANTE	
DISPONIBILIDADES		Fornecedores	200
Caixa	10	Duplicatas Descontadas	100
Bancos	70	Empréstimos	350
CRÉDITOS			
Contas a Receber	200		
ESTOQUES			
Mercadorias	300		
TOTAL AC	580	TOTAL PC	650

Relação: Ativo Circulante/Passivo Circulante = 0.89

Empresa X

ATIVO		PASSIVO	
CIRCULANTE		CIRCULANTE	
DISPONIBILIDADES		Fornecedores	200
Caixa	30	Empréstimos	450
Bancos	70		
CRÉDITOS			
Contas a Receber	300		
ESTOQUES			
Mercadorias	100		
TOTAL AC	500	TOTAL PC	650

Relação: Ativo Circulante/Passivo Circulante = 0.76.

A relação (Ativo Circulante/Passivo Circulante), após a reclassificação, é 0. 89 para a empresa Y, e 0.76 para a empresa X.

Qual a sua conclusão?

____

____

____

____

A evidenciação dos títulos descontados no ativo distorce a leitura acerca da capacidade financeira.

Com esse exemplo, fica nítida a importância da reclassificação para tornar as nossas demonstrações mais comparáveis. A reclassificação tende a melhorar sobremaneira a interpretação das demonstrações contábeis.

b) Despesas do exercício seguinte

As aplicações que beneficiarão o período seguinte são contabilizadas no ATIVO CIRCULANTE. Geralmente, são valores não significativos em relação ao total do ATIVO, comparativamente aos demais componentes do grupo. Trata-se de ativos que não se realizarão em dinheiro.

A classificação no ativo circulante decorre conseqüentemente de ser um gasto que, embora incorrido antecipadamente, terá sua contraprestação acontecendo ao longo do exercício subseqüente.

Porém, ser classificado no ativo circulante não significa que tal operação não afete o patrimônio líquido (resultado) e esta é a razão de alguns analistas, no momento da análise, preferirem transferir tais despesas para o resultado, excluindo-as, portanto, do ativo circulante. Outros autores entendem que esse ajuste depende da relevância para a análise e da materialidade em relação ao total de ativo.

Em geral, essa rubrica corresponde a uma pequena fração do ativo circulante (em média inferior a 10%). Quanto menor a fração ou participação da conta em relação ao total do AC, menor o efeito sobre a análise.

Assim, o analista deve refletir acerca da materialidade e relevância dos números.

Qual a sua conclusão a respeito? Qual o tratamento contábil mais adequado?

____

____

____

____

____

c) Ativo diferido (despesas pré-operacionais)

Muitos analistas entendem que a rubrica "despesas pré-operacionais" deve ser reclassificada para o patrimônio líquido. A alegação é de que se trata de uma despesa que, inevitavelmente, reduzirá o PL, afetando, desta forma, a posição da lucratividade.

Marion (2001, p. 40), todavia, não compartilha desse entendimento:

> *"Não somos favoráveis a essa linha de raciocínio. O diferido é um investimento realizado pela empresa que trará benefícios atribuíveis a futuros exercícios (anos), pois, se não houver benefícios, não é ativo. Gastos pré-operacionais, gastos em pesquisa e desenvolvimento, gastos de reorganização, gastos de implantação de sistemas (contas do diferido) são aplicações que contribuirão para a formação de receita por mais de um exercício social (ou por vários exercícios sociais). Ora, máquinas e equipamentos constantes no imobilizado também serão despesas nos exercícios sociais futuros (por meio das depreciações), reduzindo, portanto, o patrimônio líquido nos anos subseqüentes. Nem por isso reclassificamos esse item (máquinas e equipamentos), subtraindo-o do patrimônio líquido na ocasião da análise".*

Acontece que a depreciação não gera desembolso, enquanto que os gastos com reorganização e implantação de sistemas são reais e afetam o PL de fato. A contribuição para exercícios futuros é algo que não gera dúvida, embora não se possa precisar esse retorno. À luz da Teoria da Contabilidade, o raciocínio do professor Marion é perfeitamente lógico, mas, e em termos financeiros? O que você pensa a respeito?

____

____

____

____

____

Manter o diferido intacto, ou não, deve decorrer de uma profunda reflexão do analista!

d) Resultado de exercícios futuros (REF)

É condição de classificação na conta "resultado de exercícios futuros" a impossibilidade de devolução do dinheiro antecipado. Assim, trata-se de um lucro certo para a empresa que o recebe. Em função desta característica, alguns analistas entendem que tais resultados devem ser incorporados imediatamente ao PATRIMÔNIO LÍQUIDO. Outros, porém, divergem, sugerindo a reclassificação da conta para o PASSIVO EXIGÍVEL, uma vez que a obrigação da contraprestação existe.

e) *Leasing*

O arrendamento mercantil, também conhecido como *leasing* financeiro, no Brasil, é contabilizado diretamente como despesa contra a conta caixa ou bancos, não obstante a Contabilidade Internacional ter outro entendimento. Entretanto, ao refletirmos, chegamos à conclusão de que as parcelas a vencer são obrigações, portanto um passivo. Mais uma vez o analista deve analisar o que fazer com tais parcelas a vencer. Adicionar ao passivo? E qual seria a contrapartida na reclassificação?

____

____

____

____

____

____

Recomenda-se que no cálculo dos indicadores de liquidez essas parcelas "escondidas" sejam adicionadas ao PASSIVO CIRCULANTE, ou EXIGÍVEL A LONGO PRAZO, caso nenhuma reclassificação tenha sido feita.

f) Adiantamentos a fornecedores com dificuldades financeiras

Esses saldos figuram no ativo circulante ou realizável a longo prazo, conforme o prazo de realização. Caso o fornecedor apresente má situação financeira, com dificuldade de honrar o compromisso assumido, o analista pode ajustar essa parcela, levando ao resultado ou classificando-a como ativo fictício.

g) Ágio

Caso o analista conclua que o ágio pago é excessivo, ou seja, de difícil realização numa eventual alienação do referido investimento, o saldo poderá ser reclassificado ou ajustado.

Alguns analistas adotam uma forma particular de reclassificação, classificando o ativo em real e fictício. O ativo fictício compreende as contas expurgadas na reclassificação, ou seja, aquelas de difícil conversão em dinheiro (valores incobráveis ou sem valor comercial). Assim, tanto a conta de adiantamentos a fornecedores (parcela em dificuldade financeira) quanto o ágio, podem ser expurgados face à dificuldade de realização. O ativo real compreende as contas que devem ser de fato trabalhadas na análise.

A reclassificação influencia diretamente o cálculo dos índices.

O tratamento adotado com as contas do passivo não é similar porque não existe passivo fictício (origens fictícias). Geralmente os ajustes no passivo decorrem de valores não baixados e erros.

h) Bancos Conta Vinculada

Essa conta registra o saldo decorrente da cobrança de duplicatas caucionadas, liberada à medida que a empresa entrega outras duplicatas em garantia, em substituição às cobradas. Assim, não corresponde a uma disponibilidade de fato.

Caso o analista observe que está relacionada a depósitos à vista, esse saldo deverá, em sinal de prudência, ser destacado separadamente.

2.3. A Importância da Auditoria para a Análise

As Demonstrações Contábeis devem, na medida do possível, ser auditadas, pois a Auditoria constitui segurança para o analista pela qualidade da revisão que promove.

Sabe-se, por exemplo, que o saldo da conta caixa deve ser composto exclusivamente por dinheiro. Ocorre, porém, que algumas empresas mantêm no caixa vales, cheques pós-datados, cheques de funcionários, requisição de numerários e outros. Assim, muitas vezes, a empresa não apresenta nada além de um saldo "fictício" de caixa, quadro que influencia a interpretação dos índices que incorporam o saldo. Os das contas bancárias devem ser, sistematicamente, conciliados com o extrato para que se tenha certeza de que não existem pendências de lançamento. Os procedimentos de auditoria eliminam ou pelo menos diminuem a possibilidade de classificações erradas e formação de saldos fictícios.

Quando as DC não são auditadas e o analista conhece a estrutura de controle interno de modo a confiar nos saldos evidenciados nos relatórios contábeis, o risco de comprometimento da análise é menor.

Inexistindo parecer de Auditoria, o analista deverá agir com prudência, destacando no relatório que seu estudo se baseou em Demonstrações Contábeis não auditadas.

2.4. Reclassificação e Manipulação da Informação

Não obstante os benefícios da reclassificação, deve-se ressaltar que ela pode ser utilizada para mascarar a realidade da empresa analisada.

Para Marion (2001, p. 36)

> *"por meio de agrupamento de contas nas DC, pode-se melhorar a situação econômico-financeira da empresa usando-se de certa 'esperteza'. Se uma empresa, por exemplo, se dispõe a vender um imóvel que até o momento estava classificado no ativo permanente, classificando essa conta no ativo circulante, o analista terá que reclassificá-lo".*

O autor destaca que não é muito fácil vender um imóvel, recebendo o valor no mesmo ano, razão pela qual orienta sua reclassificação no realizável a longo prazo. Entendemos, porém, que cada caso deve ser estudado isoladamente, não cabendo generalizações. É essencial para o analista buscar informações acerca da operação antes de lançar mão de uma reclassificação.

É importante refletir quando se deseja reclassificar um ativo em despesa e se trata de uma empresa que opera com pequena margem ou, até mesmo, prejuízo. Nesse caso, a reclassificação acaba onerando o período analisado, fazendo cair a rentabilidade, o que pode ser bastante prejudicial, a depender dos objetivos da análise.

Uma receita antecipada seria, por exemplo, diluída nas despesas da empresa. Isso dificultaria a comparabilidade entre os saldos das empresas concorrentes, mostrando um desempenho atípico em relação à que obteve sua receita de forma tempestiva, quadro que não reflete o desempenho da entidade. Entendemos que o procedimento não deve ser aplicado caso a antecipação de valor seja repetitiva. É um acontecimento próprio de empresas cujo ciclo operacional é demorado (construtoras de navios, fábricas de equipamentos pesados e outras.)

A reclassificação ocasiona modificações significativas à estrutura de uma demonstração.

Independente da realização ou não de ajustes, o analista deve observar as classificações e proceder à crítica das contas. Por exemplo, existem parcelas de difícil conversão (estoques obsoletos, cheques em cobrança ou saldos fantasmas).

Embora possua limitações, a reclassificação confere realismo à análise.

Com base no que foi visto, quais as vantagens da reclassificação?

____

____

____

____

____

2.5. Reclassificação e as Notas de Análise

A reclassificação contábil muitas vezes corrige determinada informação, permitindo que seja adequadamente apresentada. Outras vezes, melhora a qualidade da informação por meio da utilização de outros critérios de classificação, diferentes da legislação societária.

Independente do objetivo da reclassificação, recomenda-se seu destaque em NOTAS DE ANÁLISE, componente importante do relatório de análise. São objetos de nota de análise:

- Ajustes em geral;
- Explicações sobre o uso de nomenclaturas;
- Detalhamento de critérios;
- Previsões diversas (recebimento e pagamento);
- Constituição de provisões não previstas;
- Comunicação das ações que impactaram ou impactarão sobre os números apresentados.

São exemplos de notas:

- Critérios adotados para a constituição de reservas;
- Previsão de integralização de capital;
- Estágio de cobrança de determinados créditos;
- Previsão de recebimento de valores decorrentes de transações com sócios;
- Previsão de pagamento de valores decorrentes de transações com sócios;
- Criação de provisões (no âmbito apenas gerencial).

Em relação à determinação da previsão de recebimentos e pagamentos, recomenda-se ao analista a expedição de um documento formal solicitando confirmação de expectativa de realização ou exigibilidade das contas "que tenha dúvidas".

2.6. Do Prazo Considerado na Análise

Quanto mais dilatado o prazo de análise, maiores serão as discrepâncias dos resultados obtidos, uma vez que mais diferenciadas serão as realidades consideradas no contexto de construção da informação. Maiores serão, também, os desvios em relação ao que se denomina de normal[13].

No passado, por exemplo, vivíamos uma economia inflacionária ao extremo; hoje, por sua vez, temos uma inflação anual mais baixa. Então, se o analista compara o comportamento de determinado elemento patrimonial dentro de um inter-

[13] Conceito relativo. Varia conforme a influência de um complexo de fatores combinados, razão pela qual tem validade limitada à duração destes fatores intervenientes.

valo que abranja esses dois contextos, embora se utilize das técnicas de correção, sua análise tem que levar à discussão de variáveis do ambiente, sob pena de comprometer a validade de seu trabalho.

Para fins de análise, o estudo de três exercícios consecutivos atende satisfatoriamente à análise patrimonial na elaboração de projetos financeiros.

2.7. Questões para Discussão

1) As despesas do exercício seguinte, juntamente com os "Impostos a Recuperar", não se transformarão em fundos. É importante destacar que a despesa antecipada de hoje terá sua contraprestação concluída no exercício seguinte. Essa despesa, por certo, diminuirá o lucro do exercício subseqüente. Assim, os analistas mais criteriosos optam pela sua dedução do PL (lembrando que antes esses valores eram classificados no AC). Essa medida, no entanto, deve ser norteada pelos critérios de relevância e materialidade. O mesmo raciocínio se aplica à rubrica Impostos a Recuperar? Justifique.

2) Comente a afirmação: A conta "despesas antecipadas" apresenta saldo imaterial em relação a todo o ativo circulante, pouco determinante, portanto, para a leitura da situação financeira da empresa.

3) Disserte sobre os reflexos do tratamento dado ao *leasing* no Brasil pela legislação vigente. Você concorda com a forma de contabilização geralmente adotada, devido à economia de impostos geradas pela dedutibilidade desses gastos?

4) Sugira procedimentos de reclassificação, justificando a medida e benefícios para a análise.

5) É de extrema importância que o analista conheça seus alcances e limitações. Entretanto, faz-se necessário certos cuidados, a saber:

    - Manutenção dos registros contábeis (atualização), integridade e fidedignidade;
    - As Demonstrações devem ser auditadas, na medida do possível, por auditores independentes. Na pior possibilidade, que sejam revisadas pela auditoria interna;
    - Devem ser tomados mais de um exercício.

Justifique cada um desses cuidados.

6) Como reclassificar, para fins de análise de balanço, as contas a seguir?

    a) Duplicatas descontadas;

b) Terrenos à venda;
c) Gastos diferidos;
d) Capital a realizar;
e) Receitas e despesas financeiras;
f) Adiantamentos de aluguel recebido;
g) Adiantamento de clientes;
h) Provisão para pagamento de dividendos;
i) Provisão para Imposto de Renda;
j) Adiantamentos a fornecedores em má situação financeira;
k) Bancos conta caução;
l) Ganhos de capital;
m) Bancos conta vinculada.

Nota: Algumas contas podem não ser objeto de reclassificação.

7) Construa um roteiro de análise, justificando-o passo a passo. Organize um fluxograma.

8) A profundidade da análise das Demonstrações Contábeis depende dos objetivos a que esta se propõe. Independentemente do objetivo, a primeira etapa ou tarefa a ser executada pelo analista em sua opinião é:

( ) Planejamento.
( ) Diagnóstico da realidade.
( ) Solicitar relatórios contábeis.
( ) Exame e cálculo dos indicadores contábeis.
( ) Escolha da metodologia a ser adotada.

9) Comente as afirmações a seguir:

a) O agrupamento das contas pode ser utilizado para melhorar a situação financeira de uma empresa;
b) A classificação de um imóvel destinado à venda melhora temporariamente o quadro financeiro de uma entidade. Como o prazo de realização pode não ser imediato, convém classificar no realizável a longo prazo;
c) Quando não se tem expectativa para a realização dos estoques, a parcela não realizável deve ser levada ao resultado como despesa;

d) O ideal para o analista seria basear seus estudos em Demonstrações Contábeis auditadas, um relatório de diretoria substancioso, notas explicativas completas, enfim, uma evidenciação transparente;

e) O analista deve ter o cuidado de verificar a existência de parcelas do realizável ou exigível a longo prazo já vencidas ou exigíveis a curto prazo.

10) Quais os reflexos de uma ressalva sobre uma análise?

11) O que o analista deve fazer quando se deparar com um parecer contendo uma negativa de opinião?

12) Quais as dificuldades encontradas pelo analista externo?

2.8. Trabalho Interdisciplinar

1) É essencial que as Demonstrações Contábeis a serem estudadas tenham a qualidade necessária para que a análise seja eficaz de fato. Esta é a grande razão de se recomendar o uso de Demonstrações Contábeis auditadas.

a) Como o analista deve proceder à análise no caso de a empresa possuir um parecer com ressalva? Justifique.

b) Como o analista deve lidar com a observação de ressalvas?

c) De que maneira referenciar no relatório de análise?

d) O analista deve mesmo obter junto à empresa o parecer de auditoria?

2) O mascaramento do balanço patrimonial é uma preocupação para qualquer analista (*window dressing*). Quais precauções você julga essenciais para o trabalho de análise? Pesquise casos de mascaramento de balanço nos últimos anos e destaque as conseqüências geradas.

3a) Até que ponto o analista precisa conhecer dados referentes às técnicas e procedimentos da área de pessoal, marketing, programa de capacitação, desempenho social e forma de utilização de recursos?

3b) Qual o valor, para o analista, da informação não-financeira. Justifique com exemplos concretos.

3c) Que relatórios internos podem dar suporte ao analista na obtenção de informação daquela natureza? Explique, destacando o que cada um deles informa.

4) Reclassifique o balanço a seguir:

DESCRIÇÃO	ANO 1	ANO 2	ANO 3
ATIVO CIRCULANTE	**164.010**	**174.000**	**266.500**
Caixa	2.000	3.500	5.000
Bancos	30.000	35.500	28.000
Estoques	70.000	80.000	150.000
Contas a receber	30.000	50.000	80.000
Impostos a recuperar	25.000	–	–
Despesas antecipadas	7.010	5.000	3.500
REALIZÁVEL A LONGO PRAZO	**10.000**	**5.000**	**15.000**
Empréstimos a sócios	10.000	5.000	15.000
PERMANENTE	**57.000**	**180.000**	**194.800**
Investimentos			
Participação em outras empresas	25.000	30.000	35.000
Imobilizado			
Máquinas e equipamentos	10.000	25.000	30.000
Móveis e utensílios	5.000	10.000	15.800
Terrenos	20.000	120.000	140.000
(-) Depreciação acumulada	(3.000)	(5.000)	(26.000)
TOTAL DO ATIVO	**231.010**	**359.000**	**476.300**
PASSIVO CIRCULANTE			
Fornecedores	55.000	6.000	75.000
Obrigações trabalhistas	40.000	45.000	59.000
Obrigações fiscais	25.000	30.000	35.000
Empréstimos	100.000	160.000	300.000
PATRIMÔNIO LÍQUIDO			
Capital social	200.000	200.000	200.000
Prejuízo	(188.990)	(82.000)	(192.700)
TOTAL	**231.010**	**359.000**	**476.300**

2.9. Orientação ao Professor

Nessa fase de nosso programa, convém ao professor revisar alguns aspectos da lei societária e seus reflexos sobre a informação reportada pela Contabilidade. Esse cuidado facilita a explanação sobre as reclassificações contábeis para análise.

À medida que for explanado o critério de reclassificação, recomenda-se de imediato colocá-lo na forma de redação das NOTAS DE ANÁLISE. Por exemplo, ao mencionar a reclassificação das duplicatas descontadas para o passivo, oriente o aluno a apontar o critério em nota própria: "As duplicatas descontadas foram reclassificadas para o passivo por entendermos que têm a natureza de financiamento (fonte de recursos)".

Capítulo 3

Métodos de Análise

O presente capítulo abordará as principais técnicas de análise. São quatro os métodos que possibilitam essa leitura:

- Análise por diferenças absolutas;
- Análise vertical;
- Análise temporal ou horizontal;
- Análise estática.

Vejamos cada um deles.

3.1. Análise por Diferenças Absolutas

A aplicação deste método é ampla, pois pode ser realizada empregando-se quaisquer componentes patrimoniais no cálculo das diferenças. Consiste na utilização de diferenças absolutas entre componentes patrimoniais com o propósito de produzir informações específicas. A Análise do Capital Circulante Líquido, diferença entre ativo e passivo circulantes, ou entre o patrimônio líquido e ativo permanente, é um exemplo da aplicação deste método.

O capital circulante líquido (ou capital de giro próprio) representa a capacidade de autofinanciamento da empresa e é utilizado como critério de avaliação de sua liquidez.

Em geral, quanto maior a diferença entre ativo e passivo circulante, melhor para a empresa, pois pode ser um sinal de "folga financeira" (a diferença entre ativo e passivo, *a priori*, presta-se a evidenciar a capacidade de pagamento do negócio). Afirmamos que "pode sinalizar" porque o ativo circulante contém elementos não-líquidos, portanto, não-conversíveis de imediato em dinheiro. Faz-se necessário estudar aspectos de sua realização.

Conforme mencionado, essa generalização é algo sobre o qual devemos refletir porque pode-se encontrar empresas com capital circulante líquido negativo, porém com fluxo de caixa satisfatório.

Uma empresa com capital circulante líquido positivo também pode apresentar dificuldades financeiras devido à não-sintonia de prazos e às diferentes velocidades de realização. Logo, este método requer atenção do analista em dois pontos básicos:

- Na caracterização da atividade;
- Na composição do próprio circulante, porque certas contas, definitivamente, não representam fundos, entretanto o passivo é líquido e certo.

Exemplo:

ATIVO CIRCULANTE	$30.000
(–) PASSIVO CIRCULANTE	($21.000)
CAPITAL CIRCULANTE LÍQUIDO	$9.000

A maior crítica ao conceito de capital circulante líquido relaciona-se ao fato de ele ser meramente uma figura líquida obtida pela diferença entre algumas dívidas e alguns dos ativos, sem a devida observação dos prazos de realização e exigibilidade, e, muito menos, da qualidade dos ativos no que se refere à capacidade de transformação em dinheiro

De fato, o cálculo não considera os riscos ligados à realização dos ativos, o que torna imprecisa toda e qualquer análise de solvência baseada exclusivamente nele.

Se o conceito de capital circulante líquido em si não representa folga financeira, então é um conceito estático.

Ao se calcular o capital circulante líquido, por exemplo, admite-se a situação de venda forçada de estoques, sem considerar, sequer, a capacidade logística da empresa analisada. Considera-se ainda a inexistência de inadimplência, o que é uma condição ideal. O recebimento das duplicatas não é instantâneo (*timing* de geração de caixa).

O ativo circulante contém elementos que não representam ingressos de recursos, ou seja, valores de difícil recuperação, caso das despesas antecipadas. Com base no exposto, pode-se afirmar que a aplicação do conceito de capital circulante líquido está intimamente ligada ao conceito de liquidez, embora seja tratado na prática como indicativo do estado de solvência/insolvência.

Segundo Hendriksen (2000, p. 177), *"liquidez é a capacidade relativa de conversão de ativos em caixa, às vezes vista como proximidade de ativos ao estado de moeda"*.

A liquidez reflete, então, a natureza dos ativos e a velocidade de conversão destes em recursos para satisfazer as obrigações. A solvência afere a capacidade real de pagamento no momento em que as obrigações vencem. A análise de solvência passa necessariamente pela análise de liquidez para que a primeira proporcione melhores predições.

A solvência depende da liquidez dos ativos. É na análise da conversibilidade dos ativos que se tem condições de afirmar se uma empresa é ou não solvente. Assim, a análise do capital circulante líquido requer uma reflexão profunda que envolve dois aspectos: da liquidez e da solvência.

Conclusivamente, o capital circulante líquido representado por um número negativo não implica, necessariamente, a situação de insolvência, uma vez que certos negócios resistem financeiramente operando com capital de giro negativo, a exemplo dos supermercados, negócio que opera com receita à vista. Assim, não é regra geral que as empresas com capital de giro próprio positivo impliquem um *status* de solvência.

Da análise conceitual realizada, conclui-se que a diferença entre ativo e passivo não é suficiente para uma completa análise de solvência de uma empresa. Faz-se necessário considerar a conexão com o conceito de liquidez.

Observe que a partir de uma simples diferença pode-se elaborar uma série de reflexões, entretanto a eficácia do método é limitada. Recomenda-se o uso de outras técnicas de forma conjugada.

3.2. Análise Vertical

A análise vertical determina a participação de cada conta em relação a seu valor total. Possui esta denominação porque é como se o analista fizesse uma leitura das demonstrações de cima para baixo. A técnica é também conhecida como análise de estrutura, análise de composição e percentagens verticais.

Através dessa modalidade de análise, apura-se a participação percentual de cada componente do patrimônio em relação ao total do grupo a que o componente patrimonial pertence.

Trata-se de uma técnica de análise bastante útil, posto que favorece a elaboração de uma visão estrutural do patrimônio. Vejamos um exemplo simples:

	R$
ATIVO	
CIRCULANTE	
DISPONIBILIDADES	
Caixa	1.900
Bancos	18.000
CRÉDITOS	
Contas a Receber	35.000
ESTOQUES	23.000
DESPESAS ANTECIPADAS	600
TOTAL DO ATIVO CIRCULANTE	78.500

DIVISÃO DA PARTE PELO TODO

Pela análise vertical, temos que o elemento DISPONIBILIDADES corresponde a 25,35% do ATIVO CIRCULANTE. O volume de créditos excede a 44,59% de todos os recursos a curto prazo. Conforme os dados acima, o volume de estoques representa 29,30%.

As despesas antecipadas têm uma participação percentual no ativo circulante de 0,76%.

É recomendável o uso de planilhas eletrônicas cujo cálculo facilita o trabalho do analista. A utilização de elementos gráficos também é recomendável.

Os cálculos na análise vertical podem ser feitos tomando o ativo total como base, ou simplesmente o total do subgrupo, ativo circulante, realizável a longo prazo ou permanente, conforme a necessidade.

A escolha da opção-base, se total do grupo ou subgrupo, é em função do tipo de informação que se quer obter e do tipo de análise que se pretende fazer.

A vantagem em usar a análise vertical consiste essencialmente na identificação da relevância de cada elemento patrimonial em relação a um todo. Lembre-se:

a análise vertical visa mostrar a representatividade de cada conta particular em relação ao todo e a importância dessa informação sobre o estado do negócio (financeiro ou econômico).

Gráfico 1: Estrutura do Ativo Circulante

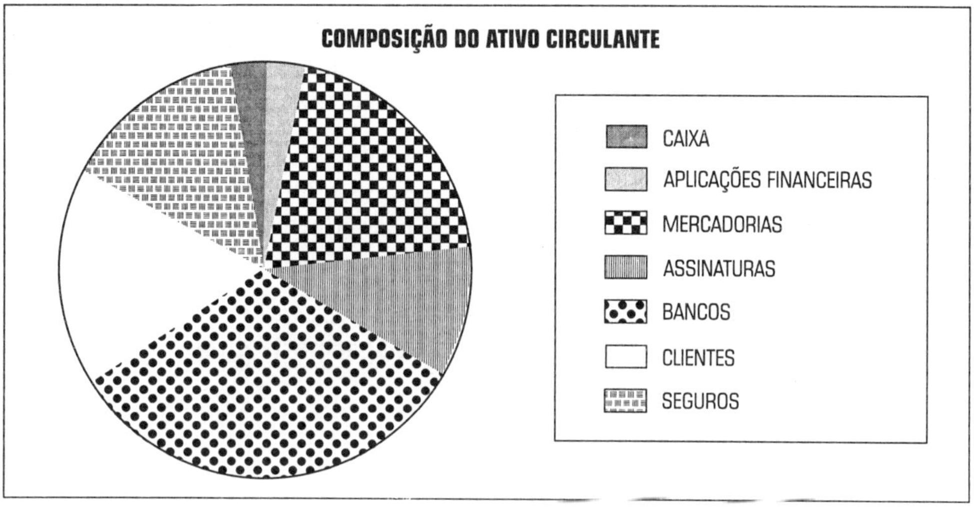

3.2.1. Natureza da Informação Evidenciada

Qual a contribuição de cada componente para a formação do todo? Por exemplo, qual a contribuição das receitas operacionais sobre o resultado do exercício? Qual a contribuição do item "empréstimos" para o volume de exigibilidades?

Essa é a abrangência da análise vertical. Para conclusões mais bem fundamentadas, recomenda-se ao analista recorrer a outros métodos, uma vez que nenhum deles é absoluto.

3.3. Análise Temporal ou Horizontal

Essa modalidade de análise, temporal ou horizontal, é também conhecida como análise *cross-sectional*.

O requisito básico para uma precisa análise econômico-financeira é a consistência técnica das Demonstrações Contábeis. Um instrumento útil para se detectar estas eventuais "inconsistências" é a análise horizontal.

Ela objetiva verificar a evolução (ou involução) do comportamento das contas integrantes das Demonstrações Contábeis. Tem essa denominação porque compara os saldos ano a ano (períodos consecutivos) como se estivéssemos olhando a conta horizontalmente ao longo do tempo.

Objetivamente, a análise horizontal é o estudo das variações dos saldos das contas no tempo. Responde à seguinte indagação: como se comportou determinado componente patrimonial no período que abrangeu na análise?

Através da análise horizontal, se tem condições de visualizar com clareza o impacto da evolução dos ativos e passivos (estrutura de capital) sobre a situação financeira do negócio. Há, também, uma visão acerca da capacidade de produção instalada, política de vendas e outros.

A análise horizontal na DRE assume papel fundamental porque identifica a tendência de comportamento dos custos e despesas comparativamente à evolução do volume.

O analista deve estudar mais de um exercício, buscando correlações nos fatos que ocorrem entre os exercícios (coerência) e a análise horizontal, para obter então um bom elo de ligação.

3.3.1. Etapas

A análise horizontal é feita como segue:

a) Fixa-se um ano, denominado de período-base, atribuindo-se a seus números 100%. O exercício-base é aquele que servirá de referência para as comparações que têm por base matemática uma regra de três simples.

Na escolha de um exercício-base, o analista tem duas opções: escolhe o período imediatamente anterior ao que se está analisando (mais adequado em contextos inflacionários) ou se fixa em um período para todos os exercícios analisados. O recomendável é que se trabalhe com o exercício-base imediatamente anterior ao analisado (o que possibilita ao analista uma leitura mais dinâmica).

Outra possibilidade é a escolha de um exercício que tenha sido modelo em termos de desempenho. Em geral, à margem das considerações feitas, escolhe-se com mais freqüência como referencial o primeiro exercício da série.

b) Procede-se ao cálculo. Aplica-se, então, o raciocínio matemático:

$$\text{VARIAÇÃO HORIZONTAL} = \frac{\text{VALOR ABSOLUTO DO PERÍODO "n"} \times 100}{\text{VALOR ABSOLUTO DO PERÍODO-BASE}} - 100$$

A análise é um importante indicador de tendências, uma vez que propicia a identificação de comportamentos: crescimento e decrescimento.

Um cuidado que o analista deve ter no desenvolvimento da análise horizontal refere-se a situações em que o saldo da conta, tomado como exercício-base, estiver negativo, posto que não reflete a evolução da conta de forma realística.

Vejamos algumas situações:

DESCRIÇÃO	20X1	20X2	20X3
LUCRO/PREJUÍZO	1.500	– 3.000	– 3.780

$$AH_{X1-X2} = [(-3.000 \times 100/1.500) - 100] = -50 - 100 = -150\%$$

De acordo com o número acima, percebemos que houve uma queda de desempenho de 150%.

Na transição de 20X1 para 20X2, o quadro da empresa se agrava. Entretanto, se formos aplicar a fórmula da análise horizontal, produziremos um número-índice positivo, sinalizando uma pseudo-evolução positiva. A interpretação, nesses casos, não deve ser direta.

A análise horizontal é especialmente importante quando aplicada à DRE, pois permite a identificação da evolução das contas de receitas e despesas e, por conseqüência, da margem e do próprio lucro. Assim, cabe ao analista apenas contextualizar os números, enquadrando os dados à realidade da empresa, explicando, desta forma, as causas de tais variações.

O grande desafio do analista contábil é identificar os fatores que conduziram os elementos patrimoniais a esse ou àquele comportamento.

Exemplo:

Balanço Patrimonial

ATIVO CIRCULANTE DISPONIBILIDADES	R$		Análise Horizontal (%)
Caixa Bancos	1.900 18.000	600 20.000	3,5
CRÉDITOS Contas a Receber	35.000	20.000	– 42,86
ESTOQUES	23.000	15.000	– 34,78
DESPESAS ANTECIPADAS	600	500	– 16,67
TOTAL DO ATIVO CIRCULANTE	78.500	56.100	

AH(%) = [Saldo período analisado/Saldo período anterior (base)] × 100 – 100

Recomenda-se, também para esse caso, o uso da planilha Excel uma vez que o cálculo manual torna o trabalho moroso.

Outra sugestão, é que o analista adicione elementos gráficos a seus relatórios de análise, especialmente na tradução da análise horizontal, a fim de torná-la mais visível aos olhos do usuário.

Para esse tipo de análise, o gráfico de linhas é o mais adequado.

3.3.2. Análise Horizontal em Contextos Inflacionários

O cálculo da análise horizontal não considera os efeitos inflacionários, comuns em determinados contextos econômicos.

As Demonstrações Contábeis reúnem uma heterogeneidade de valores no que se refere ao poder aquisitivo da moeda. Para fazê-las, inicialmente deve-se calcular o fator de correção. Para fins de refinamento da análise horizontal, podemos atualizar os saldos da seguinte maneira:

F = ÍNDICE DE CORREÇÃO[14] (ANO 2)/ÍNDICE DE CORREÇÃO (ANO 1)

Calculado o fator de correção, para a obtenção do saldo corrigido basta multiplicá-lo pelos saldos das respectivas contas do exercício mais antigo.

Na situação em que as Demonstrações Contábeis forem elaboradas com base no critério de correção integral, a análise horizontal proporciona a leitura da evolução real. Em se tratando de valores históricos, ela fornece apenas a variação nominal.

O analista deve sempre buscar a variação real em suas fundamentações, principalmente em períodos de alta inflação (análise retrospectiva), pois ela distorce os relatórios contábeis. Deve-se, pois, considerar os efeitos inflacionários para fins gerenciais.

3.3.3. Análise Horizontal e Análise Vertical

Os métodos de análises horizontal e vertical são complementares porque não basta ao analista saber a composição do patrimônio num dado período (representatividade de elementos patrimoniais), faz-se igualmente necessário verificar se a composição atual reflete ou não uma melhora estrutural em relação aos exercícios anteriores (tendência).

[14] Índices oficiais de correção: UFIR (Unidade Fiscal de Referência) e IGP (Índice Geral de Preços). O mais utilizado em análise é o IGP.

3.4. Análise Estática

É, dentre os métodos de análise, o mais conhecido, por isso muitas vezes confundido com a própria análise em sua totalidade. Os índices consistem em relações de grandezas (contas ou grupos) calculados com o objetivo de se levantar informações diversas.

São três os grupos principais de indicadores contábeis: indicadores de liquidez, estrutura de capital, giro e rentabilidade. Como os demais métodos de análise, sua aplicação possui limitações e requer cuidado, os quais estudaremos de forma específica nos próximos capítulos.

3.5. Exercícios para Fixação

1) Conceitue análise vertical e análise horizontal.

2) Qual o foco informativo dos métodos de análises vertical e horizontal?

3) Comente as seguintes afirmações (Atenção: estas podem ser falsas):
   - A análise vertical possui conteúdo informativo mais qualificado em relação à análise horizontal.
   - As técnicas de análises vertical e horizontal somente podem ser aplicadas no Balanço Patrimonial.
   - O capital circulante líquido pode ser uma abstração.

4) Que tipo de questões, na DRE, as análises vertical e horizontal ajudam a resolver? Exemplifique e prepare um pequeno texto ilustrativo.

5) Quais as limitações do método de análise baseado em diferenças absolutas?

6) Em quais condições a análise horizontal trabalha com valores nominais? E reais?

7) Com base nos dados abaixo, calcule os lucros nominal e real.

   Custo do bem = $200

   Preço = $300

   Inflação = 15%

   Nota: O lucro nominal é aquele apresentado pela Contabilidade, e o real aquele que contempla os efeitos da inflação do período.

8) Quando as Demonstrações Contábeis são geradas em contextos inflacionários, a análise horizontal poderá vir a distorcer a identificação da evolução real dos componentes patrimoniais. Como eliminar tais distorções? Comente a respeito.

9) Em sua opinião, qual o indicador a ser empregado para transformar os saldos nominais em reais? Fundamente sua resposta.

10) Com base nos dados abaixo, calcule a variação horizontal nominal e real de cada elemento patrimonial.

Dado: Fator de correção (f) = 1.6321

Descrição	Valores ($ mil)	
Ativo	20x1	20x2
Circulante		
Disponibilidades	200	300
Contas a Receber	500	400
Estoque	450	320
Permanente		
Imobilizado	250	300
TOTAL DO ATIVO	1.400	1.320
Passivo		
Circulante	200	170
Exigível a Longo Prazo	200	150
Patrimônio Líquido	1.000	1.000
TOTAL DO PASSIVO	1.400	1.320

3.6. Trabalho Interdisciplinar

1) O que muda em termos de estrutura das DC com a alteração da Lei 6.404/76 (anteprojeto)?

____

____

____

____

____

2) Proceda às análises horizontal e vertical para os balanços a seguir:

Balanço 1

ATIVO		PASSIVO	
CIRCULANTE		CIRCULANTE	
Caixa	5.000	Duplicatas a Pagar	49.600
Bancos C/Movimento	30.600	Adiantamento de Clientes	8.000
Aplicações Financeiras	7.000	Salários a Pagar	1.000
ICMS a Recuperar	1.000	EXIGÍVEL A LONGO PRAZO	
Adiant. a Fornecedores	10.000	Empréstimos	14.000
Estoques	22.000	PATRIMÔNIO LÍQUIDO	
Aluguéis a Vencer	1.000	Capital Social	80.000
PERMANENTE		Capital a Integralizar	(40.000)
Móveis e Utensílios	3.000	Prejuízos	(1.000)
Veículos	12.000		
Imóveis	20.000		
TOTAL	111.600	TOTAL	111.600

Balanço 2

ATIVO		PASSIVO	
CIRCULANTE		CIRCULANTE	
DISPONÍVEL		Fornecedores	32.000
Caixa e Bancos	15.000	Empréstimos	120.000
Aplicações Financeiras	5.000		
Créditos			
Contas a Receber[15]	65.000		
Estoque		PATRIMÔNIO LÍQUIDO	
Mercadorias	70.000	Capital Social	100.000
PERMANENTE		Lucro	15.000
Imobilizado			
Máquinas e Utensílios	5.000		
Máquinas e Equipamentos	7.000		
Imóveis	100.000		
TOTAL	267.000	TOTAL	267.000

3) A empresa BETA apresentou os seguintes valores de faturamento e patrimônio líquido. Pede-se: calcular a evolução nominal e real com base nos dados a seguir:

[15] Saldo líquido, excluída a provisão para devedores duvidosos.

CONTAS	ANO 1	ANO 2	ANO 3	ANO 4
Faturamento	200.000	300.000	350.000	200.000
PL	350.000	400.000	480.000	190.000
Taxa anual da inflação	15%	10%	10,5%	8%

4) Calcule a evolução anual do resultado operacional da empresa MODELO:

ANO	RESULTADO OPERACIONAL ($)
1	700.000
2	640.000
3	580.000
4	490.000
5	480.000
6	300.000
7	310.500
8	290.000
9	295.000
10	100.000
11	98.000
12	(55.000)

5) Complete o quadro abaixo e interprete os números obtidos:

PERÍODO	1	2	3	4	5
RESULTADO	3.000	(1.000)	(4.000)	(1.000)	(1.500)
ANÁLISE VERTICAL					

3.7. Orientação ao Professor

É interessante conscientizar os alunos da importância de se conhecer as ferramentas de análise. Uma boa prática tem sido solicitar que coletem referências dessas técnicas em periódicos.

Capítulo 4

Análise Através de Índices

Neste capítulo, abordaremos os índices utilizados na análise das Demonstrações Contábeis.

Eles são instrumentos importantes para o estudo do patrimônio de uma entidade, seja do ponto de vista econômico ou financeiro.

O indicador é obtido através da relação ou razão entre elementos patrimoniais e/ou do resultado, sendo classificados em:

- Estáticos (ou patrimoniais);
- Dinâmicos (ou operacionais);
- De velocidade.

Os indicadores estáticos são os que relacionam apenas elementos patrimoniais. Por exemplo, a razão entre ativo e passivo circulantes ou entre disponível e passivo circulantes.

Os indicadores dinâmicos pautam elementos que formam o resultado. Por exemplo, a razão entre o lucro operacional e a receita líquida.

Os indicadores de velocidade referem-se aos elementos que compõem o resultado e os do patrimônio, por exemplo: a razão entre o CMV e o saldo médio de estoques.

Pela própria natureza, em geral os indicadores estáticos e de velocidade são bastante utilizados na análise financeira, já os dinâmicos, na análise econômica.

No que se refere à classificação acima, é interessante porque evita que o analista trabalhe com um grande número de índices, muitas vezes sem um planejamento preliminar. Através dessa visão, o profissional pode evitar o problema do grau de correlação entre os indicadores.

O essencial para esta análise e o que se pretende é que a escolha dos indicadores seja norteada pelos objetivos da análise.

Analisando empiricamente, quase sempre 10-11 índices são suficientes para um diagnóstico econômico-financeiro, mas é necessário escolher os índices adequados.

A seleção de índices deve ser conduzida pelos objetivos da análise e pela experiência do analista. Todos os dados obtidos por meio do estudo devem ser analisados segundo o seu contexto e características (porte, estratégia do setor, limitações dos índices, e outros).

Segundo Matarazzo (2003), quando se aumenta o número de índices de 2 para 5, uma quantidade de informações é gerada, ao se elevá-lo de 12 para 15 o conjunto de informações adicionais é menor; isso significa que a análise estática das Demonstrações Contábeis impõe limites ao cálculo do número de índices, por conta dos rendimentos decrescentes da análise (Figura 5).

Figura 5: Relação entre a Quantidade de Informações e a Quantidade de Índices Calculados

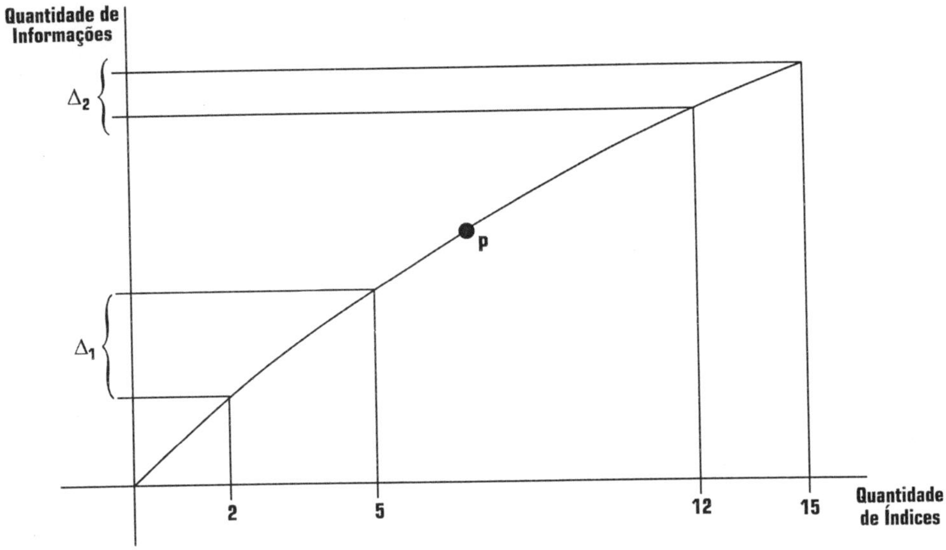

Fonte: Matarazzo (2003, p.149)

O aumento da quantidade de índices implica também, o aumento de custos, por conta do tempo demandado para a análise.

Experiências demonstram que para indústrias e empresas comerciais o número de índices mínimo é quatro e máximo de 11. Estendê-lo em relação ao limite máximo, além de ser desnecessário, pode dificultar a interpretação do analista e aumentar a probabilidade de erros por causa da correlação entre indicadores.

Capítulo 5

Análise Estática de Liquidez

O presente capítulo apresentará os índices de liquidez, os quais, segundo a literatura tradicional, anunciam a capacidade de pagamento a curto e longo prazo.

A análise estática de liquidez objetiva aferir a capacidade de pagamento de uma empresa, tomando por base prazos distintos (imediato, curto e longo prazos). Dessa forma, destacamos quatro indicadores, conforme Quadro 7.

Quadro 7: Tipos de Índices de Liquidez

TIPO	PRAZO (ALCANCE)
Liquidez Imediata (absoluta ou instantânea)	Imediato
Liquidez Corrente ou Comum	Curto
Liquidez Seca	Curto
Liquidez Geral	Longo

Efetivamente, esse grupo de indicadores não mede a capacidade de pagamento ou de liquidez de uma empresa, ele informa o nível de proteção dos credores a curto prazo em casos de falência, segurança essa que merece ser minuciosamente fundamentada pois os estoques, sendo liquidados por venda forçada, trazem o risco da redução de valor no ato da venda e, ainda, as "contas a receber" podem oferecer problemas no tocante à cobrança.

5.1. Índice de Liquidez Imediata (Absoluta ou Instantânea)

ÍNDICE DE LIQUIDEZ IMEDIATA = DISPONIBILIDADES / PASSIVO CIRCULANTE

Os recursos disponíveis atendem a ".....%" das obrigações (exigibilidades) a curto prazo.

Comecemos pelo indicador imediato da capacidade de pagamento de uma empresa: o índice de liquidez instantânea. Ele responde às seguintes indagações:

- O volume de disponibilidades é suficiente para honrar as dívidas da empresa?
- Qual a relação entre as DISPONIBILIDADES e o PASSIVO CIRCULANTE?

Esse indicador afere a capacidade de honra das dívidas da empresa somente com recursos do disponível: de quanto disporíamos, de imediato, para saldar nossas dívidas vencíveis a curto prazo? Analisando-o de forma isolada, podemos dizer que ele se apresenta como pouco expressivo devido à vulnerabilidade do dinheiro diante dos efeitos inflacionários.

O indicador ganha, entretanto, importância para empresas que prestam serviços sob contrato, uma vez que elas dependem do dinheiro para implementá-los.

Alguns autores entendem que, para empresas comerciais e industriais, ele deve situar-se entre 0,15 e 0,25, mas é importante ter em vista as necessidades da empresa em termos de disponibilidades. Ocorre que nem sempre os números evidenciados no Balanço Patrimonial correspondem à média do exercício. Acontecimentos não esperados podem vir a alterar o saldo da conta (situação de anormalidade). A liquidez imediata pode variar conforme as circunstâncias do mercado financeiro e a situação conjuntural. A situação em que os dados foram levantados estimula ou recomenda investimentos a curto prazo no mercado financeiro? Qual a taxa de juros naquela data? E a inflação?

O analista deve buscar informações sobre o tipo de negócio, bem como sobre as orientações de vendas para inferir a respeito do comportamento do índice com maior precisão. É necessário, ainda, observar o comportamento do setor; recomenda-se que ele obtenha os saldos mensais para apurar a média.

É essencial destacar também a importância de conhecer a natureza do negócio, especialmente sua orientação de vendas, antes de interpretar o índice. A regra que afirma que quanto maior o índice, melhor para a empresa, requer prudência, pois um caixa inativo pode sinalizar má gerência de recursos.

Trata-se de um indicador muito utilizado em bancos para aferição do que denominam de "encaixe": relação disponibilidades e depósitos à vista. Segundo especialistas, o encaixe mínimo é de 0,1, e o máximo 0,2. Acima de 0,2, sinaliza a presença de recursos ociosos.

De fato, o índice, apesar das suas limitações quanto à interpretação, serve de base para avaliar o mínimo de recursos a serem "reservados" no disponível (encaixe) para financiar parte de suas operações.

O encaixe mínimo pode ser calculado tomando por base compromissos exigíveis em prazos curtíssimos (por exemplo, 30 ou 45 dias), despesas correntes geralmente pagas à vista e obrigações fiscais e trabalhistas.

ENCAIXE MÍNIMO = OBRIGAÇÕES DE CURTÍSSIMO PRAZO +
OBRIGAÇÕES TRABALHISTAS E FISCAIS + DESPESAS CORRENTES

5.1.1. Ponderações Necessárias

O analista deve analisar o índice com prudência, antes de emitir um juízo de valor.

- Qual a composição das disponibilidades?
- Existem depósitos em juízo, ou seja, recursos sob intervenção? Afinal, recursos sob intervenção não representam disponibilidades.

- A composição etária do passivo circulante é muito diferenciada?
- O saldo evidenciado no balanço é representativo em relação à realidade do exercício?

Nem sempre os valores expressos, quando do fechamento do balanço, representam a média ao longo do exercício. Uma ocorrência relevante poderá fazer variar sobremaneira o saldo das contas que refletem "disponibilidades". No mês de dezembro, por exemplo, as empresas têm seu caixa um pouco castigado por causa do 13º Salário, eventuais gratificações e outros.

- Qual a média do setor? As empresas varejistas têm seu nível de disponibilidades variando de um dia para outro.

5.1.2. Interpretação

Sendo o passivo circulante igual a $ 70.000 e as disponibilidades iguais a $ 40.000, qual a liquidez imediata da empresa?

A liquidez imediata corresponde a 0,57.

A cada $ 1 de dívidas, a empresa possui $ 0,57 disponíveis para pagamento, ou, ainda, as disponibilidades honram na data presente 57% (0,57 × 100) das obrigações a curto prazo.

Vejamos algumas das limitações desse indicador:

- Caixa: é importante estar atento porque o saldo dessa conta pode estar composto por valores que não dinheiro. Ex.: vale-despesas, recibos de adiantamento, formando o que denominamos de "saldos fantasmas";
- No passivo, conforme já acenado, pode-se ter obrigações com vencimentos diversos, ou seja, sem necessidade de quitação imediata. Assim, pode-se ter desde dívidas a vencer no prazo de 15 dias, como podemos observar outras tantas vencíveis a 30, 60, 90, 120, ou até 360 dias;
- Em contextos inflacionários, índices elevados sinalizam ociosidade de recursos em função da perda do poder aquisitivo da moeda;
- Cada empresa (e isso também é função das características da atividade) possui um nível ótimo de disponibilidades, de modo que um indicador de liquidez muito inferior à unidade não chega a ser motivo isolado para alarde, pois pode ser reflexo de uma política de gestão financeira mais rígida. Porém, se o analista observa uma redução gradativa, após a realização de uma análise temporal do indicador (observação do comportamento do indicador ao longo dos anos), deve-se concluir que a ocorrência de queda no nível de disponibilidade o que pode gerar dificuldade na honra dos com-

promissos financeiros. Nesse caso, pode-se inferir que a empresa vem apresentando problemas financeiros embora saibamos que essa análise singular não evidencia o "nível" de tais dificuldades. O índice de liquidez não dimensiona o grau dos problemas financeiros de uma empresa;

- Em determinados meses, é comum o nível de disponibilidades apresentar-se maior do que o normal – sazonalidade de caixa;
- Não é um indicador relevante se considerado de forma isolada.

A análise de liquidez necessariamente pressupõe o estudo da composição de ativos, mas, nesse caso específico, o nível de minúcias, ou possibilidades de refinamento do indicador, em relação à composição dos ativos, é pequeno porque se trabalha com ativos líquidos (estado máximo de liquidez). O refinamento possível fica por conta do "passivo", trazendo os valores a pagar à data presente (valor presente dos vencimentos).

Outra possibilidade de refinamento é considerar as obrigações vincendas até um determinado período (preestabelecido) conforme as necessidades gerenciais do administrador: "qual a minha capacidade de pagamento para 60 dias (imediata), considerando-se somente ativos líquidos?"

5.2. Índice de Liquidez Corrente (Relativa[16] ou Comum)

LIQUIDEZ CORRENTE = ATIVO CIRCULANTE / PASSIVO CIRCULANTE

A cada R$1,00 de obrigações, a empresa dispões de "R$ ...." de ativo circulante para honrá-las.

O indicador afere a capacidade de pagamento a curto prazo relacionando ativo e passivo circulante. Em geral, numa análise isolada, quanto maior, melhor. Entretanto, outros fatores devem ser observados em nível de detalhes. Quando da interpretação do indicador, faz-se necessário verificar a composição das contas do ativo e do passivo pois, assim como ela pode proporcionar segurança a sua leitura, por outro lado pode carregá-la de incerteza.

Trata-se do indicador de liquidez mais conhecido e utilizado na aferição da situação financeira dos negócios. Seu valor informativo cresce quando comparado com indicadores de empresas congêneres de mesmo porte.

[16] Devido à relatividade dos prazos de recebimento e pagamento.

5.2.1. Ponderações Necessárias

Analisando objetivamente a fórmula do índice de liquidez corrente, a interpretação imediata que podemos construir é que, quanto maior se apresentar, melhor para os credores e para a própria empresa. Entretanto, um fator a se considerar é a composição do ativo circulante, pois nem todos os elementos são, de imediato, realizáveis, ou seja, conversíveis em dinheiro.

De mais a mais, indicadores elevados podem sinalizar má gerência de recursos ou, ainda, lenta velocidade de realização[17]. O melhor retrato da liquidez poderia ser obtido se considerássemos no seu cômputo apenas os ativos mais líquidos, ou seja, aqueles prontamente conversíveis em caixa[18]. O indicador traria melhor segurança se todos os bens do circulante fossem de pronto realizáveis.

A conta "adiantamento" é um exemplo representativo do grau diferenciado de realização dos elementos do ativo circulante, pois consiste no numerário entregue a empregados ou a terceiros que tem como contraprestação insumos ou serviços. Logo, também não representa fundos. Muito embora gere uma folga financeira mais adiante.

As empresas possuem peculiaridades decorrentes da atividade. Por exemplo, certas empresas concentram suas aplicações em estoques, outras em bens do imobilizado. Algumas diversificam suas aplicações de tal modo que investem em outras empresas (participações) e no mercado financeiro. Alguns setores chegam a ter características especiais, a exemplo das imobiliárias e das cooperativas.

Os riscos de conversão dos componentes do ativo são diferenciados, conforme Quadro 8.

Quadro 8: Liquidez e Realização das Contas Patrimoniais

RUBRICA	RISCO
DISPONIBILIDADES	Desfalques de caixa, queda do poder de compra – inflação.
ESTOQUES	• Incerteza da venda ou realização; • Possibilidade de perda por fatores diversos (roubo, perda por deterioração, obsolescência tecnológica, retração de mercado).
CONTAS A RECEBER	• Possibilidade de inadimplência /existência de títulos "podres".

[17] Indicações: caixa inativo, saldo de estoques elevado, sistema de cobrança ineficiente, concentração de valores no "contas a receber".

[18] Nem todos os ativos são realmente líquidos, ou seja, representam efetivamente fundos, a exemplo da conta IMPOSTOS A RECUPERAR.

Existem dois tipos de risco: os controláveis e os não-controláveis. Aqueles dependem da empresa, por exemplo de sua estrutura de controle interno (caso de um dos citados riscos das disponibilidades: desfalques). Já estes estão atrelados a fatores alheios à vontade dos gestores.

Outros aspectos limitantes:

- Quando calculamos o indicador liquidez, admitimos a situação de venda forçada de estoques e a inexistência de inadimplência, o que é uma condição ideal.
- A análise toma por base eventos já ocorridos, portanto reflete a política financeira da empresa no passado (estocagem, crédito, compras e captação de recursos).
- O indicador não considera em sua fórmula a diversidade de vencimentos no "contas a pagar e a receber" (faixa etária diferenciada do ativo e passivo).

Faz-se necessário analisar com prudência o "contas a receber" no cálculo do indicador de liquidez, sendo conveniente, também, expurgar créditos de difícil recuperação.

O analista deve ter atenção para com os saldos da conta "Bancos – conta caução". Tendo em vista que registra empréstimos garantidos por caução de duplicatas (garantia renovável), as duplicatas velhas vão sendo cobradas e substituídas por novas. Caso não aconteça dessa forma, a dívida será cobrada de pronto por falta de garantia.

Estoques elevados em relação ao nível de vendas melhoram a liquidez, todavia podem sinalizar problemas na gestão de estoques e/ou setor de vendas. Em empresas sazonais, o saldo de estoques apresenta-se elevado em determinados meses do exercício; neles o índice de liquidez corrente apresenta-se elevado. Tal quadro distorce o indicador prejudicando qualquer inferência a respeito. É importante conhecer o segmento econômico da empresa analisada e identificar períodos de "alta sazonalidade".

É importante atentar para o segmento econômico a que pertence o negócio, ou seja, às suas peculiaridades. Por exemplo, um indicador de liquidez baixo pode não trazer maiores problemas à capacidade de pagamento de uma empresa caso esta tenha satisfatório volume de geração de receitas à vista. Um exemplo representativo são as empresas de transporte, já que não concentram itens de lenta conversão em espécie (operam com receita à vista).

É importante analisar os saldos das contas principais separadamente, especialmente a conta caixa, quando esta apresentar valores altos. O analista deve considerar a possibilidade de ela ter sido erroneamente utilizada como conta de fechamento.

A análise de liquidez também se presta a evidenciar o desempenho de caixa, por isso todo e qualquer fato que afete o seu nível deve ser bem analisado.

Enquanto para os ativos a avaliação da velocidade e da certeza de realização precisa ser considerada, o grau de exigibilidade do passivo é quase que inquestionável, porém merece alguns cuidados vistos a seguir:

- No passivo, podemos encontrar provisões feitas "a menor", ou, ainda, o não provisionamento de determinadas contas;
- Alguns contratos de *leasing* não são contabilizados no passivo, embora sejam obrigações certas (sua evidenciação dá-se nas notas explicativas);
- Obrigações para com acionistas, em geral, têm seus prazos mais flexibilizados. Outras, podem ser meros adiantamentos para o futuro aumento de capital, sendo, portanto, uma exigibilidade transitória;
- Parte das obrigações pode estar vencida, o que trará reflexos ao resultado. Recomenda-se fazer um levantamento no "contas a pagar" da empresa (relatório de pendências), e fazer uma breve conciliação.

O indicador aqui apresentado é também conhecido como medida de solvência, uma medida elástica de solvência, porque sua precisão está atrelada a uma série de análises paralelas.

Por fim, o índice fornece apenas uma visão *"ex post"*, não agregando valor informativo quando o assunto é futuro.

5.2.2. Interpretação

Sendo o ativo circulante igual a $ 70.000 e o passivo circulante igual a $1. 00.000, qual a liquidez corrente da empresa?

A liquidez corrente corresponde a 0,7.

A cada $ 1 de dívidas, a empresa possui $ 0,7 de ativo circulante para pagamento. Ou, ainda, o ativo circulante honra, na data presente, 70% (0,7 × 100) das obrigações a curto prazo. Naturalmente, essa afirmação merece ser analisada com cuidado em razão das limitações de realização dos elementos do ativo circulante.

Veremos nas próximas linhas a importância de analisar determinadas contas, separadamente, antes de emitirmos uma conclusão na leitura da análise de liquidez corrente:

a) Análise da Conta "Estoque": Aspectos Gerais

A conta "estoque" apresenta algumas especificidades, sendo, dentre elas, a principal o grau de liquidez que é inferior ao "contas a receber". A análise da conta "estoque" deve responder às seguintes indagações:

- A empresa possui estoques compatíveis com o ciclo produtivo? Sendo afirmativa a resposta, podemos dizer que a conta possui boa liquidez?
- Qual o nível ideal de estoques? Ora, sabe-se que ele é variável e depende do volume de "estoques de segurança" necessários para proteger a empresa contra a falta de materiais diretos. Depende igualmente da oferta de mercado por volume, das compras, da tendência de preços, das características do produto, da capacidade montada para armazenamento (política de estoques), da existência de contratos fechados no período analisado e, por fim, do caráter sazonal da atividade. Aspectos externos também devem ser considerados.

O estoque representa uma conta com elevada rotação e, nos casos de variedade de produtos, ela é muito mais variada. É importante que o analista atente para os seguintes pontos:

- Qual a influência do critério de avaliação de estoques adotado sobre os indicadores de liquidez? A conta "estoque" pode melhorar o resultado de uma empresa[19]. Nesse último caso, os custos tornam-se subavaliados e o estoque superavaliado.
- Estoques de giro lento tendem à desatualização, houve mudança de critério de avaliação nos períodos abrangidos pela análise?

É de vital importância uma análise qualitativa dos saldos, porque:

- Uma parte desse estoque pode ser o estoque mínimo de segurança, portanto não movimentado (imobilização financeira);
- Parte pode não ser, de pronto, realizável ou não ser absorvida pelo mercado;
- Parte pode estar comprometida por vendas antecipadas ou em posse de terceiros;
- Parte pode ainda constituir "estoque tampão ou reserva", consistindo naquele estoque que visa cobrir eventuais problemas de produção (defeitos de qualidade, avaria em máquinas, absenteísmo do pessoal e outros);

[19] Como? Modificando-se o critério de rateio (custeio por absorção) ou substituindo-se o método de avaliação "custo médio" pelo "PEPS".

- Por fim, temos a opção de formação de estoques em virtude de erros da equipe de previsão comercial.

Essas possibilidades mudam todo o rumo de uma interpretação acerca da liquidez. A análise individualizada é igualmente importante porque sinaliza focos de problemas no processo produtivo ou na gestão do fluxo de produtos.

No caso de empresas rurais, é possível encontrarmos indicadores de liquidez abaixo da unidade, refletindo apenas a impossibilidade da empresa em estocar seus produtos agrícolas, e não um sinal de descontinuidade futura, a exemplo das empresas olerícolas.

O fato de incluir no cálculo dos índices de empresas rurais a conta "Cultura em Formação" também requer cuidado por parte do analista, devido ao risco de não realização desta.

A conversão de ativos não-líquidos em espécie depende das peculiaridades da atividade porque a política de vendas tem como termômetro o mercado.

Muitas vezes, um saldo de "estoques" pequeno no momento do corte para análise nada mais reflete do que o sistema de manufatura usado pela empresa *(Just in time)*.

O sistema *Just in time* determina a produção somente do necessário para atender a demanda de mercado a fim de melhorar a eficiência produtiva da empresa. Recomenda-se ao analista verificar o tipo de sistema utilizado pela empresa antes de extrair maiores conclusões sobre o estado de liquidez do negócio.

A análise da conta "estoque" assume grande importância se a atividade sofre grandes variações estacionais.

b) Análise das "Contas a Receber"[20]: Aspectos Gerais

O ativo circulante é a parte móvel da estrutura patrimonial de uma empresa, por isso deve ser dosado às necessidades de sua expansão operacional.

O crescimento do ativo circulante deve ser autônomo e vegetativo, de modo a garantir uma geração sustentável de resultados. Assim, grandes volumes de recebíveis devem ser evitados sob pena de retardar o andamento do ciclo de vida de caixa do negócio, uma vez que os valores ficam congelados até a data de vencimento dos títulos.

A análise das "contas a receber" é vital para qualquer empresa.

[20] Duplicatas em carteira, duplicatas caucionadas pela empresa (empréstimos).

Em função da diversidade de prazos para a realização desses direitos, da política de cobrança e da própria política de crédito, torna-se fundamental estudar a conta com cuidado porque ela afeta os níveis de caixa e futuros investimentos em "contas a receber". Mas, qual deve ser o nível ideal de "contas a receber"?

A aferição do risco das "contas a receber" pode ser obtida através de estimativas com base em exercícios anteriores. Entretanto, a obtenção de uma estimativa não reduz riscos. Essa redução dos riscos associados ao "contas a receber" somente se dá à custa da implantação de um sistema de cobrança eficiente e que produza resultados.

Outro redutor potencial de riscos dos valores a receber é a remodelação da estratégia de crédito.

É importante considerar ainda a qualidade e a composição do "contas a receber", pois existe a possibilidade de a empresa ser quase que dependente de um cliente. Nesse caso, o risco do "contas a receber" é ainda maior, principalmente se estiver em crise financeira. Por isso, é que cabe ao analista indagar à administração do negócio sobre a composição desse saldo:

- Quais os principais clientes da empresa e qual sua participação no faturamento?
- Qual o grau de dependência em relação a esses clientes?[21]
- Como vão financeiramente os nossos clientes?
- Qual a média de atrasos, em dias?
- Há cobrança de encargos?
- Qual o volume de duplicatas oferecidas na garantia de empréstimos?

Quanto maior o prazo de recebimento dos direitos realizáveis a curto prazo, maior deverá ser o prazo de pagamento a terceiros.

As "contas a receber", como qualquer outro componente do capital de giro, estão atreladas a três atividades essenciais: produção, venda e cobrança, as quais devem ter movimento harmônico para evitar problemas de caixa.

Se a empresa não administra adequadamente suas "contas a receber", focando o fluxo de saídas (pagamentos programados), poderá, em determinada data, apresentar dificuldades financeiras traduzidas no crescimento dos encargos financeiros (impacto direto sobre o resultado).

[21] O cálculo do indicador de liquidez corrente desconsidera o ciclo financeiro das empresas com as quais a empresa analisada transaciona (clientes e fornecedores). A gestão de qualquer negócio não depende unicamente do ciclo financeiro da empresa administrada porque as organizações não são ambientes herméticos auto-suficientes.

Recomendam-se a aplicação de questionário ao departamento do "contas a receber" da empresa e que o analista faça uso de planilhas eletrônicas nesse trabalho de levantamento. Na análise externa esse procedimento é praticamente impossível, em função da não disponibilidade de dados.

Por fim, vejamos algumas situações que evidenciam a necessidade de se estudar qualitativamente os ativo e passivo circulantes:

- Excesso de dinheiro aplicado no estoque sem escoamento através das vendas. Nesse caso, o índice de liquidez pode apresentar-se maior do que a unidade, mas a análise não dá segurança em relação à situação de liquidez da empresa em função dessa aplicação desmedida.
- Existência de valores a receber de empresa coligada ou, ainda, de administradores e diretores. Em geral, os prazos de pagamento são flexíveis, portanto nem sempre é recomendável contar, de pronto, com tais valores. O mesmo ocorre com os passivos junto às coligadas/acionistas e diretores. Recomenda-se ao analista obter maiores informações sobre o grau de exigibilidade dessas rubricas (exigibilidade real).
- Adiantamentos de acionistas para futuro aumento de capital (exigibilidades transitórias). É certa a transferência desse passivo para o patrimônio líquido?

Dessas inquietações surgiram os refinamentos para o índice de liquidez corrente, visando melhorar a qualidade da informação produzida, uma vez que a desarmonia de prazos e as dificuldades de conversão dos elementos em caixa são flagrantes.

A análise das contas é importante porque auxilia no sentido de identificar ativos fictícios:

- Ativos obsoletos ou de difícil realização;
- Saldos fantasmas;
- Capital realizado ficticiamente;
- Superavaliação de ações ou qualquer outro investimento, e outros.

c) Ajustes ou refinamentos do Índice de Liquidez Corrente

Os ajustes promovidos dependem da qualidade das Demonstrações Contábeis após as reclassificações. Vejamos alguns possíveis ajustes:

Fórmula 1:

$$\text{LIQUIDEZ CORRENTE} = \frac{\text{ATIVO CIRCULANTE} \times \text{PRAZO MÉDIO DE ROTAÇÃO DO PASSIVO CIRCULANTE}}{\text{PASSIVO CIRCULANTE} \times \text{PRAZO MÉDIO DE ROTAÇÃO DO ATIVO CIRCULANTE}}$$

Fórmula 2:

LIQUIDEZ CORRENTE = DISPONIBILIDADES + [CONTAS A RECEBER – (CONTAS A RECEBER × FATOR DE INADIMPLÊNCIA)] + [ESTOQUES – (PERDAS – ESTOQUE TAMPÃO – ESTOQUE MÍNIMO DE SEGURANÇA)] / PASSIVO CIRCULANTE

A fórmula 1 considera a heterogeneidade dos prazos de realização do ativo circulante e exigibilidades a curto prazo, ajustando o indicador.

A fórmula 2 permite a dedução das "Contas a Receber", a média de inadimplência no negócio, o que torna o saldo mais realístico (isto caso a empresa não tenha feito provisão para devedores duvidosos).

A fórmula também expurga do saldo de estoques as imobilizações financeiras (estoque tampão e mínimo de segurança). Exclui ainda o percentual de perdas, obtido pela análise de uma série histórica.

5.3. Índice de Liquidez Seca (Teste Final ou Ácido)

$$\text{ÍNDICE DE LIQUIDEZ SECA (1)} = \frac{\text{ATIVO CIRCULANTE}^{22} - \text{ESTOQUES}}{\text{PASSIVO CIRCULANTE}}$$

Os ativos líquidos a curto prazo atendem a "....%" das obrigações a curto prazo.

Do cômputo deste indicador excluem-se estoques[23] e valores de difícil conversão em espécie, pois com isso se expurgam os riscos de realização associados a essas contas. O índice relega a segundo plano os estoques, concentrando atenção na eficiência financeira da entidade.

Quando se observam índices de liquidez seca elevados, pode significar que a empresa diversifica aplicações a curto prazo, de modo a não depender tanto de seus estoques. De fato, o índice afere o grau de dependência da empresa de seus estoques.

Outra fórmula pode ser utilizada:

$$\text{ÍNDICE DE LIQUIDEZ SECA (2)} = \frac{\text{ATIVO CIRCULANTE}^{24} - \text{ESTOQUES} - \text{DESPESAS ANTECIPADAS}}{\text{PASSIVO CIRCULANTE}}$$

[22] Disponibilidades, aplicações financeiras, clientes "líquidos".

[23] Os riscos de estoques decorrem de dois fatos: (a) nem todos os estoques são facilmente realizáveis seja por obsoletismo ou por deterioração física. E ainda nem todos os estoques são destinados à venda; (b) Uma proporção do saldo de estoques é comercializada a crédito.

[24] Disponibilidades, aplicações financeiras, clientes "líquidos".

Essa fórmula difere da primeira por excluir também as despesas antecipadas.

Refinamentos da fórmula:

ÍNDICE DE LIQUIDEZ SECA (3) = [DISPONIBILIDADES + CONTAS A RECEBER + DUPLICATAS SUJEITAS A DESCONTO × [1 – (TAXA DE JUROS COBRADA PELOS BANCOS × TEMPO DE PERMANÊNCIA DOS DESCONTOS)] / PASSIVO CIRCULANTE

$$\text{ÍNDICE DE LIQUIDEZ SECA (4)} = \frac{\text{ATIVO CIRCULANTE} - \text{ESTOQUES} + \text{INDENIZAÇÃO SEGURO DOS ESTOQUES}}{\text{PASSIVO CIRCULANTE}}$$

A fórmula 4 mostra o grau de cobertura de seguro do estoque, na hipótese de sinistro, e seu reflexo sobre a situação de liquidez.

No segmento rural, a fórmula do índice de liquidez seca recebe um refinamento ainda mais específico. Vejamos:

$$\text{LIQUIDEZ SECA (5)} = \frac{\text{ATIVO CIRCULANTE} - \text{CULTURAS EM CRESCIMENTO (OU FORMAÇÃO)}}{\text{PASSIVO CIRCULANTE}}$$

A utilização da fórmula 5 encontra argumento no fato de que o maior risco da atividade rural reside nas culturas em formação, pois sempre existe a possibilidade da não-realização do estoque, por ocorrências de ordem natural ou financeira. Excluir todo o estoque, incluindo o formado, prejudicaria a informação que se deseja construir.

> A rubrica "Cultura em formação" consiste em uma espécie de conta transitória de estoque que acumula todos os investimentos feitos na geração dos produtos agrícolas.

É importante lembrar ainda que a não-sincronia dos prazos de pagamento e recebimento é flagrante na atividade rural.

A análise de liquidez deve responder à especificidade do negócio.

O índice de liquidez seca elimina o risco agregado pelo componente "estoque" (e pelos componentes que não representam fundos).

Assim, ele se propõe a responder à seguinte indagação: ocorrida uma redução no volume de vendas ou observada a obsolescência dos estoques, a empresa analisada teria condições de honrar suas dívidas?

5.3.1. Ponderações Necessárias

Analisemos algumas das limitações do indicador:

- Para empresas comerciais e industriais o estoque é a sua alma;
- Permanece a diversidade de prazos entre numerador e denominador;
- Em alguns casos, a exclusão de 100% dos estoques mascara a informação evidenciada pelo uso do indicador. Exemplo: empresas rurais, conforme já explicado.

O exame do indicador de liquidez seca deve ser feito conjuntamente com a análise da rotatividade dos produtos, dos prazos de recebimento e pagamento e, paralelamente, com o estudo das peculiaridades da atividade.

5.3.2. Interpretação

Estudar as peculiaridades da empresa analisada é essencial para uma adequada interpretação dos números, pois podemos constatar um indicador de liquidez seca baixo e não observarmos na empresa dificuldades financeiras. Os supermercados são o típico exemplo que bem ilustra a necessidade desse cuidado, já que possuem grande participação do item ESTOQUE em seu ATIVO CIRCULANTE. Dessa maneira, quando ele é excluído, o indicador cai substancialmente. Entretanto, isto não significa que a empresa esteja em perigo financeiro porque a rotatividade das mercadorias tende a ser alta para essa atividade em específico e, de mais a mais, os supermercados operam com grande volume de receitas à vista.

O indicador de liquidez seca é conhecido como um teste ácido em função de suas premissas quanto ao destino dos estoques. Em geral, os usuários não vinculados à empresa gostam desse indicador porque ao se eliminar os estoques, elimina-se também a possibilidade de manipulação (com o intuito de melhorar o índice de liquidez corrente sem a correspondente melhora da condição financeira da empresa).

5.4. Índice de Liquidez Geral

$$\frac{\text{ATIVO CIRCULANTE + REALIZÁVEL A LONGO PRAZO}}{\text{PASSIVO CIRCULANTE + EXIGÍVEL A LONGO PRAZO}}$$

A cada $ 1 de obrigações, a empresa dispõe de "$...." de ativo circulante e realizável a longo prazo para honrá-las.

O índice de liquidez geral afere a capacidade da empresa, só que a longo prazo. Assim, identifica o grau de cobertura do ativo para as obrigações vencíveis a curto e longo prazos. Em geral, a relação deve situar-se acima de 1. Genericamente, quanto maior, melhor. Todavia, faz-se necessário, antes de o analista emitir qualquer juízo, analisar a composição dos grupos relacionados na fórmula. É imprescindível, ainda, comparar os valores encontrados contra os indicadores setoriais. Exemplificando, para clarificar essa necessidade de análise de composição, imaginemos que uma empresa por nós analisada tenha na composição de seu exigível financiamentos de muito longo prazo (SUDAM, SUDENE, BASA, BNDES). Nesse caso, a liquidez pode situar-se abaixo da unidade, sem contudo sinalizar dificuldades financeiras no momento, muito menos sinal de descontinuidade de pagamentos e operações[25]. Muito provavelmente os recursos aportados financiarão um projeto rentável.

5.4.1. Ponderações Necessárias

A interpretação desse indicador merece cuidados em face das limitações que destacamos abaixo:

- A heterogeneidade e a não-sintonia entre as datas de recebimento e pagamento;
- O índice não deve ser analisado de forma isolada, e conclusões não devem emergir do estudo de um único exercício;
- O realizável a longo prazo é composto de itens de difícil ou demorada realização, a exemplo dos depósitos judiciais e empréstimos a sócios;
- O indicador é afetado pela qualidade do passivo, especialmente os financiamentos a longo prazo aplicados no permanente.

O índice de liquidez geral ganha maior utilidade somente quando a empresa possui prazos de financiamento acima de 12 meses.

5.4.2. Interpretação

O índice deve ser interpretado considerando todas as limitações mencionadas:

> "A empresa analisada apresenta liquidez geral igual a 0,7. Embora abaixo da unidade, sua análise não implica uma situação desfavorável porque decorreu de um aporte de capital de terceiros, a longo prazo, essencial para a implementação de uma importante estratégia de reestruturação da planta industrial".

[25] Estes financiamentos têm carências que podem variar entre 5 e 10 anos.

5.5. Liquidez Operacional

LIQUIDEZ OPERACIONAL = [PERCENTUAL DAS VENDAS À VISTA × PRAZO MÉDIO DE ESTOCAGEM + PERCENTUAL DAS VENDAS A PRAZO × (PRAZO MÉDIO DE ESTOCAGEM + PRAZO MÉDIO DE RECEBIMENTO DAS VENDAS)] / PRAZO MÉDIO DE PAGAMENTO

A liquidez operacional é útil porque considera no seu cômputo os prazos que afetam o ciclo operacional. No decorrer de sua atividade principal, uma empresa investe recursos na aquisição de matéria-prima, paga salários, tributos, encargos e outras obrigações assumidas junto a terceiros. A matéria-prima é transformada e convertida no produto final, o qual será realizado (vendido); os recursos da transação, ou parte deles, servirão de base para novas aquisições de matéria-prima e pagamento de obrigações.

Em análise financeira, essa seqüência de etapas é denominada de "ciclo operacional" e consiste no tempo decorrido entre o início da produção e sua comercialização.

Incluem o ciclo operacional: o período de permanência da matéria-prima em estoque, de processamento de matéria-prima, de estocagem do produto final e o tempo necessário para o recebimento das vendas a prazo.

Cada ramo possui uma velocidade peculiar para seu ciclo operacional interno. De fato, não se pode esperar que o ciclo de uma indústria aérea tenha a mesma dimensão temporal de uma empresa comercial.

O percentual de vendas à vista é multiplicado pelo prazo médio de estocagem pois, após efetuada a venda, o dinheiro é recebido e se encerra o ciclo operacional.

O percentual de vendas a prazo é multiplicado pela soma dos prazos médio de estocagem e de recebimento das vendas. De fato, as vendas a prazo prolongam o ciclo operacional da entidade. A contraprestação da entrega da mercadoria é o direito a receber.

O índice mostra claramente a política financeira adotada pela empresa. Quanto maior o índice, tanto melhor será para a empresa. O índice mede também o trânsito de recursos operacionais pelo caixa da empresa.

5.6. Comentários Finais sobre o Estudo da Liquidez

Em situações de recessão econômica, as vendas tendem a cair, o que compromete fortemente a liquidez. Nesse caso, o ciclo financeiro tende a aumentar. Como as vendas caem, o nível de estoques aumenta, uma vez que aumenta o prazo médio de sua rotação de estoques. Observa-se que o prazo médio de pagamento dos fornecedores também tende a reduzir como resposta à própria recessão. Assim, é essencial que o analista, na leitura da liquidez de uma empresa, analise as condições conjunturais do período analisado.

Os índices de liquidez corrente podem ser licitamente melhorados antes do encerramento do balanço por meio da aplicação de estratégias:

- Através do pagamento antecipado de obrigações. Com isso, gera-se uma pequena folga de recursos em função do desconto das obrigações (referimonos aos descontos financeiros).
- Por meio da intensificação da política de cobrança para elevar o fluxo de recebimentos, possibilitando o pagamento de parte das obrigações.
- Pela realização de desconto de duplicatas (suprimento de capital de giro), gerando recursos para o pagamento das dívidas existentes.

Na verdade, é o resultado das operações acima que geram condições para a melhoria do índice de liquidez do negócio. Fica, então, evidenciada a importância de nos atermos ao estudo da qualidade dos ativos.

Alguns comportamentos de liquidez são previsíveis. Por exemplo: os bancos, as prestadoras de serviços, as padarias, os bares e restaurantes, as lavanderias, os moinhos de trigo, as fábricas de massas, as fábricas de bebidas e torrefação podem apresentar liquidez baixa porque elas possuem alta velocidade de conversão de ativos (giro).

Empresas do tipo indústrias automobilísticas, o comércio de peças, as indústrias de construção têm, em geral, liquidez alta. Explica-se: geralmente porque possuem baixa taxa de conversão de ativos operacionais.

Influenciam a capacidade de pagamento de uma empresa: as características do ciclo interno da entidade, a política de compras e vendas adotada, a natureza do produto e o ramo do negócio.

5.6.1. Orçamento de Caixa e Liquidez

Um dos pontos críticos da gestão de qualquer empreendimento, independente do porte, é a administração financeira. As alocações eficazes de recursos são imperativas de excelência para a gestão a curto prazo. Assim, o orçamento de caixa desponta como uma peça informativa que tem a potencialidade de dar suporte ao gestor nas tarefas de planejamento a curto prazo, uma vez que permite a projeção de recebimentos e pagamentos através da programação de gastos.

O orçamento de caixa é um relatório que relaciona as entradas e saídas de recursos decorrentes ou não das operações da empresa.

O relatório permite que se detecte com antecedência a escassez de recursos, por meio da projeção de valores.

Trata-se da medida real de solvência, uma vez que mede de fato a capacidade de pagamento.

Na seqüência, apresentamos as principais operações que aumentam os níveis de caixa:

- Empréstimos bancários;
- Vendas à vista;
- Recebimentos das vendas a prazo;
- Juros decorrentes de atraso nas vendas;
- Dividendos oriundos de participações em outras entidades;
- Indenizações diversas, dentre outras.

São operações que reduzem os níveis de caixa:

- Pagamento de dividendos aos acionistas;
- Pagamentos de juros e obrigações;
- Aquisições de bens de ativo permanente à vista (de investimentos a imobilizações);
- Compras à vista;
- Despesas diversas, dentre outras.

Orçamento de caixa positivo significa boa capacidade de pagamento. O inverso significa capacidade de pagamento pressionada.

O orçamento de caixa ampara o gestor financeiro em decisões de aporte de recursos externos.

- Quando captar?
- Qual a alternativa de mercado que melhor se compatibiliza com o quadro projetado de liquidez da empresa?

5.6.1.1. Benefícios da Informação

Um dos grandes desafios do administrador é alcançar a eficácia na gestão dos recursos colocados à sua disposição. São benefícios da informação gerada a partir da análise do orçamento de caixa:

- O prognóstico de déficits e superávits de caixa;
- A identificação de períodos de "picos" e de "baixa" na atividade;

- A leitura da capacidade de pagamento para datas distintas;
- A visualização da política de vendas e do fluxo de pagamentos.

A utilização do orçamento de caixa como fonte de informações facilita o desenho de desempenho de caixa da empresa.

O orçamento de caixa sinaliza a real folga financeira para tomada de decisões diversas. Evita que o empresário alcance estágios de endividamento elevados por desconhecimento de sua capacidade mensal de pagamento.

O propósito da análise do orçamento de caixa é permitir que o gestor programe suas necessidades e canalize esforços para seu atendimento.

Esta é a razão pela qual, na medida do possível, o analista deve recorrer a uma análise do orçamento de caixa a fim de entender o ritmo de geração de caixa da empresa.

5.7. Estudo Dirigido: Análise de Liquidez

O estudo de liquidez consiste numa análise muito importante para os credores, pois informa o grau de proteção deles em relação aos financiamentos concedidos.

1) Liquidez corrente

É o indicador mais utilizado para aferir a capacidade de pagamento de uma empresa, já que representa a relação entre ativo e passivo circulantes.

$$LC = AC/PC$$

Onde:

AC = Ativo circulante;

PC = Passivo circulante;

LC = Liquidez corrente.

A interpretação geralmente dada é que: "A cada $ 1 de dívidas a curto prazo, a empresa dispõe de '$...' de ativos realizáveis a curto prazo para pagar".

Raciocinando matematicamente, com uma interpretação imediata, deduzimos que "quanto maior o indicador, melhor para a empresa e seus credores". Todavia, essa leitura possui seus limites, limites esses associados à gestão dos ativos do negócio. Por exemplo, um indicador de liquidez corrente elevado pode sinalizar desde a existência de "caixa inativo" à ocorrência de "estoque encalhado" e, ainda, pode significar uma alta concentração de "recebíveis" indicando, muitas vezes, problemas na política de cobrança. Bem, todo excesso deve ser evitado e, principalmente, nesses casos, porque uma empresa não funciona muito tempo sem geração de capital de giro efetivo (dinheiro). Embora existam opções de captação de recursos externos, é necessário lembrar a necessidade de que os recursos aplicados ofereçam um retorno superior ao custo da dívida assumida.

Outra dificuldade à leitura do indicador refere-se à suposição de venda forçada dos estoques. Ora, uma situação dessas gera, naturalmente, uma perda de liquidez que é real em função do *feedback* de mercado e a necessidade da realização de manobras financeiras para que a venda aconteça (concessão de descontos, por exemplo).

Adicione a essa análise o fato de que o índice é calculado com base em valores históricos.

Para um estudo mais completo é essencial analisar a composição do ativo circulante. Qual a representatividade da conta "Estoques"? E da conta "Clientes"?

Pois bem, as contas de realização não imediata oferecem risco de não realização por motivos diversos.

Parte dos estoques pode não ser realizada por conta de eventuais perdas decorrentes de desgaste físico ou obsolescência, por exemplo. Parte do estoque efetivamente pode não se realizar, é o caso do estoque tampão e do estoque mínimo de segurança.

As contas a receber possuem dois riscos: o da não realização e da realização fora do prazo previsto. Ambas as possibilidades afetam os níveis de caixa.

As despesas do exercício seguinte não geram recursos. A recuperação de valor ocorre na hipótese de quebra de contrato.

Em nível geral, os índices acima da unidade são considerados bons e abaixo da unidade, situação arriscada. Entretanto, é importante identificar como a receita é gerada, pois se a empresa opera basicamente à vista, índices abaixo da unidade podem não afetar o fluxo de caixa.

O indicador é meramente estático e sua análise isolada não é confiável.

Uma empresa pode apresentar índice abaixo de 1 no presente, e posteriormente realizar seus ativos satisfatoriamente, melhorando sua capacidade de pagamento. Entretanto, se apresentar liquidez elevada e ter seu capital de giro comprometido com vendas a prazo e estoques, exigirá do analista o estudo das características do produto e do mercado. Eventos futuros podem prejudicar ou beneficiar a capacidade financeira de uma entidade. Assim, a leitura da capacidade de pagamento de uma empresa depende:

- Do negócio onde atua a empresa;
- Da estratégia e política financeira adotada;
- Do giro do produto;
- Das características do mercado.

Uma empresa que atua no ramo de transporte ou supermercados pode trabalhar com índices abaixo de 1 sem com isso afetar seu nível de caixa. Já as empresas que possuem ciclo operacional muito longo, o qual exige grandes volumes de estoque e contas a receber, índices acima da unidade podem não ser satisfatórios.

O parâmetro 1 deve ser utilizado como referência, mas com a devida atenção por parte do analista no sentido de atentar para os fatores de influência citados. É recomendável comparar o comportamento do índice ao longo do tempo (no mínimo numa seqüência de três anos) e com empresas do mesmo ramo.

Essa comparação é importante porque responde a questões básicas: Qual o nível ideal de "Estoques"? E de "Contas a receber"?

À luz da teoria de finanças, quanto maior o volume de recursos aplicados no capital de giro, tanto melhor para a empresa. Entretanto, é importante destacar que liquidez "excessiva", ou seja, não necessária, acaba prejudicando a rentabilidade global da empresa imobilizando recursos que poderiam trazer maior retorno (projetos de médio e longo prazos).

É entendimento geral que índices elevados proporcionam segurança à empresa, característica exigida pelos credores.

Em nível geral, o indicador de liquidez corrente afere uma posição meramente estática, e com agravante numa situação de liquidação. Essa é a razão pela qual muitos profissionais entendem que tais indicadores não medem a capacidade de pagamento de uma empresa, embora a isso se proponham. Justificam esse ponto de vista afirmando que se tais números fossem extraídos do fluxo de caixa a informação seria mais precisa e completa.

2) Liquidez imediata

$$Li = D / PC$$

Em que:

Li = Liquidez imediata;

D = Disponível;

PC = Passivo circulante.

Quanto maior o índice, tanto melhor para a empresa. Todavia, é essencial considerar aspectos da conjuntura e da realidade de investimento da empresa.

Convém observar que o excesso de liquidez pode inviabilizar investimentos com retornos maiores ou estáveis.

A interpretação requer atenção do analista porque um aumento do nível de liquidez imediata pode apenas refletir uma situação passageira decorrente de aportes a longo prazo. Por outro lado, níveis baixos de investimentos podem ser meros reflexos da política financeira da entidade.

As características da Economia devem ser consideradas. Em contextos inflacionários, por exemplo, índices elevados não são adequados.

A interpretação do índice depende do momento em que é calculado.

O analista deve observar a influência da sazonalidade.

A "sazonalidade operacional" gera um efeito denominado "sazonalidade de caixa". Comente sobre essa afirmação:

____

____

____

3) Liquidez seca

Esse indicador é uma extensão do índice de liquidez corrente.

$$Ls = AC - E/PC \text{ e } Ls = AC - E - DA/PC$$

Onde:

Ls = Liquidez seca;

AC = Ativo circulante;

PC = Passivo circulante;

E = Estoque;

DA = Despesas antecipadas.

O indicador propõe-se a testar a capacidade de pagamento do negócio numa situação bastante específica: o desaparecimento total dos estoques ou, melhor dizendo, num quadro em que a empresa não possa contar com seus estoques[26].

[26] Ocorrência de incêndios, inundações etc.

Trata-se de um teste muito rigoroso, de fato, porque desastres não são habituais. Numa análise imediata, quanto maior, melhor. Todavia, sua análise não exclui a necessidade de atentar para a diversidade de prazos de vencimento dos ativos e de exigibilidade das obrigações.

A exclusão dos estoques está associada às dificuldades de realização em relação aos demais itens do ativo circulante. Quer dizer, para que os estoques sejam transformados em dinheiro, devem ser vendidos e o valor correspondente recebido. O ciclo temporal tende a ser maior na hipótese de venda a prazo. Adicione a essa análise a possibilidade de inadimplência e eventuais atrasos.

Com o cálculo do índice, o analista ganha uma visão da capacidade líquida de pagamento da empresa. Alguns analistas excluem, no cômputo do índice, as despesas antecipadas.

A interpretação do índice depende do tipo de empresa, especialmente das características do produto estocado.

Qual a velocidade de realização dos estoques?

As empresas comerciais, por exemplo, possuem giro maior do que os estoques de indústrias.

Acrescente à análise o fato de empresas industriais terem um ciclo operacional maior e três modalidades de estoque: de matéria-prima, produtos em elaboração e acabados. Cada tipo de estoque tem uma capacidade de realização.

Enfim, o índice informa a capacidade.

É necessário verificar os índices esperados para o setor, para uma interpretação mais conclusiva.

Alguns autores, com base em sua experiência profissional, tomam como aceitável índice acima de 0,5 para empresas comerciais e de 0,7 para indústrias.

A consulta ao padrão setorial é essencial.

4) Liquidez geral

$$Lg = AC + ARLP/PC + PELP$$

Em que:

AC = Ativo circulante;

PC = Passivo circulante;

ARLP = Ativo realizável a longo prazo;

PELP = Passivo exigível a longo prazo;

Lg = Liquidez geral.

Esse indicador relaciona os direitos da empresa a curto e longo prazos e o passivo circulante; mede, portanto, a capacidade geral de pagamento da empresa.

As contas a longo prazo também representam risco de realização, principalmente por conta do ciclo temporal de realização.

Não existe um parâmetro exato como referência. Convém ao analista verificar o comportamento do setor e analisar a composição do realizável a longo prazo, geralmente composto de contas como "depósitos judiciais", "empréstimos a sócios", "despesas antecipadas" e outros.

No ativo circulante, encontramos contas com diferentes capacidades de realização. O passivo circulante também relaciona contas com diferentes prazos de exigibilidade (1, 5, 10, 15 e 20 anos). Assim, uma empresa pode apresentar uma dívida a longo prazo sem, com isso, indicar risco à sua capacidade de liquidez a médio prazo.

As restrições em relação ao índice de liquidez corrente são mantidas para o índice de liquidez geral. Inexiste um parâmetro exato por conta dessas restrições.

Quadro Geral de Interpretação

Descrição	Parâmetro	Interpretação	Restrição
Liquidez corrente	> 1,00	Situação favorável	• Qualidade dos ativos; • Características da empresa.
	< 1,00	Situação arriscada	
Liquidez imediata	> 1,00	Situação favorável	• Conjuntura; • Estratégia financeira da empresa; • Característica do negócio; • Momento em que o índice é calculado; • Sazonalidade.
	< 1,00	Situação arriscada (a princípio)	
Liquidez seca	> 0,5 (comércio)	Situação favorável	• Características da empresa e do produto; • Qualidade dos ativos; • Tamanho do ciclo; • Resposta de mercado.
	> 0,7 (indústria)		
	< 0,5 (comércio)	Situação arriscada	
	< 0,7 (indústria)		
Liquidez geral	> 1,00	Não conclusivo	• Qualidade dos ativos; • Prazos das exigibilidades a longo prazo.
	< 1,00		

Analise o quadro acima e comente a respeito das restrições citadas ilustrando com exemplos:

5) Recomendações finais ao analista

A interpretação do índice é enriquecida pelas análises vertical (estudo da composição patrimonial) e horizontal (estudo de tendências).

Para Helfert (2000, p. 102):

> *"Uma regra prática comum indica que um índice médio de 2 é razoável para a maioria das empresas, porque essa proporção parece permitir uma redução de até 50% no valor dos ativos circulantes, fornecendo ainda razoável segurança para cobrir todas as obrigações correntes".*

Entendemos que estabelecer regras numéricas é algo temerário em função da qualidade dos ativos que são nada mais nada menos do que reflexo da gestão financeira a curto prazo.

A análise de liquidez fundamenta decisões corriqueiras no dia-a-dia organizacional: postergação de pagamentos, antecipação de entradas, ajuste de prazos, concessão de descontos, realização de aplicações, verificação de retorno dos ativos correntes e definição da política de crédito.

Indicadores à parte, o estudo dos níveis de caixa de uma empresa é um dos mais eficientes meios para análise de liquidez.

5.8. Exercícios para Fixação

1) Interprete os dados a seguir:

EMPRESA A

Lc = 1,25
Li = 0,15
Lg = 1,50
Ls = 0,30
Prazo Médio de Recebimento > Prazo Médio de Pagamento.
Composição do ativo circulante* 30% em Estoque 40% em Contas a Receber 10% em Despesas Antecipadas 20% em Disponibilidades *Considere 100% o total do ativo circulante.
O giro do produto é lento e o setor passa por dificuldades.
As empresas concorrentes operam com nível mínimo de estoque e de contas a receber (entre 10 e 20%).
Os empréstimos correspondem a 50% do passivo circulante.
A inadimplência média do setor é de 9%.

EMPRESA B

Lc = 0,80
Li = 0,10
Lg = 1,20
Ls = 0,40
Prazo Médio de Recebimento < Prazo Médio de Pagamento.
A empresa opera predominantemente com receita à vista.
Composição do ativo circulante* 40% em Estoque 10% em Contas a Receber 5% em Despesas Antecipadas 45% em Disponibilidades *Considere 100% o total do ativo circulante.
O giro do produto é rápido.
As empresas concorrentes operam com nível mínimo de estoque e de contas a receber (entre 20 e 40%).
Os empréstimos correspondem a 20% do passivo circulante.
A inadimplência média do setor é de 7%.

EMPRESA C

Lc = 1,24
Li = 0,25
Lg = 0,70
Ls = 0,15
Prazo Médio de Recebimento > Prazo Médio de Pagamento.
A empresa opera predominantemente com receita à vista.
Composição do ativo circulante* 30% em Estoque 40% em Contas a Receber 10% em Despesas Antecipadas 20% em Disponibilidades *Considere 100% o total do ativo circulante.
O giro do produto é rápido.
As empresas concorrentes operam com nível mínimo de estoque e de contas a receber (entre 10 e 15%).
Os empréstimos correspondem a 30% do passivo circulante.
O prazo médio das obrigações do passivo exigível a longo prazo é de cinco anos.
A inadimplência média do setor é de 7%.

2) Calcule o índice de liquidez para as situações a seguir e interprete o resultado, considerando os dados adicionais:

a)
- Ativo circulante = R$ 28.000
- Passivo circulante = R$ 40.000
- Participação de "estoques" = 40%
- Participação de "clientes" = 20%
- Participação dos demais ativos = 30%
- Média setorial de liquidez corrente = 1,20
- O giro de estoques tem-se apresentado como lento nos últimos 6 meses.
- A média do nível de estoques é de 20% para o setor no qual atua a empresa.

b)
- Ativo circulante = R$ 120.000
- Passivo circulante = R$ 90.000
- Participação dos estoques = 15%
- A empresa opera com um nível mínimo de estoques para evitar custos elevados com estocagem.
- Participação dos clientes/contas a receber = 20%
- A empresa opera com receita à vista na maior parte do tempo.
- O giro de estoques é aceitável.
- A média do índice de liquidez é 1,2 para o setor.

c)
- Ativo circulante = R$ 70.000
- Passivo circulante = R$ 60.000
- Participação dos estoques = 30%
- A empresa opera com um nível mínimo de estoques para evitar custos elevados com estocagem (2% do saldo de estoques).
- Participação dos clientes/contas a receber = 10%
- Inadimplência média dos últimos 5 anos = 10%
- Inadimplência do setor no último exercício = 12%
- O giro de estoques é aceitável.
- A média do índice de liquidez é 1,08 para o setor.

3) Imagine-se analisando duas empresas de um mesmo segmento. Com base na análise através da análise de liquidez, qual delas apresenta melhor condição financeira e por quê?

EMPRESA A

ATIVO		PASSIVO	
CIRCULANTE		CIRCULANTE	
CAIXAS E BANCOS	$ 5.000	FORNECEDORES	$ 50.000
APLICAÇÕES	$ 30.000	EMPRÉSTIMOS	$ 100.000
CONTAS A RECEBER	$ 40.000		
ESTOQUES	$ 35.000		
TOTAL	$ 110.000	TOTAL	$ 150.000

EMPRESA B

ATIVO		PASSIVO	
CIRCULANTE		CIRCULANTE	
CAIXAS E BANCOS	$ 25.000	FORNECEDORES	$ 60.000
APLICAÇÕES	$ 30.000	EMPRÉSTIMOS	$ 90.000
CONTAS A RECEBER	$ 20.000		
ESTOQUES	$ 35.000		
TOTAL	$ 110.000	TOTAL	$ 150.000

4) Analise a liquidez da empresa BETA através da interpretação do balanço abaixo:

ATIVO		PASSIVO	
CIRCULANTE		CIRCULANTE	
DISPONÍVEL		FORNECEDORES	$ 32.000
CAIXA E BANCOS	$ 15.000	EMPRÉSTIMOS	$ 120.000
APLICAÇÕES FINANCEIRAS	$ 5.000		
CRÉDITOS		PATRIMÔNIO LÍQUIDO	
CONTAS A RECEBER[27]	$ 65.000	CAPITAL SOCIAL	$ 100.000
ESTOQUE		LUCRO	$ 15.000
MERCADORIAS	$ 70.000		
PERMANENTE			
IMOBILIZADO			
MÁQUINAS E UTENSÍLIOS	$ 5.000		
MÁQUINAS E EQUIPAMENTOS	$ 7.000		
IMÓVEIS	$ 100.000		
TOTAL	$ 267.000	TOTAL	$ 267.000

NOTA: Utilize as técnicas de análises vertical e estática de liquidez.

[27] Saldo líquido, excluída a provisão para devedores duvidosos.

5.9. Questões para Discussão

1) Que tipo de informação a interpretação dos indicadores de liquidez fornece?
2) Quais fatores influenciam a análise de liquidez?
3) Quais as limitações de cada índice de liquidez?
4) Como essas limitações influenciam a leitura dos indicadores?
5) Um índice de liquidez corrente superior à unidade deve conduzir sempre a uma interpretação positiva do indicador? Por quê?
6) Um índice de liquidez 0,8 para uma indústria é aceitável? E para uma empresa de transporte coletivo? Justifique as respostas.
7) O índice de liquidez mais adequado é aquele que apresenta número igual ou maior do que dois?
8) Como melhorar o índice de liquidez corrente de uma empresa (estratégia financeira)?
9) Quais os reflexos financeiros da compra de mercadorias acima do necessário?
10) Quais fatores adicionais o analista deve observar na leitura do índice de liquidez geral?
11) Em sua opinião, qual a validade do índice de liquidez seca para empresas comerciais?
12) Quais refinamentos você proporia para os indicadores de liquidez trabalhados neste capítulo?
13) Quando, após a análise contábil, se constata que existe um excesso de contas a receber e/ou estoques, o que o contador pode sugerir ao administrador? Reduzir a taxa de produtividade é uma boa saída?
14) Uma das grandes dificuldades do analista externo no trabalho de análise financeira é a impossibilidade de exames mais profundos nos documentos da empresa estudada, o que prejudica e, muitas vezes, impossibilita a separação de prazos dos direitos e obrigações. O que fazer nesses casos? E se houver a possibilidade de se realizar um exame apurado nos livros, quais peças solicitar?
15) Não havendo provisão para devedores duvidosos, o que fazer com débitos vencidos e não-pagos, ou seja, "títulos velhos"?
16) Qual a importância da análise das contas "estoques" e "contas a receber" na leitura do índice de liquidez corrente?

17) Quais fatores podem causar mudança no volume do "contas a receber"?

18) Diferencie "liquidez" de "solvência".

19) Quais os refinamentos possíveis para os indicadores de liquidez de empresas rurais? Justifique:

20) A empresa BOLA apresenta índice de liquidez corrente 1,5. Seu Ativo Circulante é composto de 55% de recebíveis. O prazo médio de pagamento é 30 dias e o de recebimento 90. Como interpretar esses dados?

21) Quais as conseqüências do encaixe excessivo?

22) Quando o crescimento desmedido dos índices de liquidez pode ser indício de problemas? Que tipos de problema?

23) Relacione as colunas abaixo:

SITUAÇÕES	PREVISÃO DE LIQUIDEZ
(1) A empresa comercial GAMA vende primordialmente à vista, e seus produtos são de giro rápido.	( ) Liquidez corrente variável
(2) A empresa comercial BETA vende geralmente a prazo, e seus produtos são de giro lento.	( ) Maiores possibilidades de solvência
(3) A empresa industrial MODELO possui um ciclo de produção curto (indústria leve). As vendas são realizadas primordialmente à vista.	( ) Liquidez corrente sofrendo rápidas variações
(4) A empresa industrial XISTÊ (indústria pesada) possui um ciclo de produção lento.	( ) Necessidade de um prazo maior para solvência

24) Ao eliminarmos o item "Estoques" do quociente de liquidez seca elimina-se dois tipos de risco: o da não-realização e o da distorção gerada por uma eventual modificação no método de avaliação no período compreendido na análise. Comente acerca desse último risco.

25) Comente as afirmações abaixo, ilustrando com exemplos.

a) A liquidez apropriada varia conforme a atividade e, em alguns casos, consoante as circunstâncias de geração de caixa;

b) Índices de liquidez elevada podem indicar utilização não-econômica de ativos: baixa rotação, excesso de "recebíveis" e saldos fantasmas de caixa.

c) A conta "ESTOQUES", muitas vezes, compreende a conta de "ALMOXARIFADO". Para fins de reclassificação, recomenda-se apresentá-las na conta "OUTROS ATIVOS", para evitar distorções na análise da liquidez do negócio.

26) Analise o balanço abaixo, utilizando as técnicas até aqui estudadas.

Valores em R$

DESCRIÇÃO	ANO 1	ANO 2	ANO 3
ATIVO CIRCULANTE	**242.010**	**244.500**	**319.820**
Caixa	5.000	6.500	8.320
Bancos	50.000	68.000	78.000
Estoques	120.000	90.000	150.000
Contas a receber	60.000	50.000	80.000
Impostos a recuperar		25.000	
Despesas antecipadas	7.010	5.000	3.500
REALIZÁVEL A LONGO PRAZO	**10.000**	**5.000**	**15.000**
Empréstimos a sócios	10.000	5.000	15.000
PERMANENTE	**72.000**	**206.000**	**304.000**
Investimentos			
Participação em outras empresas	30.000	47.000	56.000
Imobilizado			
Máquinas e equipamentos	15.000	30.000	45.000
Móveis e utensílios	10.000	15.000	30.000
Terrenos	20.000	120.000	200.000
(–) Depreciação acumulada	(3.000)	(6.000)	(27.000)
TOTAL DO ATIVO	**324.010**	**455.500**	**638.820**
PASSIVO CIRCULANTE			
Fornecedores	60.000	56.000	60.000
Obrigações trabalhistas	40.000	50.000	70.000
Obrigações fiscais	25.000	35.000	45.000
Empréstimos	150.000	220.000	300.000
PATRIMÔNIO LÍQUIDO			
Capital social	300.000	300.000	300.000
Prejuízo	(250.990)	(205.500)	(136.180)
TOTAL	**324.010**	**455.500**	**638.820**

27) Quais os efeitos da recessão econômica sobre a liquidez de um negócio?

28) Comente a afirmação: O índice de liquidez ideal depende das características do ciclo operacional.

29) Analise os números a seguir e responda:

LIQUIDEZ			
ANOS	**IMEDIATA**	**SECA**	**CORRENTE**
01	0,15	1,15	1,75
02	0,2	0,95	1,85
03	0,25	0,85	1,95

a) Qual a provável explicação para o aumento do índice de liquidez corrente e redução do índice de liquidez seca?

b) O que fazer para melhorar o comportamento do índice de liquidez seca?

30) Explique e comente sobre o índice de liquidez operacional.

31) Calcule, com base nos dados abaixo, a liquidez operacional:

DESCRIÇÃO	ANO 01 ($)	ANO 02 ($)	ANO 03 ($)
Saldo de "estoque"	50.000	60.000	70.000
Saldo de "clientes"	75.000	85.000	90.000
Saldo de "fornecedores"	37.000	39.000	50.000
Receita de vendas	200.000	210.000	250.000
Aquisições de mercadorias	30.000	40.000	50.000

5.10. Trabalho Interdisciplinar

1) Até que ponto o problema da avaliação de ativos afeta a análise de liquidez?
2) Pesquise sobre algumas realidades de ciclos operacionais e discuta com seus colegas.
3) Promova um debate sobre o comportamento da liquidez provável para alguns setores.
4) Quando a inflação era bastante elevada, o nível de estoque variava muitas vezes em função de uma política especulativa. Quais os reflexos sobre a liquidez do negócio?

5.11. Orientação ao Professor

O professor pode, alternativamente ao estudo dirigido, apresentar as questões para discussão, promovendo o debate em sala de aula. Entretanto, a aplicação do estudo dirigido preliminarmente à discussão tem revelado um melhor desempenho dos alunos.

Capítulo 6

Análise Estática de Estrutura de Capital

O presente capítulo aborda a análise estática de estrutura de capital, o que inclui o estudo do endividamento da empresa e seu grau de imobilização.

Qual a dosagem ideal do capital próprio-capital de terceiros? A melhor resposta a ser dada é: "depende". Depende do custo de captação desses recursos pois se for menor do que a rentabilidade, a participação do capital de terceiros na empresa não é degenerativa.

Uma empresa é livre para ter qualquer estrutura de capital que seus proprietários e/ou administradores desejarem ou necessitarem para viabilizar seus projetos. Devido à grande variedade de possibilidades de se promover alterações na composição de capital da empresa, associada às diferentes necessidades, são infinitas as estruturas possíveis em qualquer tempo. A utilização estratégica do capital de terceiros é salutar a qualquer empresa, contudo o emprego sem critérios pode conduzir a entidade a dificuldades financeiras.

O analista deve ficar atento aos momentos de dificuldades da empresa, a fim de que possa identificar a probabilidade de insolvência e ser prudente em estudos da viabilidade de projetos que venham a provocar mudanças substanciais na estrutura de capital.

O objetivo da análise do endividamento é avaliar os seus reflexos sobre a gestão financeira da empresa. Os indicadores que estudaremos produzem informações que atendem a decisões de financiamentos e investimentos.

Comecemos o estudo falando sobre o método de partidas dobradas que, por outras palavras, nos diz: toda aplicação tem uma origem correspondente. Pois bem, os ativos de uma empresa podem ser financiados de duas maneiras: através de recursos próprios ou de terceiros (origem). Os índices que evidenciam o endividamento nos mostram justamente a composição de recursos de uma empresa, isto é, a proporção de recursos próprios e de terceiros.

A análise do endividamento de uma empresa exige do analista alguns cuidados, a saber:

- *A análise de informações básicas.*

  O analista deve observar alguns comportamentos, a exemplo da taxa de juros (se de mercado ou subsidiada), prazos, garantias e origem (se nacional ou moeda estrangeira). É necessário verificar os contratos de empréstimos.

- *A identificação do perfil da dívida.*

  Para tanto, recomenda-se classificar o passivo em "oneroso e não oneroso".[28] O objetivo desse procedimento é proporcionar ao analista uma visão mais realística das obrigações. O ideal é que a empresa tenha um volume mínimo de passivos onerosos.

[28] Passivos onerosos: empréstimos e financiamentos.

- *A caracterização do contexto.*

  Em ambientes inflacionários, torna-se interessante operar com uma maior proporção de recursos de terceiros (capital externo), especialmente quando os passivos são não-onerosos (isentos de encargos financeiros).

- *A análise qualitativa das obrigações.*

  É essencial ao analista proceder a uma análise qualitativa do passivo observando o prazo das exigibilidades (classificação), a espécie e a origem dos recursos externos (debêntures, empréstimos junto a bancos e coligadas, financiamentos bancários).

- *A identificação de eventuais contingências.*

  Existem obrigações que, embora devessem ser registradas em Notas Explicativas, muitas vezes não o são.

- *A observação de alavancagem financeira.*

  Consiste na verificação se a empresa tem conseguido alavancagem financeira em suas operações de aporte.

- *O levantamento acerca dos motivos do endividamento.*

  Quando o endividamento se dá apenas para complemento de recursos próprios, a situação é facilmente administrável, pois o resultado na atividade pode gerar os recursos necessários para a quitação da dívida. Entretanto, se a empresa recorre a empréstimos para pagar suas obrigações, forma-se aí um ciclo financeiro perigoso e destrutivo, "fenômeno bola de neve". É notório que os gestores devem atentar para o fato de que, quando a participação do capital externo suplanta em muito a participação de recursos próprios, a empresa passa a estar vulnerável a dificuldades financeiras.

- *A análise da composição das obrigações no que se refere aos prazos de exigibilidade.*

  A análise da proporção da dívida é importante para o dimensionamento do risco de incapacidade de pagamento ou problemas momentâneos do fluxo de caixa. O ideal é que a proporção maior seja de obrigações a longo prazo a fim de que a empresa respire financeiramente e gere recursos operacionais para o pagamento das obrigações. Quando a proporção de exigibilidades a curto prazo é acentuada, a empresa poderá ter dificuldades em programar caixa para pagamentos. Sem sombra de dúvida, as renegociações ficam cada vez mais difíceis. Assim, imagine uma situação de crise: a empresa somente terá como saída, para geração de recursos, a venda forçada das mercadorias em estoque, e ficará sem condição de assumir novas dívidas, pois sua estrutura tende a não suportá-las.

Vejamos os indicadores de endividamento:

6.1. Capital de Terceiros em Relação aos Recursos Próprios

$$\text{ÍNDICE DE ENDIVIDAMENTO} = \frac{(\text{PASSIVO CIRCULANTE} + \text{EXIGÍVEL A LONGO PRAZO}) \times 100}{\text{PATRIMÔNIO LÍQUIDO}}$$

Para cada $100 de recursos próprios, a empresa possui "$ ..." de recursos de terceiros.

Responda às seguintes indagações: os capitais próprios superam ou não o capital de terceiros alocados no negócio? Qual a proporção dos recursos de terceiros em relação a eles? Afinal, os capitais próprios superam ou não o de terceiros alocados no giro?

Indicadores superiores à unidade sinalizam dependência financeira e total ausência de liberdade para a tomada de decisões, uma vez que, em geral, a empresa fica exposta aos juros do mercado, prazos estipulados por credores e outros.

Dessa forma, quanto menor essa relação, tanto melhor para a empresa. O nível ideal para este indicador pode ser alcançado dependendo da habilidade dos gestores da empresa em gerir seus recursos.

Não existem números padrões, mas a comparação com empresas congêneres é extremamente importante porque situa a empresa em seu ambiente de concorrência.

Geralmente, os indicadores maiores que 100% podem ser indício de insolvência, ainda que momentânea. "Pode ser", pois é importante analisar como os recursos da empresa estão sendo aplicados e o respectivo retorno. É ainda imprescindível atentar para a composição do exigível e o fluxo de caixa projetado da empresa.

Conforme já vimos, o indicador evidencia essa proporção de recursos, ou melhor, dessas fontes, aferindo o grau de dependência da empresa em relação ao capital de terceiros. Quanto maior a relação, menor a liberdade para a tomada de decisões financeiras do tipo "aporte de recursos".

É importante salientar que o grau de endividamento não é um indicador absoluto de falência pois a falência resulta de um complexo de fatores e não unicamente devido ao endividamento. Caso a empresa consiga multiplicar o resultado utilizando recursos de terceiros, o quadro não é degenerativo.[29]

Uma empresa com um endividamento relativamente elevado pode não falir, assim como aquelas com endividamento zero podem quebrar.

[29] Mas, para tanto, é necessário que o custo do capital de terceiros seja menor do que a rentabilidade do investimento.

De qualquer modo, o índice sinaliza a situação *overtrading*, comum em economia inflacionária.

6.2. Participação de Recursos Externos em Relação aos Recursos Totais (Capital de Giro)

$$\frac{\text{CAPITAL DE TERCEIROS}}{\text{CAPITAL DE TERCEIROS + CAPITAL PRÓPRIO}}$$

Da totalidade de capital em giro "...%" são recursos de origem externa.

Antes de falarmos sobre esse indicador, é necessário entender o significado da expressão "capital em giro". Ela corresponde a todo o capital que circula na empresa, independente da origem.

Esse indicador é derivado do quociente de endividamento; com seu cálculo, tem-se condições de visualizar se a empresa opera ou não com grande concentração de capitais de terceiros em relação ao total de recursos disponíveis. A diferença [1 – (PC + ELP)/(Capital em giro)] é a porção do capital em giro composta de recursos próprios.

Em geral, numa análise isolada, quanto maior o indicador, maior também o risco, embora se deva considerar a possibilidade do capital de terceiros gerar alavancagem financeira (custo da dívida menor do que o retorno obtido). Esse indicador é importante pois evidencia a soberania dos recursos próprios em relação aos disponíveis à empresa. Quanto menor, menor tende a ser o risco.

6.3. Garantia do Capital Próprio ao Capital de Terceiros

O índice relaciona o capital próprio e o capital de terceiros:

$$\frac{\text{PATRIMÔNIO LÍQUIDO}}{\text{EXIGÍVEL TOTAL}}$$

A cada $ 1 de capital de terceiros, a empresa dispõe de "$ ..." de recursos próprios.

Freqüentemente, numa análise isolada, quanto maior o valor encontrado, melhor. Afere o lastro financeiro das exigibilidades, medindo a capacidade da empresa em gerar recursos próprios.

É o preferido de muitos analistas porque responde de forma objetiva se os recursos próprios superam ou não o capital de terceiros.

6.4. Perfil da Dívida

$$\frac{\text{PASSIVO CIRCULANTE}}{\text{EXIGÍVEL TOTAL}} \quad \text{e} \quad 1 - \frac{\text{PASSIVO CIRCULANTE}}{\text{EXIGÍVEL TOTAL}}$$

"...%" do passivo corresponde a dívidas a curto (ou longo) prazo.

Conhecida a proporção "capital próprio" e "capital de terceiros", é preciso conhecer o perfil das obrigações: Qual o percentual das obrigações vencíveis a curto/longo prazo em relação ao total de exigibilidades? Do exigível a longo prazo, o que é de fato exigível?

Esse indicador fornece um retrato da situação financeira atual, uma vez que relaciona a participação das obrigações a curto prazo em relação ao total. É óbvio que, quanto maior o volume de transações para pagamento postergado (longo prazo), melhor será a situação financeira a curto prazo (atual). Os recursos a longo prazo captados externamente podem ser cobertos com a geração de recursos próprios.

Em geral, numa análise isolada, quanto maior o índice, maior também o risco.

As interpretações isoladas são imediatistas. É primordial que o analista verifique as demais variáveis que afetam a estrutura do endividamento. A empresa pode ter dívidas concentradas no curto prazo e conseguir boa rentabilidade nas aplicações feitas.

É importante ficar claro que a qualidade do estudo do endividamento de uma empresa não deve estar dissociada de um estudo mais profundo acerca da rentabilidade dos ativos. Em análise estática tudo é relativo.

6.5. Análise do Ativo Imobilizado

Sendo os bens do imobilizado composto de itens de longa duração, podem ser oferecido em garantia. Vejamos a razão:

- São estáveis;
- Não são movimentados economicamente.

O ativo imobilizado, conhecido como ATIVO FIXO, compõe-se de valores que não são transformados no ciclo produtivo, então não são conversíveis em espécie. Entretanto, se aplicados no processo de produção, contribuem para que este ciclo se complete.

Considerando tais premissas, alguns comportamentos são recomendados quando o assunto é "gestão de ativos":

- Imobilizar o mínimo necessário, desde que esse mínimo seja compatível com a estrutura operacional da empresa[30].
- Evitar, ao máximo, a aquisição de ativos permanentes "extra-operacionais", dosando-os com base no parâmetro "retorno econômico".

O ativo permanente pode ser financiado de duas formas: através da geração de recursos operacionais ou por meio de recursos externos. Observa-se com isso que quanto maior o ativo permanente, menor será o ativo circulante.

Quando os investimentos em ativos fixos excedem os limites impostos pelas necessidades da empresa e se contrapõem às carências de aplicação no "ativo circulante", a empresa pode se deparar com dificuldades financeiras.

É evidente que cada empresa tem suas características, todavia o grau de imobilização deve ser reduzido ao nível das necessidades. Com isso, a empresa disporá de maior volume de recursos para serem aplicados na mola mestra do ativo operacional: o ativo circulante. Neste ínterim, todo excesso deve ser evitado.

Toda e qualquer aplicação em um empreendimento deve ser objeto de reflexão, e algumas indagações devem ser respondidas, a exemplo dessas:

- As aplicações almejadas trarão dificuldades financeiras?
- Quais outras aplicações a empresa dispõe no mercado?

Diante do exposto, fica evidente a importância de estudarmos os indicadores estáticos de imobilização. Vejamos:

6.5.1. Parcela do Exigível a Longo Prazo Aplicada na Formação do Imobilizado

EXIGÍVEL A LONGO PRAZO / IMOBILIZADO

Os recursos de terceiros equivalem a "...%" das imobilizações.

Esse indicador é extremamente importante quando o usuário da informação construída são instituições financeiras.

6.5.2. Parcela do Patrimônio Líquido Aplicada na Formação do Imobilizado

$$\frac{\text{ATIVO PERMANENTE}}{\text{PATRIMÔNIO LÍQUIDO}} \quad \text{ou, de forma mais específica,} \quad \frac{\text{ATIVO IMOBILIZADO + ATIVO DIFERIDO}}{\text{PATRIMÔNIO LÍQUIDO}}$$

"...%" do ativo permanente são financiados com recursos próprios.

[30] Nosso argumento repousa na seguinte realidade: é o circulante que movimenta valores.

Esse é o índice que mede o nível de imobilização dos recursos próprios. Como o ativo permanente é uma aplicação a longo prazo (retorno lento), faz-se necessário estudar a melhor fonte de recursos para que o fluxo de caixa não seja afetado. As aplicações do ativo imobilizado são recuperadas pelos resultados que promovem (produtividade) e pelas quotas de depreciação, amortização ou exaustão que, certamente, são fundos de reintegração dos bens imobilizados.

Recomenda-se como melhor fonte para essas aplicações os recursos próprios e, no caso de serem insuficientes, recursos de terceiros a longo prazo. A interpretação do índice deve ser conduzida por esta linha (Quadro 9).

Quadro 9: Comportamento do Índice

Índice = 1	100% do ativo permanente financiado por recursos próprios e todo ativo circulante financiado por recursos de terceiros.
Índice < 1	Parte dos recursos próprios financia o giro.
Índice > 1	Presença de recursos de terceiros no ativo permanente.

O ideal é que o índice se mantenha abaixo da unidade, com suplementação de recursos a longo prazo na imobilização.

Devem ser considerados pelo analista: o prazo de pagamento da dívida, o período compreendido entre a aplicação de dinheiro e a inclusão do bem no ciclo produtivo (maturação do projeto), e eventual carência, isso porque devem ser observados os efeitos sobre o fluxo de caixa da entidade.

6.5.3. Parcela dos Recursos Aplicados no Ativo Permanente

$$\frac{\text{ATIVO PERMANENTE}}{\text{ATIVO TOTAL}} \quad \text{ou} \quad \frac{\text{ATIVO IMOBILIZADO + DIFERIDO}}{\text{ATIVO OPERACIONAL}}$$

A empresa possui "$ ..." de ativo permanente para cada "$ ..." de ativo.

O índice acima expressa a parcela dos recursos aplicados no ativo permanente. A sua interpretação depende da atividade e do grau de desenvolvimento tecnológico da empresa. São exemplos as que possuem grande volume de ativos permanentes: empresas aéreas, de transportes coletivos e siderúrgicas.

São exemplos de empresas que possuem baixo volume de ativos permanentes algumas empresas prestadoras de serviços (empresas de treinamento e instituições de ensino).

6.5.4. Rotação ou Produtividade do Ativo Imobilizado

$$\frac{\text{CUSTOS DE PRODUÇÃO}}{\text{ATIVO IMOBILIZADO}}$$

A empresa gera "$ ..." de custo para cada "$ ..." de ativo imobilizado.

Esse índice pode ser traduzido como o nível de produtividade da empresa, o que reflete a relação entre o que é produzido e a capacidade instalada. Ao interpretá-lo, pode-se identificar o problema referente à saturação da capacidade instalada (gargalo de produção), assim como observar a ociosidade produtiva.

Outros indicadores operacionais podem ser de igual valia em diagnósticos dessa natureza:

(a) $$\frac{\text{PRODUÇÃO (QUANTIDADE)}}{\text{CAPACIDADE PRODUTIVA (QUANTIDADE)}}$$

(b) $$\frac{\text{RECEITA OPERACIONAL LÍQUIDA}}{\text{ATIVO PERMANENTE}}$$

(c) $$\frac{\text{RECEITA OPERACIONAL LÍQUIDA}}{\text{ATIVO IMOBILIZADO}}$$

(d) $$\frac{\text{LUCRO LÍQUIDO ou OPERACIONAL}}{\text{CAPACIDADE PRODUTIVA}}$$

(sinalizando a parcela produtiva da capacidade instalada).

Todos os indicadores acima, de uma forma ou de outra, aferem o retorno gerado pelas imobilizações.

Reduzir a produção ou utilizar uma parcela menor da capacidade produtiva instalada significa superinvestimento em imobilizado, provocando certa "ociosidade". Para conclusões mais precisas, deve-se observar o retorno previsto no projeto de imobilização. As causas do comportamento observado devem ser devidamente analisadas.

6.5.5. Rentabilidade do Ativo Imobilizado

$$\frac{\text{LUCRO BRUTO}}{\text{ATIVO IMOBILIZADO}}$$

Este índice está vinculado à interpretação daquele que mede a produtividade das imobilizações, porque a rentabilidade é afetada pelo nível de utilização dos outros ativos (ocupação).

Quanto maior a produtividade, espera-se que maior seja a rentabilidade, mas outras questões devem ser analisadas, afinal nem todos os bens do imobilizado contribuem para a formação de resultado. Talvez, em função disso, fosse interessante refinar o índice incluindo em seu cômputo somente aqueles bens que estão alocados na atividade principal do negócio.

6.5.6. Indicadores de Riscos: Índices de Vinculação Patrimonial

As contas de compensação, embora não previstas pela Lei 6.404/76, reportam vínculos patrimoniais, conseqüências de contratos ou riscos assumidos (endossos, avais, finanças e caução).

Os índices de vinculação patrimonial consistem em comparações entre os saldos dessas contas (endossos, avais, finanças e caução) e elementos do patrimônio.

(a) $$\frac{\text{LUCRO LÍQUIDO} \times 100}{\text{ENDOSSOS} + \text{AVAIS} + \text{FIANÇAS}}$$

ou $$\frac{\text{LUCRO OPERACIONAL} \times 100}{\text{ENDOSSOS} + \text{AVAIS} + \text{FIANÇAS}}$$

(b) $$\frac{\text{LUCROS ACUMULADOS} + \text{RESERVAS}}{\text{ENDOSSOS} + \text{AVAIS} + \text{FIANÇAS}}$$

Os lucros e as reservas superam os endossos, avais e fianças "..." vezes.

Os índices evidenciam a possibilidade da entidade cobrir os riscos assumidos por endossos, avais, ou fianças com o resultado gerado.

Os resultados encontrados para os indicadores acima indicam o número de vezes que o lucro do período supera os riscos assumidos.

Outro índice pode ser calculado a partir dele:

(c) $$\frac{\text{LUCROS PROJETADOS}}{\text{ENDOSSOS} + \text{AVAIS} + \text{FIANÇAS}}$$

O lucro tende a superar "..." vezes os riscos identificados, não afetando, numa análise imediata, a situação financeira do próximo exercício.

O índice informa se os lucros esperados serão afetados ou comprometidos pelo volume de endossos, avais e fianças.

(d) $$\frac{\text{PATRIMÔNIO LÍQUIDO}}{\text{ENDOSSOS} + \text{AVAIS} + \text{FIANÇAS}}$$

O índice informa quanto do patrimônio líquido está comprometido pelos endossos, avais e fianças além de indicar o quanto o capital próprio da entidade está ameaçado pelos riscos por ela assumidos.

(e) $$\frac{\text{SEGUROS CONTRATADOS} \times 100}{\text{IMOBILIZAÇÕES TÉCNICAS}}$$

O índice representa o nível de segurança do patrimônio da entidade contra riscos diversos.

Responda à seguinte indagação: Qual o percentual de imobilizações que possuem proteção patrimonial?

(f) $$\frac{\text{DUPLICATAS CAUCIONADAS}}{\text{DUPLICATAS A RECEBER}}$$

O índice representa o percentual de vendas a prazo (títulos) que serviram de caução para a garantia de empréstimos.

(g) $$\frac{\text{IMÓVEIS HIPOTECADOS}}{\text{IMÓVEIS}}$$

O índice representa o percentual dos imóveis que se encontram hipotecados.

6.5.7. Outros Índices

Vejamos as fórmulas:

$$\frac{\text{PASSIVO CIRCULANTE} + \text{EXIGÍVEL A LONGO PRAZO}}{\text{ATIVO REAL}}$$

"... %" do ativo real têm origem em recursos de terceiros.

Antes de falarmos sobre esse indicador, é necessário definir ativo real.[31]

Ele informa quanto do ativo real redundou da aplicação do capital de terceiros. Com o seu cálculo, tem-se uma visão nítida das aplicações oriundas do capital de terceiros na constituição do ativo.

[31] Os ativos reais compreendem aqueles que são realizáveis na situação de encerramento das atividades na data de balanço. Dessa forma, excluímos do cômputo do indicador: despesas do exercício seguinte – despesas de exercícios futuros – ativo diferido.

Apresentamos outra relação derivada do indicador anterior:

$$\frac{\text{PASSIVO CIRCULANTE}}{\text{ATIVO REAL}}$$

"... %" dos recursos a curto prazo foram aplicados na formação do ativo da empresa (real).

Quanto maior a proporção do passivo circulante alocado em ativos difíceis de serem convertidos em espécie, pior para a empresa pois acarretará desequilíbrio financeiro ainda que momentâneo.

$$\frac{\text{PATRIMÔNIO LÍQUIDO}}{\text{CAPITAL CIRCULANTE}}$$

Com quantos por cento, do capital próprio, opera a empresa na manutenção de sua atividade econômica?

Entende-se por capital circulante o conjunto de bens e direitos sujeitos a movimentação na atividade da empresa. Ao contrário do que se pensa de imediato, o capital circulante compreende não somente o ativo circulante mas, também, o realizável a longo prazo, para fins de cálculo desse índice.

O valor encontrado indica a porção do capital circulante em relação aos recursos próprios.

$$\frac{\text{PATRIMÔNIO LÍQUIDO}}{\text{ATIVO TOTAL}}$$

"... %" do patrimônio líquido aplicados no ativo.

Indica quanto dos recursos próprios foi investido no ativo.

$$\frac{\text{ATIVO PERMANENTE – FINANCIAMENTOS}}{\text{PATRIMÔNIO LÍQUIDO}}$$

"... %" do patrimônio líquido aplicados no ativo permanente.

O índice evidencia o percentual do capital próprio que financiou o ativo permanente, e conseqüentemente aplicado no giro.

6.5.8. Comentários Adicionais sobre a Análise da Estrutura de Capital

Na ótica do credor, quanto maior a proporção de utilização de recursos próprios, tanto melhor para a empresa porque indica menor discrepância do capital de terceiros. Todavia, outros fatores devem ser observados, como a necessidade de financiamento da empresa. Por exemplo, em geral 50% ou mais das imobilizações industriais são financiados por recursos próprios. As empresas comerciais geralmente operam com uma dosagem menor de capital próprio. Assim, a dosagem de capital ideal é algo relativo.

Costumo dizer aos alunos que o uso de capital de terceiros se torna preocupante quando a empresa apresenta dificuldades em amortizar suas obrigações, gerando somas de despesas financeiras. Ou, ainda, quando o aporte de recursos externos não está amparado em um "projeto" rentável. O termo "projeto" está relacionado às seguintes questões: Onde e quanto desejo aplicar? Por quê? Qual será o retorno?

Outra questão que é objeto de investigação dos analistas é a maneira como se dá o investimento no imobilizado. Quanto aplicar no giro? Quanto aplicar em imobilizações?

O analista deve observar as características do negócio. As aplicações no permanente tendem a ser menor para empresas prestadoras de serviços. O Quadro 10 mostra as conseqüências da utilização de recursos próprios e de terceiros no giro e no financiamento do ativo permanente ou fixo.

Quadro 10: Estrutura de Capital

RECURSOS	**GIRO**		**FIXO**	
ORIGEM DO FINANCIAMENTO	CAPITAL PRÓPRIO	CAPITAL DE TERCEIROS	CAPITAL PRÓPRIO	CAPITAL DE TERCEIROS
GRAU DE UTILIZAÇÃO	Sem restrições	Quando houver geração de caixa adequada (condições de autoliquidação).	Sem restrições	• Preferencialmente com recursos a longo prazo, em condições favoráveis de custo; • Condição de alavancagem financeira.

6.6. Questões para Discussão

1) O lucro é um bom parâmetro para a análise financeira? Justifique.
2) Ao alongar os prazos das exigibilidades, quais os reflexos financeiros (especialmente sobre o fluxo de caixa)?

3) Quais as possíveis conseqüências de uma concentração das dívidas no curto prazo? Qual a importância dessa informação para o analista?

4) Onde deve vir evidenciados os endossos, avais e fianças feitos pela empresa?

5) A empresa GAMA encontra-se com dificuldades em seu fluxo de caixa. Possui um endividamento concentrado no curto prazo, embora apresente liquidez maior do que a unidade. Parte de seu ativo circulante é composta por "recebíveis" e "estoques". A empresa tem perdido mercado para um novo concorrente.

   Pergunta-se: Que sugestões você, como analista da empresa, daria ao gestor do negócio? Elabore um roteiro de análise financeira.

6) Interprete o balanço abaixo, comentando sobre a situação financeira da empresa:

ATIVO		PASSIVO	
CIRCULANTE		CIRCULANTE	
Disponível		Fornecedores	20.000
Caixa	10.000	Empréstimos	80.000
Bancos	25.000	EXIGÍVEL A LONGO PRAZO	
Aplicação financeira	15.000	Empréstimos	60.000
Créditos		PATRIMÔNIO LÍQUIDO	
Contas a receber	60.000	Capital	60.000
Estoque		Lucros	8.000
Mercadorias	70.000		
Despesas antecipadas	5.000		
REALIZÁVEL A LONGO PRAZO			
Depósito judicial	25.000		
Empréstimos a sócios	10.000		
PERMANENTE			
Imobilizado			
Máquinas e equipamentos	5.000		
Móveis e utensílios	3.000		
TOTAL	228.000	TOTAL	228.000

Esboce comentários acerca da estrutura de capital da empresa.

7) Admitindo-se que a empresa X apresenta como relação PL/PC + PELP igual a 1,75, e a empresa Y 1,02, pergunta-se: qual das empresas oferece maior segurança, ou margem de garantia para os credores?

8) É princípio da boa política financeira financiar o ativo permanente prioritariamente com recursos próprios. Discorra a respeito.

9) Pode-se afirmar que existe um padrão para a relação entre o ATIVO PERMANENTE e o PATRIMÔNIO LÍQUIDO?

10) Conceitue as expressões abaixo, ilustrando com exemplos:

    a) Endossos;

    b) Avais;

    c) Fiança;

    d) Caução.

6.7. Trabalho Interdisciplinar

1) Existem dois tipos de capital: próprio e de terceiros. Aqueles são injetados pelos sócios ou gerados através de operações; esses são as obrigações assumidas pela empresa para financiar o negócio.

   Quanto maior a proporção de capital próprio melhor, especialmente do ponto de vista dos credores. Entretanto, a estrutura ótima de capital depende de como os recursos são aplicados e das características da atividade. As indústrias, comumente, necessitam de uma maior proporção de recursos próprios para suas imobilizações. Já as empresas comerciais podem trabalhar com mais recursos de terceiros. O limite de capital de terceiros é aquele que não compromete a insolvência. Selecione empresas do mesmo setor e atividade e analise suas estruturas de capital, buscando similaridades (mínimo de cinco empresas por setor).

2) Ao longo da década de 70, o Brasil apresentava uma economia em franco desenvolvimento, apesar dos reflexos das altas taxas de inflação. Diante do quadro, empresas utilizavam um volume alto de recursos de terceiros para financiar seu giro e planos de expansão da atividade. Levante dados econômicos sobre a época, contextualize e comente sobre a estratégia adotada pelas empresas.

3) Sabe-se que o *overtrading* é a situação na qual a empresa mantém seu nível de atividade operacional em um patamar superior a sua capacidade administrativa e financeira real. É manifestada usualmente em estados pré-falimentares ou, ainda, nos casos de dissolução da empresa e decorre de uma tentativa dos administradores de recuperar as sonhadas lucratividade e estabilidade nos negócios. Essa situação decorre da elevada dependência da empresa de capitais de terceiros. Os financiamentos crescem substancialmente sem um aumento correspondente do capital circulante líquido.

Os recursos gerados, na maioria das vezes, são absorvidos por despesas financeiras nas renegociações de dívida. São alguns dos indicativos de *overtrading* a redução dos índices de liquidez e a queda na rentabilidade.

A fronteira entre os indicativos do *overtrading* e suas conseqüências é muito sutil. Pesquise sobre a matéria, caracterizando a situação *overtrading*, destacando causas e conseqüências.

6.8. Estudo Dirigido: Índices de Estrutura e Endividamento

Os indicadores que evidenciam a estrutura de capitais são muito essenciais para fins de análise financeira porque fundamentam decisões referentes ao estudo das melhores alternativas de fontes de recursos.

O propósito dessa análise da estrutura de capital é mostrar os reflexos da composição dos elementos do patrimônio.

1) Imobilização do capital próprio

$$ICP = AP / PL$$

Onde:

AP = Ativo permanente;

PL = Patrimônio líquido.

À luz da teoria de finanças os bens do ativo permanente devem ser financiados prioritariamente com recursos próprios. Assim, quanto maior o volume de recursos a longo prazo aplicados no ativo permanente, tanto melhor para a empresa.

Excessos de aplicação no permanente oneram o resultado de uma empresa porque maiores serão os custos (despesas de manutenção, seguros e outras). Quanto maior o grau de imobilização, menor tendem a ser os recursos próprios aplicados no giro e maior será a dependência da empresa do capital externo.

2) Endividamento geral

$$Eg = PC + PELP / PL$$

Em que:

Eg = Endividamento geral;

PC = Passivo circulante;

PELP = Passivo exigível a longo prazo;

PL = Patrimônio líquido.

O cálculo do índice responde à seguinte questão: na hipótese de descontinuidade das operações, a empresa terá condições de honrar suas obrigações. Assim, é um indicador que reflete a capacidade da empresa em garantir o pagamento de suas dívidas. Ele mostra o grau de dependência de uma empresa em relação a terceiros. Por conseguinte, quanto maior a relação, menor a liberdade para a tomada de decisões de cunho financeiro, menor o lastro econômico.

Pergunta-se: Quocientes elevados indicam risco de falência?

O índice soma passivos muito diferentes quanto aos prazos de exigibilidade, o que força o analista a uma leitura acerca do perfil do endividamento para uma análise mais conclusiva, orientando suas conclusões com base nas informações acerca do contexto econômico, como, por exemplo, o comportamento dos juros e da própria inflação.

Índices elevados, em tempos de baixo nível de atividade, podem comprometer a situação financeira da empresa.

As empresas são livres para ter qualquer estrutura de capital, onde se faz importante destacar que somente é vantajoso operar com capital de terceiros se o retorno da aplicação superar o custo da captação.

Para esse indicador, não existe um padrão de comportamento porque cada negócio, ou, sendo mais preciso, cada ramo, possui suas peculiaridades.

É sempre importante analisar, independente do indicador que se esteja calculando, detalhes da gestão financeira como:

- A empresa vem gerando recursos suficientes para amortizar as obrigações? Existe o que o mercado denomina de colchão financeiro? Esse é o motivo pelo qual as empresas pouco endividadas apresentam risco menor em relação às empresas mais endividadas;
- Em que os recursos externos (de curto e/ou longo prazo) foram aplicados? Isso porque se o destino desses recursos é o ativo circulante o efeito negativo sobre a liquidez pode ser atenuado, uma vez que o retorno dos ativos correntes dá-se de forma mais veloz (maior giro), especialmente quando a alternativa de investimento é a imobilização. O analista não pode perder de vista a necessidade de entender a composição das aplicações para ter uma visão melhorada da situação financeira da empresa;

- Qual o prazo de exigibilidade das dívidas? Não é recomendável uma grande concentração de empréstimos no curto prazo por duas razões básicas: são caros e exigem geração de caixa praticamente imediata;
- A empresa consegue negociar a contento suas obrigações?

Note que uma avaliação mais precisa e completa redunda necessariamente num levantamento maior de informações.

3) Endividamento financeiro

$$Ei = E/PL$$

No qual:

Ei = Endividamento financeiro;

E = Empréstimos e financiamentos;

PL = Patrimônio líquido.

O índice mostra a relação entre as dívidas decorrentes de operações financeiras e o patrimônio da entidade.

O passivo associado ao giro do negócio não é considerado no cálculo do índice, exatamente para refletir a política financeira da empresa referente ao parâmetro captação.

Índices acima da unidade são considerados excessivos e exigem cautela por parte da administração.

Em economias estáveis são observados índices entre 1 e 1,5.

Pergunta-se: Qual a estrutura ideal do passivo? Ilustre suas afirmações com exemplos.

___

___

___

Sem dúvida, essa é uma resposta complicada porque depende das características da empresa. Entretanto, alguns analistas acham que esse valor pode ficar em torno de 50% para cada tipo de fonte de capital. Qualquer variação positiva em torno desse valor pode implicar maiores riscos.

É importante frisar que os índices representam uma fotografia momentânea da situação financeira de uma empresa, possuindo assim uma conotação estática. Eventos posteriores podem mudar completamente o curso de uma análise.

A Economia está repleta de exemplos de "eventos posteriores":

- Os planos econômicos, especialmente o Plano Collor;
- A desvalorização cambial observada em janeiro de 1999, e outros.

Aos analistas recomenda-se incorporar aos seus procedimentos de análise a projeção de cenários.

4) Relação entre exigível e ativo total

$$Ec = E / A$$

Em que:

Ec = Grau de comprometimento do ativo;

E = Exigível a curto e longo prazos;

A = Ativo total (ativo realizável a curto e longo prazos mais o ativo permanente).

O índice informa a proporção do capital de terceiros em relação às aplicações feitas. Mede o grau de comprometimento dos ativos com as dívidas da empresa.

Numa leitura imediata, quanto maior o índice, maior é o risco de não cobertura das obrigações. Todavia, é importante analisar em que bases os recursos foram aplicados porque se o retorno da aplicação for maior do que o custo da dívida, a estrutura da dívida não trará maiores dificuldades. Quanto maior o índice, maior o patrimônio líquido da empresa.

O analista deve considerar que a interpretação do indicador é bastante limitada por não trazer no seu cômputo valores econômicos atuais.

Sua importância reside na propriedade de mostrar a qualidade do uso do passivo na gestão do negócio.

Para Helfert (2000, p. 102):

> *"(...) o uso bem-sucedido dos passivos aumenta os ganhos dos proprietários da empresa, porque o retorno obtido sobre esses capitais – depois dos juros pagos – pertence aos proprietários e, assim, aumentará o retorno sobre o patrimônio líquido".*

Embora em ambientes inflacionários seja atraente trabalhar com capital de terceiros, o gestor deve ter cuidado com as condições dessa captação, assim como também deve estudar de que forma o dinheiro foi ou será aplicado.

Outro aspecto a ser considerado na análise do endividamento é a qualidade dos passivos.

Quanto maior a participação de exigíveis não onerosos (fornecedores, impostos, encargos sociais a pagar, e outros) melhor para o negócio, uma vez que não geram encargos financeiros.

Existem algumas regras consideradas elementares em gestão financeira que devem ser observadas pelo gestor e recomendadas pelo analista:

- Expansão e modernização do parque industrial ou da infra-estrutura de vendas (empresa comercial) devem ser financiadas por recursos a longo prazo porque o retorno dessas aplicações será obtido também a longo prazo;
- Os ativos a curto prazo devem, na medida do possível, ser financiados por parcelas do exigível a curto prazo e recursos próprios;
- A empresa deve priorizar o bom uso de suas dívidas. Um endividamento é sadio quando os recursos são utilizados para gerar novos recursos; todavia, se é contraído com o único objetivo de pagar dívidas já existentes, pode se tornar degenerativo porque não são criadas condições para gerar benefícios econômicos futuros, formando-se nesse um ciclo vicioso.

5) Perfil da dívida e qualidade do endividamento

$$PC / PC + PELP$$

Em que:

PC = Passivo circulante;

PELP = Passivo exigível a longo prazo.

Quanto menor a relação, ou seja, o grau de participação de recursos a curto prazo, melhor para a empresa. Grandes volumes de obrigações a curto prazo tendem a sufocar a gestão financeira de qualquer empreendimento. Isso se dá por conta da necessidade de geração de recursos num prazo menor.

6) Imobilização com recursos próprios e de terceiros (longo prazo)

$$I = AP / PL \quad e \quad I' = AP / 'PELP + PL$$

Onde:

I = Imobilização de recursos próprios;

I' = Imobilização de recursos não correntes;

AP = Ativo permanente (imobilizado);

PELP = Passivo exigível a longo prazo;

PL = Patrimônio líquido.

O primeiro indica o volume de recursos próprios aplicados no Ativo Permanente, especificamente na composição do imobilizado. O segundo evidencia a quantidade de recursos não-correntes aplicados na formação do ativo fixo operacional (imobilizado).

Analisando-os isoladamente, quanto menor, melhor para a empresa.

Não é necessário porém que o financiamento do imobilizado aconteça unicamente com recursos próprios, já que o gestor pode fazê-lo com recursos a longo prazo, gerando tempo para a realização dos recursos necessários ao resgate da obrigação (retorno financeiro).

Por fim, gostaria de destacar que em toda e qualquer modalidade de análise através de indicadores exige-se a necessidade de consultar os indicadores padrões ou normais do ramo. Avaliar é comparar! Isso porque cada setor traz suas peculiaridades. Por exemplo, nas siderúrgicas e transportadoras costuma-se imobilizar valores elevados sem com isso significar que a empresa esteja em apuros. Convém ao analista não tecer maiores comentários antes de estudar com mais cuidado o setor da empresa analisada, assim como aspectos de sua gestão.

Estude as características de endividamento de empresas de setores diferentes e as apresente em sala de aula para discussão. Selecione dez empresas por setor.

____

____

____

____

6.9. Orientação ao Professor

É importante despertar no aluno a necessidade de calcular outros índices, além dos vistos até aqui. É também imprescindível capacitá-los a elaborar a informação.

Assim, o docente pode aplicar como estratégia de "sensibilização" uma avaliação de aprendizagem sem atribuição de notas, e sim de um conceito. Em qual(is) aspecto(s) o aluno pode melhorar seu desempenho? Quais suas potencialidades? Quais os pontos fracos? Motive-os a proceder à auto-avaliação.

É aconselhável que a avaliação seja feita em dupla, para incentivar o debate e a comunicação de idéias.

Com essa ação, o professor estará contribuindo não somente para a formação técnica, mas, especialmente, para o amadurecimento do aluno, futuro profissional.

6.10. Modelo de Avaliação (Etapa 1)

Disciplina: Análise das Demonstrações Contábeis

Professora: *Yumara Vasconcelos*

Alunos:

A avaliação é um instrumento de aprendizagem porque nos coloca diante das nossas limitações. Todos temos limitações, mas o que nos torna diferentes é a maneira como lidamos com elas.

Reconhecê-las é o primeiro grande passo, pois permite a reflexão.

O segundo passo é o desejo de mudança.

Nunca seremos bons o suficiente, do contrário a vida não teria sentido nem motivação.

Busque nas avaliações de aprendizagem um sentido, uma motivação..., e no seu resultado, um compromisso com você mesmo.

Analise os dados do balanço abaixo com o propósito de avaliar a capacidade de pagamento da empresa:

ATIVO		PASSIVO	
CIRCULANTE		CIRCULANTE	
Disponível		Fornecedores	20.000
Caixa e bancos	15.000	Empréstimos	20.000
Aplicações financeiras	8.000	EXIGÍVEL A LONGO PRAZO	
Créditos		Empréstimos	40.000
Clientes	20.000	PATRIMÔNIO LÍQUIDO	
(–) PDD	(5.000)	Capital social	40.400
Estoque		Lucros	20.000
Mercadorias	30.000		
REALIZÁVEL A LONGO PRAZO			
Despesas antecipadas	2.000		
Depósitos judiciais	20.000		
PERMANENTE			
Imobilizado			
Máquinas e equipamentos	48.000		
Móveis e utensílios	10.000		
(–) Depreciação	(7.600)		
TOTAL	140.400	TOTAL	140.400

Orientações Gerais

1º Passo

Faça os cálculos correspondentes à análise vertical. Utilize como 100% o total do ativo circulante para análise das contas que compõem o capital de giro.

2º Passo

Indique as contas do capital de giro mais representativas.

3º Passo

Discuta com seu colega os reflexos da composição observada, comparando com as características do setor (Anexo 1).

4º Passo

Calcule os índices de liquidez e endividamento (Anexo 2).

5º Passo

Antes de interpretar, preencha o quadro do Anexo 2, com o propósito de revisar os significados dos índices, o que facilitará a análise dos dados.

6º Passo

Discuta com seu colega os resultados encontrados.

Antes de elaborar a redação, verifiquem se vocês têm condições de responder às questões abaixo:

- A liquidez é satisfatória?
- O que restringe a capacidade de pagamento da empresa?
- Qual a relação entre capital próprio e de terceiros?
- Qual o diagnóstico de vocês sobre a situação financeira da empresa?
- Quais as conseqüências dessa análise?
- Quais as dificuldades encontradas durante o desenvolvimento da análise (limitações)?

Somente após a resposta a essas questões é que terão condições de seguir adiante.

7º Passo

Construa o texto, obedecendo às orientações:

<table>
<tr><th>PARÁGRAFOS</th><th>ORIENTAÇÃO</th></tr>
<tr><td>1º Parágrafo</td><td>Exponha o objetivo do trabalho.</td></tr>
<tr><td colspan="2">"O presente relatório objetiva (...)".</td></tr>
<tr><td>2º, 3º e 4º Parágrafos</td><td>Comente acerca dos índices de liquidez. Utilize dados da análise vertical do capital de giro.</td></tr>
<tr><td colspan="2">"A liquidez imediata da empresa, ____________________, apresentando-se
(indique o valor)
____________________ uma vez que(...). A média do setor é (...)."
(satisfatória/insatisfatória)</td></tr>
<tr><td>5º e 6º Parágrafos</td><td>Comente acerca dos índices de endividamento.</td></tr>
<tr><td colspan="2">"O endividamento da empresa é ____________________".</td></tr>
<tr><td>7º e 8º Parágrafos</td><td>Posicione-se a respeito da situação financeira da empresa.</td></tr>
<tr><td colspan="2">"Para uma análise mais conclusiva, é necessário analisar ____________________
(exponha as limitações).

Com base nos dados obtidos, a situação da empresa, em plano geral, apresenta-se
____________________. Assim, recomenda-se ____________________."
(favorável/desfavorável)</td></tr>
</table>

ANEXO 1: INFORMAÇÕES ADICIONAIS

- A empresa atua na área comercial e o aporte de recursos a longo prazo decorreu de um projeto de aquisição de uma nova unidade de vendas;
- O prazo médio de recebimento é maior do que o prazo médio de pagamento, segundo informações da gerência;
- O nível de estocagem médio, segundo informações setoriais, é de 15% de todo o capital de giro. Níveis de estocagem elevados conduzem a maiores custos.
- O mercado passa por dificuldades no presente, reveladas pela queda de giro dos estoques;
- O Balanço Patrimonial foi gerado antes dessas dificuldades;
- Índices setoriais obtidos para o mesmo período em que o balanço foi gerado:

  Liquidez imediata = 0,3

  Liquidez corrente = 1,8

  Liquidez seca = 0,88

  Liquidez geral = 1,2

  Percentual de passivos circulantes em relação ao total do exigível = 50%

  Relação capital de terceiros e capital próprio = 30-70%.

ANEXO 2: QUADRO DE INDICADORES

DESCRIÇÃO	FÓRMULA	INTERPRETAÇÃO	RESTRIÇÃO
Liquidez corrente	$LC = \frac{AC}{PC}$		
Liquidez imediata	$Li = \frac{D}{PC}$		
Liquidez seca	$Ls = \frac{AC - E}{PC}$		
Liquidez geral	$Lg = \frac{AC + ARLP}{PC + PELP}$		
Índices de endividamento	$E_1 = \frac{PC + PELP}{PL}$ $E_2 = \frac{PC}{PC + PELP}$ $E_3 = \frac{IMOBILIZADO}{PL}$		

CONCEITO ATRIBUÍDO À AVALIAÇÃO:
PARECER DO PROFESSOR
Yumara Lúcia Vasconcelos ________________________ (Assinatura do professor)

Toda e qualquer avaliação exige um parecer detalhado de desempenho do aluno. É no *feedback* que reside o grande benefício de uma avaliação de aprendizagem.

Capítulo 7

Análise Estática do Giro

O presente capítulo apresenta indicadores de análise do capital de giro.

O estudo acurado dessa modalidade de capital é fundamental em qualquer trabalho de análise.

A ausência de capital de giro é uma das causas mais apontadas para o insucesso das organizações, motivo pelo qual dedicou-se um capítulo exclusivo à matéria.

O giro dos elementos patrimoniais de uma empresa corresponde ao intervalo de tempo necessário para a sua realização ou exigibilidade.

Assim, esses indicadores representam a velocidade de renovação de um determinado elemento patrimonial num certo intervalo de tempo. São indicadores que refletem o dinamismo dos números.

Os prazos podem ser calculados em termos de dias, semanas ou meses. Sendo Ig os indicadores de giro, podemos ter os prazos em dias, semanas e meses, conforme a necessidade do analista:

365/Ig → Prazo em termos de dias.

52/Ig → Prazo em termos de semanas.

12/Ig → Prazo em termos de meses.

7.1. Rotação do Estoque (Ig Estoque)

$$\text{ROTAÇÃO OU GIRO DOS ESTOQUES} = \frac{\text{CPV}}{\text{ESTOQUE MÉDIO DE PRODUTOS ACABADOS}}$$

O estoque girou "..." vezes no período analisado.

$$\text{PRAZO DE RENOVAÇÃO DE ESTOQUES} = \frac{365}{\text{Ig ESTOQUE}}$$

O estoque foi renovado a cada "..." dias.

Quantas vezes o estoque foi renovado pelas vendas?

É dos indicadores de rotação o mais divulgado e usado.

Numa interpretação imediata, quanto maior o indicador, melhor, desde que, obviamente, a margem seja satisfatória. De que adianta um giro elevado se a margem não alcança as metas previstas?

Rotação de estoque, entretanto, não é sinônimo de lucro. Imaginemos um crescimento no item "despesas financeiras" em virtude de empréstimos para suprimento de capital de giro (alimentação dos estoques). Essas despesas não estão incluídas no CPV, o que limita o uso da interpretação do indicador para conclusões mais completas. O lucro líquido, então, com certeza será diminuído.

Rotação elevada de estoques pode sinalizar subinvestimentos em estoque (volume de mercadorias inferior às suas necessidades). O nível ótimo de estoque depende das peculiaridades do negócio.

7.1.1. Ponderações Necessárias

O índice é influenciado pelo método de avaliação de estoques, especialmente quando modificado ao longo do período compreendido na análise.

A fórmula utiliza-se do conceito de média, que é afetada por valores atípicos (anormalmente altos ou baixos). Trabalhar com estoque inicial e final pode comprometer o exame em casos de variações bruscas.

Não há um padrão em termos de comportamento. Tudo depende das características da atividade (comportamento variável). Essa especificidade do giro decorre de aspectos diversos, a saber: características do produto (condições físicas), usos e costumes, como, também, do mercado (relação de oferta e demanda).

Deve ser observado ainda o momento em que o balanço é levantado pois, por exemplo, se for levantado no período em que os estoques estão se formando, naturalmente o índice tenderá a ser elevado. Admitamos tratar-se de uma empresa rural e que o balanço seja levantado em um momento que antecede a safra, o que esperar do comportamento do índice?

O analista deve considerar o indicador em conjunto com outras técnicas investigando principalmente a qualidade das vendas (prazo) e, ainda, aspectos referentes ao ciclo operacional (características cíclicas/estacionais da procura)[32].

É importante que o analista (quando na análise interna) observe os elementos de antegiro a exemplo do estoque mínimo de segurança, uma verdadeira imobilização financeira. Para refinamento do cálculo, esses elementos devem ser deduzidos da fórmula.

7.1.2. Interpretação

O analista, para alinhamento ao processo decisório nas organizações, deve relacionar o comportamento do índice às causas de seu comportamento e às decisões atreladas a sua interpretação (Quadro 11).

[32] Neste ínterim, podemos citar as indústrias de artigos natalinos, carnavalescos e outras.

Quadro 11: Análise do Giro dos Estoques

Giro dos estoques	Leitura	Causas	Decisões Atreladas
Rápido	• Redução do nível de vendas; • Estocagem dosada às necessidades da empresa (demanda); • Mercado favorável.	• Modificação favorável na política de vendas (boa política de concessão de créditos); • Quebra de concorrentes gerando uma transferência de mercado; • Manobras de vendas (realização de promoções, descontos, abatimentos).	• Manutenção da estratégia adotada.
Baixo/lento	• Crescimento do mercado concorrente; • Excesso de estocagem por ingerência administrativa; • Estocagem não planejada conforme o volume de vendas.	• Problemas no processo de produção (atraso de matéria-prima, p.ex.). • Obsoletismo dos produtos; • Entrada de novos concorrentes.	• Redução do nível de produção; • Diminuição dos custos e nível de estocagem; • Inovações tecnológicas conduzindo a uma diminuição nos custos; • Investimentos em pesquisa e desenvolvimento de novos produtos; • Agressividade na política de Marketing.

7.2. Rotação das Contas a Receber (Ig Contas a Receber)

$$\text{ROTAÇÃO OU GIRO DAS CONTAS A RECEBER} = \frac{(\text{SALDO INICIAL DA CONTA} + \text{VENDAS A PRAZO DO PERÍODO}) - \text{SALDO FINAL DA CONTA}}{\text{MÉDIA DOS SALDOS INICIAL E FINAL}}$$

A conta girou "..." vezes no período analisado.

$$\text{PRAZO MÉDIO DE RECEBIMENTOS} = \frac{365}{\text{Ig CONTAS A RECEBER}}$$

A empresa recebeu suas vendas a prazo a cada "..." dias.

Em quanto tempo (dias, semanas ou meses) a empresa receberá suas vendas a prazo?

O prazo de recebimento é dado em função de alguns fatores a serem considerados pelo analista, a saber:

- Usos e costumes do setor;
- *Status* da política financeira no momento.

Quanto maior, melhor, pois o fluxo positivo de caixa deve ser o mais veloz possível a fim de fazer face às necessidades de capital de giro da empresa. Portanto, a empresa, à medida que possa influenciar no comportamento "determinação de prazos", deve reduzi-lo ao máximo.

Em virtude das dificuldades de se obter a média das vendas a prazo, o analista externo se vê obrigado a utilizar o saldo final das contas a receber.

O índice é útil porque aponta fragilidades nos procedimentos de cobrança e nos critérios para a concessão de crédito.

7.2.1. Ponderações Necessárias

Cada empresa tem seu padrão, o que é função do segmento em que atua. Para alguns negócios, é essencial manter determinados volumes de vendas a prazo (fator de competitividade). Seu comportamento deve ser dosado segundo o prazo de exigibilidades e estratégia financeira ou mercadológica da empresa. É essencial a análise dos elementos de antegiro (títulos incobráveis), porque tais títulos atrasam a circulação e a conversão do "contas a receber" em espécie.

7.2.2. Interpretação

O prazo médio de recebimento pode ser afetado pela insolvência de clientes, atrasos no recebimento, morosidade na remessa de avisos de cobrança pelos bancos comerciais, volume elevado de duplicatas vencidas e não-pagas, não tempestividade dos registros contábeis e ausência de controle gerencial na área (Quadro 12).

Quadro 12: Análise do Giro das Contas a Receber

Giro das Contas a Receber	Leitura	Causas	Decisões Atreladas
Lento	• Redução do nível de vendas à vista (ou no total) e conseqüente concentração de créditos; • Fragilidade na política de cobrança, carregando a conta de valores antigos; • Aumento nos níveis de inadimplência; • Queda na renda do cliente; • Fraudes na área; • Atrasos no recebimento.	• Planejamento financeiro ineficaz.	• Reformulação da estratégia financeira.
Rápido	• Crescimento do mercado; • Produção por demanda.	• Planejamento financeiro eficaz.	• Expansão das atividades; • Realização de novos investimentos.

7.3. Rotação das Contas a Pagar (Ig Contas a Pagar)

$$\text{ROTAÇÃO DAS CONTAS A PAGAR} = \frac{\text{(SALDO INICIAL DA CONTA + COMPRAS DO PERÍODO)} - \text{SALDO FINAL DA CONTA}}{\text{MÉDIA DOS SALDOS INICIAL E FINAL}}$$

A conta girou "..." vezes no período analisado.

$$\text{PRAZO MÉDIO DE PAGAMENTO} = \frac{360}{\text{Ig (CONTAS A PAGAR)}}$$

A empresa movimentou suas dívidas a cada "..." dias.

Quanto maior (em relação aos recebimentos), melhor. Os prazos de recebimento e pagamento, na medida do possível, devem ser casados, porque do contrário gerarão necessidade de capital de giro adicional para amparar a atividade. Nessa situação, o comportamento mais imediato é tornar a política de cobrança mais agressiva/rigorosa ou, ainda, recorrer a desconto de duplicatas.

A sintonia entre os prazos de pagamento e recebimento é evidenciada melhor pelo indicador denominado de "índice de posicionamento relativo".

7.4. Índice de Posicionamento Relativo

$$\text{ÍNDICE DE POSICIONAMENTO RELATIVO} = \frac{\text{PRAZO MÉDIO DE RECEBIMENTO}}{\text{PRAZO MÉDIO DE PAGAMENTO}}$$

O ideal é que seja o menor possível (inferior à unidade), pelo menos próximo a ela para ensejar equilíbrio.[33]

O casamento de prazos influencia o comportamento da liquidez a curto e longo prazos. Afeta ainda o comportamento de um outro indicador de giro:

$$\text{ROTAÇÃO DO ATIVO} = \frac{\text{VENDAS}}{\text{ATIVO MÉDIO}}$$

Índice que indica quantas vezes o ativo foi renovado.

O índice de rotação do ativo mostra quantas vezes ele se renovou no período.

[33] Condição de liquidez mais tranqüila.

Ao reduzirmos o prazo médio de recebimentos em relação ao prazo médio de pagamentos, melhoramos o giro do ativo. Assim, quanto maior o giro do ativo, melhor para a empresa.

O excesso de "recebíveis" reduz o giro do ativo, conforme verificamos na aplicação da fórmula.

É por essa razão que a gestão financeira realiza um grande esforço para reduzir as aplicações nas contas a receber, estoques e outros ativos, especialmente as que compõem o capital de giro e o imobilizado. Não segue daí, todavia, que a administração deva se tornar avessa à expansão, mas, sim, apenas que ela deve se preocupar com a realização rápida desses ativos.

7.5. Indicador do Ciclo Financeiro

$$\frac{\text{PRAZO MÉDIO DE ESTOCAGEM + PRAZO MÉDIO DE RECEBIMENTOS}}{\text{PRAZO MÉDIO DE PAGAMENTO}}$$

O ideal é que a soma dos prazos médios de recebimento das vendas e de renovação de estoques seja equivalente ou, pelo menos, próximo do prazo médio de pagamento das compras. Isto porque a soma dos prazos médio de recebimentos e renovação de estoques é uma boa aproximação do ciclo operacional.

Manter esse indicador no patamar menor do que a unidade é uma tarefa complicada e os gestores muitas vezes se vêem obrigado a recorrer a certas medidas financeiras para suprimento de capital de giro.

7.6. Questões para Discussão

1) Quais as funções informativas de cada indicador de giro (cada um deles)?
2) De que forma os indicadores de atividade podem auxiliar na leitura da situação financeira de uma empresa?
3) O que acontece quando os prazos de recebimento e renovação de estoque não têm sintonia com o prazo de pagamento das compras?
4) Quais as conseqüências gerenciais e financeiras de um subinvestimento em estoques? Quais os reflexos sobre a liquidez da entidade?
5) O que uma rotação elevada de estoques pode indicar? Que respaldo técnico o analista deve buscar para fundamentar sua interpretação?

6) Quanto maior o giro dos estoques, melhor será a situação financeira da empresa? Fundamente.

7) Justifique a afirmação: A soma dos prazos médios de recebimento e renovação de estoque é uma aproximação do ciclo operacional.

7.7. Trabalho Interdisciplinar

1) Qual a importância da política de estoque sobre a liquidez de uma empresa comercial?

2) Como você define o *Just in time* e *Just in case*? São sistemas ou filosofias? Argumente.

3) Quais as vantagens do *Just in time*? Quais os reflexos para a análise financeira?

4) O artesão do Ocidente já usava o *Just in time*, todavia, após a revolução industrial, surgiu a necessidade do grande acúmulo de estoques por parte das grandes corporações para fazer face à demanda. Assim, para evitar problemas de fornecimento devido a uma eventual interrupção de processo manter níveis elevados de estoques era relativamente comum. Já o Japão, após a Segunda Guerra Mundial, teve que lidar com a escassez de materiais, o que empurrou suas indústrias para a manutenção de estoques em nível apenas suficiente para suprimento de seu mercado (estoque mínimo). Em sua opinião o JIT se aplica à nossa realidade? Você acha que o sucesso do JIT está calcado nas características do contexto econômico ou produtivo?

5) Quais os reflexos da aplicação do JIT sobre a qualidade do produto final? E sobre o comportamento dos indivíduos na organização? Associe o impacto sobre o resultado (formação de lucro).

6) Descreva detalhadamente os modelos JIT e JIC:

7) As expressões a seguir, em geral, são associadas ao JIT, como se o traduzissem. Comente cada uma delas:

   a) Produção sem estoque;

   b) Eliminação de desperdício;

   c) Manufatura de fluxos contínuos;

   d) Esforço contínuo na resolução de problemas;

   e) Melhora contínua de processos;

   f) Diminuição dos lotes de produção e de compra.

8) Discuta as seguintes afirmações:

a) Grandes volumes de estoque oneram os custos das empresas;

b) O emprego do JIT gera uma melhora no arranjo espacial na área de produção;

c) O JIT incrementa a produtividade;

d) A disponibilidade de matéria-prima para processar é o que empurra a produção no sistema tradicional, enquanto que no JIT a produção é puxada pela demanda de mercado;

e) O sistema JIT é ativo, enquanto que os tradicionais são passivos;

f) O acúmulo de estoques é nocivo porque ocupa espaço e representa acúmulo de capital;

g) Estoques elevados mascaram problemas de qualidade;

h) O JIT é mais do que um conjunto de técnicas, é uma filosofia;

i) O JIT não se adapta bem a empresas MULTIPRODUTO;

j) JIT é sinônimo de estoque zero.

Atenção: as afirmações podem ser incorretas.

9) Quais as condições necessárias à aplicação do JIT?

10) Identifique os reflexos financeiros (liquidez) para as situações abaixo:

a) níveis baixos de estoques baixos;

b) níveis baixos de estoques elevados.

Capítulo 8

Análise Econômica Através de Índices

A fonte de dados para a análise estática de rentabilidade e lucratividade é a DRE.

O presente capítulo apresentará os índices mais utilizados na análise econômica de empresa.

8.1. Análise da Rentabilidade

Entende-se por rentabilidade o grau de remuneração do negócio, mas como chegar a essa informação? Simples. Basta que se relacione o resultado do exercício com os elementos patrimoniais cujo retorno se deseja verificar. Os indicadores de rentabilidade são, dentre outros, os que mais interessam aos sócios/acionistas, pois aferem a remuneração dos recursos aplicados.

Eles sempre tomam como base os recursos investidos na empresa. Interessam, ainda, aos credores do negócio analisado porque também refletem sua capacidade de pagamento das obrigações assumidas.

No cálculo de indicadores de rentabilidade, o analista poderá usar diversos conceitos de lucro (do lucro bruto ao lucro líquido). É importante, todavia, que o analista tenha coerência na constituição dos indicadores. Por exemplo, ao utilizarmos o conceito de lucro operacional (no numerador), racionalmente devemos utilizar o ativo operacional a fim de podermos extrair uma relação lógica.

Destacamos ainda que nada impede que o analista faça uso de médias na composição das fórmulas, especialmente para os conceitos de ativo e patrimônio líquido.

Nem sempre o analista, em seu trabalho, encontra disponibilizado o vasto e necessário volume de informações. A restrição às informações é um dos fatores limitantes da precisão das conclusões do analista, uma vez que dificulta todo e qualquer posicionamento.

Três são as posições patrimoniais, no mínimo, que o analista deve buscar: os valores patrimoniais no início, no final e no meio do exercício (este último obtido pelo cálculo de média simples ou ponderado).

Para fins de entendimento das fórmulas seguintes, destacamos alguns conceitos utilizados:

- A receita líquida corresponde à receita bruta deduzida as devoluções de clientes, impostos sobre vendas e outros.
- O Ativo Operacional Líquido compreende os ativos aplicados na atividade principal do negócio, ou seja, o imobilizado (saldos líquidos da depreciação), ativo circulante (clientes, disponível e estoques), e o realizável a longo prazo.
- O Lucro Operacional Líquido é o lucro decorrente das operações antes do IR, diminuídas todas as despesas e receitas associadas à atividade financeira (ajuste extracontábil).

8.1.1. Rentabilidade Nominal

$$\text{RENTABILIDADE NOMINAL} = \frac{\text{LUCRO LÍQUIDO}}{\text{CAPITAL NOMINAL}^{34}}$$

A rentabilidade da empresa foi de "...%", ou seja, para cada $ 1 investido, a remuneração foi de "$ ..."[35].

Relaciona o investimento realizado e o retorno obtido pela empresa na atividade.

Aplicável sem ajustes se a empresa manteve, no período tomado por base na análise, o mesmo capital nominal. Do contrário, recomenda-se o cálculo do capital nominal médio.

8.1.2. Rentabilidade sobre o Patrimônio Líquido[36]

$$\frac{\text{LUCRO LÍQUIDO} \times 100}{\text{PATRIMÔNIO LÍQUIDO}}$$

Tendo como base o patrimônio líquido, o efetivo capital da empresa, o cálculo da rentabilidade do PL fornece a seguinte informação: Qual a rentabilidade do PL para a empresa analisada? A cada $ 1 de recursos próprios, de quanto foi a remuneração?

Certamente, esse indicador supre uma lacuna do anterior, uma vez que a "rentabilidade nominal" só considera uma porção do PL (o capital nominal).

O indicador agora exposto abrange todo o PL, por isso denominado de "rentabilidade efetiva"[37]. Ele é, em especial, importante para os proprietários do negócio[38].

Essa taxa pode ser comparada com o rendimento de opções de mercado. Ex.: a caderneta de poupança. Com essa comparação, tem-se condições de avaliar a escolha da opção de investimento.

[34] É imprescindível que se observe todos os aumentos de capitais realizados, para tanto aconselha-se ao analista checar o contrato social e suas eventuais alterações.

[35] É recomendável ao analista verificar a composição do PL como informação complementar.

[36] PL = Capital nominal ou capital + aumentos + lucros + reservas.

[37] Recomenda-se o uso do PL médio, embora alguns defendam que o PL inicial é mais representativo, uma vez que o PL final incluiria o lucro do exercício analisado.

[38] Sua interpretação leva o analista às seguintes informações: para cada $ 1 de investimentos, de quanto será o ganho do acionista?

8.1.3. Rentabilidade sobre o Ativo (TRI)[39], Também Conhecida como Método Du Pont

$$\text{RENTABILIDADE DO ATIVO OU TAXA DE RETORNO SOBRE INVESTIMENTO (TRI)} = \frac{\text{LUCRO LÍQUIDO}}{\text{ATIVO TOTAL MÉDIO}}$$

Sabe-se que o indicador acima afere o potencial da empresa em se capitalizar com o investimento realizado. Mede a capacidade desses ativos em gerar lucro (ressaltando a função econômica dos ativos).

O indicador mede o poder de fogo da empresa: "para cada $1 aplicado, qual será o ganho?"

O índice desenvolvido pela Du Pont permite a avaliação do desempenho da empresa em seu objetivo social.

Em quanto tempo os investimentos operacionais retornarão à entidade? Quanto menor, maior será o potencial de geração de resultado da empresa, ou seja, o seu poder de ganho.

Em geral, as empresas comerciais possuem giro maior quando comparadas às indústrias e às que prestam serviços.

Os supermercados são exemplos típicos, haja vista que os prazos para a operacionalização das vendas são muito curtos.

As prestadoras de serviços, por dependerem do tempo dos serviços, possuem giro extremamente variado. Um exemplo de prestadora de serviço com giro elevado são as redes de *fast-food*. As gráficas possuem giro um pouco menor, devido à influência da sazonalidade. Já as empresas que prestam serviços de engenharia possuem um giro médio.

É importante conhecer o giro do produto ou serviço da empresa analisada porque quanto maior, maiores serão as possibilidades de reduzir a margem de lucro na realização desses bens.

Quanto maior o tempo de realização, menor o giro então maior deve ser a margem. Afinal, será necessário compensar financeiramente a demora do ciclo operacional da empresa.

Como margem e giro são duas análises muito importantes, apresentaremos uma fórmula de rentabilidade que contempla essas duas variáveis.

A fórmula foi desenvolvida em 1930 nos Estados Unidos. Sua aplicação permite a realização de combinação de giro e margem.

[39] Afere a rentabilidade do negócio.

O que ocorrerá com a rentabilidade se a empresa analisada, apesar de possuir bom giro, resolver ganhar uma fatia adicional em sua margem?

$$\text{GIRO DO ATIVO TOTAL} = \frac{\text{RECEITA DE VENDAS}}{\text{ATIVO TOTAL}}$$

$$\text{MARGEM LÍQUIDA} = \frac{\text{LUCRO LÍQUIDO APÓS O IR}}{\text{RECEITA DE VENDAS}}$$

$$\text{FÓRMULA DU PONT} = \text{MARGEM LÍQUIDA} \times \text{GIRO DO ATIVO TOTAL}$$

$$\text{FÓRMULA DU PONT} = \frac{\text{LUCRO LÍQUIDO APÓS O IR}}{\text{RECEITA DE VENDAS}} \times \frac{\text{RECEITA DE VENDAS}}{\text{ATIVO TOTAL}}$$

O sistema de análise Du Pont tem esse nome por conta da Du Pont Corporation, entidade que popularizou o uso da fórmula.

Fórmula Du Pont modificada = Fórmula Du Pont original × Multiplicador de alavancagem financeira.

No qual:

$$\text{MULTIPLICADOR DE ALAVANCAGEM FINANCEIRA} = \frac{\text{ATIVO TOTAL}}{\text{PATRIMÔNIO LÍQUIDO}}$$

Fórmula:

$$\text{DU PONT MODIFICADA} = \frac{\text{LUCRO LÍQUIDO APÓS O IR}}{\text{ATIVO TOTAL}} \times \frac{\text{ATIVO TOTAL}}{\text{PATRIMÔNIO LÍQUIDO}}$$

O emprego do multiplicador de alavancagem financeira converte retorno do ativo (ROA) em retorno do PL (ROE) e evidencia o impacto do uso da dívida sobre o retorno dos proprietários ou sócios. Quanto maior, melhor.

A vantagem para o analista ao entender o desenvolvimento da fórmula é permitir a leitura de três aspectos importantes.

- Margem líquida;
- Eficiência no uso dos ativos (giro);
- Uso da alavancagem financeira.

a) $$\text{MARGEM LÍQUIDA} = \frac{\text{LUCRO LÍQUIDO APÓS O IR}}{\text{VENDAS}} \times 100$$

A empresa possui para cada $ 1 de receita líquida, "$ ..." de resultado, o qual será absorvido pelos impostos sobre o lucro, dividendos e constituição de reservas.

Ela mede o desempenho econômico da entidade, aferindo o impacto das despesas e custos operacionais e não-operacionais sobre o resultado, antes do IR. Quanto maior, melhor o desempenho global da entidade.

b) $$\text{GIRO DO ATIVO TOTAL} = \frac{\text{RECEITA DE VENDAS}}{\text{ATIVO TOTAL}}$$

A interpretação do índice afeta diretamente as decisões sobre a formação do preço de venda, política de vendas (fomento) e redução dos custos operacionais.

É um índice muito importante para investidores, especialmente porque pode determinar o *timing* ideal para as reaplicações no negócio.

Quanto maior o giro do ativo, pelas vendas, maior deverá ser a taxa de lucro. O nível ideal para alguns ativos é exatamente aquele que atende às necessidades da empresa de modo a não gerar ociosidade.

Um baixo giro pode ser indicativo de recursos ociosos ou de uma grande concentração de recebíveis. Assim, quanto maior o índice, melhor para a empresa, porque maior será o lucro gerado.

A manutenção do volume ideal de vendas é necessária em qualquer negócio, mas qual será esse nível "ideal"? O faturamento não é um indicador absoluto que possibilite ao analista tirar grandes conclusões porque é um número relativo. Faz-se necessário considerar nessa análise os fatores que justificam o comportamento das vendas, a saber: retração de mercado – perda de posição – entrada de novas concorrentes – obsolescência do produto – estratégia econômica da empresa (aumento da margem e, em conseqüência, aumento de preço ou redução dos custos).

Há certos segmentos em que o giro é naturalmente lento porque seu negócio exige grandes investimentos, como, por exemplo, as usinas hidroelétricas, siderúrgicas, hotéis de luxo, empresas de aviação, comércio de ouro, dentre outros.

Alguns setores econômicos não têm grandes necessidades de investimentos: os supermercados, empresas de auditoria, grandes lojas, editoras, empresas de transporte e outros.

Constata-se que quanto menor o giro, melhor a possibilidade de se cobrar menos, facilitando as práticas de negociação da empresa.

O indicador, entretanto, é sensível a reavaliações, comprometendo, então, a comparação com as empresas congêneres.

O seu desempenho é função também do estágio do negócio. Imaginemos uma empresa em fase de crescimento na qual é relativamente comum a freqüência de investimentos em bens permanentes. Consideremos uma outra do mesmo gênero, em estágio de maturidade, onde os investimentos em ativo fixo não são tão freqüentes. Ao se comparar as duas empresas, um analista que não conheça o estágio de ambas, por certo enviesará sua análise, destacando a baixa rentabilidade sobre os ativos da primeira empresa. Quando duas empresas estão em momentos distintos, o indicador pode ser enfraquecido na leitura da realidade.

Outra limitação é que nem todo ativo está envolvido na geração de resultado. Parte dos ativos de uma empresa é fictícia.

8.2. Análise de Lucratividade

Os índices de lucratividade relacionam o lucro obtido e as vendas, evidenciando, assim, a margem total da empresa que pode ser expressa na forma de números-índices ou percentual.

A rentabilidade representa uma mensuração econômico-financeira distinta da lucratividade, uma vez que compara o resultado obtido com o investimento existente ou feito.

Concomitantemente, analisam-se a lucratividade de um negócio e as condições em que o lucro é gerado.

> Entende-se por estudo estático da lucratividade aquele em que há relação entre o resultado e a receita (forma bruta do resultado). Os indicadores de lucratividade expressam o lucro em suas três formas: lucro bruto – lucro operacional, resultado antes do IR e CSL.

8.2.1. Margem ou Lucratividade Bruta

$$\frac{\text{LUCRO BRUTO}}{\text{VENDAS LÍQUIDAS}} \times 100$$

O CPV absorveu ([1 – Índice de lucratividade bruta] × 100) do lucro gerado.

Essa margem afere a capacidade das receitas em absorver as despesas operacionais, indicando, também, o desempenho da produção no controle de custos. Quanto maior o CPV ou CMV, melhor a eficiência da produção, pois a lucratividade bruta mede o impacto do CMV sobre o lucro. Gerencialmente, é útil porque sinaliza problemas referentes ao setor de compras (poder de barganha dos compradores), produção, eficácia da política da equipe de vendas, bem como da capacidade do mercado em absorver preços. Por isso, quanto maior for a margem bruta, melhor para a empresa.

8.2.2. Margem Operacional

$$\frac{\text{LUCRO OPERACIONAL}}{\text{VENDAS LÍQUIDAS}} \times 100$$

As despesas de suporte e o CPV absorveram ([1 – Lucratividade operacional] × 100) das receitas.

Por medir o desempenho operacional, a margem operacional afere o impacto das despesas e custos operacionais sobre o desempenho da empresa em sua atividade. Quanto maior, melhor o desempenho operacional do negócio.

8.2.3. *Pay Back*

$$\textit{PAY BACK}\text{ (Anos)} = \frac{\text{DESEMBOLSO INICIAL}}{\text{RETORNO ESPERADO POR ANO}}$$

Trata-se de um índice bastante popular na avaliação de projetos, porque informa o número de períodos necessários à recuperação do desembolso inicial.

Se, por exemplo, um determinado projeto exige um desembolso inicial de $ 10.000.000 por ano, mas promete um retorno de $ 2.000.000 por ano, o seu período de *Pay back* será de cinco anos.

O retorno pode ser definido de diversas maneiras: por meio de lucro após ou antes do IR, qualquer desses valores mais os encargos da depreciação ou o fluxo de caixa.

Variações da fórmula:

$$\textit{PAY BACK} = \frac{100\%}{\text{TAXA INTERNA DE RETORNO}}$$

Uma mesma definição deve ser utilizada ao longo do projeto além de destacada nas notas de análise.

O índice possui limitações, embora de uso disseminado. Os retornos dependem de condições que fogem ao controle da empresa. A medida despreza a existência de retornos após a expiração do *Pay back*. Trata-se de uma medida aproximada de tempo. A depender da diversidade de investimentos, os tempos de retorno também podem variar. O índice não contempla o valor do dinheiro no tempo.

Assim, convém refletir a respeito dessas limitações antes de emitir juízo de valor mais apurado.

Um índice eficaz deve avaliar os investimentos propostos, considerando o valor do dinheiro no tempo e utilizando-se a técnica de "desconto".

$$\text{Valor atual} = \frac{\text{valor futuro}}{(1+i)^n}$$

Em que:

i = taxa de juros por período (taxa de desconto);

n = número de período.

A avaliação de investimentos se traduz em uma análise de um conjunto de fluxos de caixa, assim o "caixa" se torna uma alternativa válida para avaliação de retorno.

A taxa de retorno de um investimento é definida como a taxa de desconto ou juros.

Qual o projeto mais qualificado considerando o *Pay back*?

INVESTIMENTO A	**INVESTIMENTO B**
Desembolso inicial: $1.000;	Desembolso inicial: $ 1.000;
Retorno: R$ 500/ano.	Retorno: R$ 500 durante dez anos.

8.2.4. Outros Indicadores Econômicos

- Lucro Líquido × 100/Vendas Líquidas;
- Custo de Material Direto/CPV;
- Custo de Mão-de-Obra Direta/CPV;
- Custo Indireto de Fabricação/CPV;
- Custo Total de Fabricação/Receita;
- Despesa de Distribuição/Vendas Líquidas;
- Rentabilidade da Produção = Lucro Líquido/Produção;
- Rentabilidade do Ativo Circulante = Lucro Líquido/Ativo Circulante.

A escolha dos indicadores deve ser norteada pela informação que o usuário necessita. Inúmeros indicadores podem ser desenvolvidos.

Alguns indicadores econômicos, todavia, têm fundamentação legal:

Fórmula	Determinação Legal
RENTABILIDADE POR AÇÃO = $\frac{\text{LUCRO LÍQUIDO}}{\text{NÚMERO DE AÇÕES}}$	Art. 187, Lei 6.404/76
RENTABILIDADE DOS DIVIDENDOS POR AÇÃO	Art. 186, Lei 6.404/76

8.3. Alavancagem Financeira

A alavancagem financeira reporta à capacidade da empresa em utilizar os encargos financeiros para maximizar o retorno. Trata-se de um indicador essencial na prática de planejamento de resultados de tendências econômicas.

A obtenção de um grau de alavancagem financeira satisfatória decorre de uma combinação eficaz de recursos próprios e de terceiros como, também, do capital de terceiros onerosos e não-onerosos.

À medida que se reduz a proporção entre os recursos onerosos em relação a todo o passivo, reduz-se também a taxa média dos encargos financeiros.

À medida que as vendas crescem e os custos e despesas são diminuídos, a taxa de lucratividade é melhorada. Assim, comprova-se que a alavancagem é relevante para o estudo da estrutura de capitais de um negócio.

Ao questionar-se qual a composição ideal de capital próprio e de terceiros para seu negócio, ter-se-ia como resposta mais adequada e prudente: "depende da forma pela qual os recursos foram ou serão aplicados".

Desde que o custo do aporte de capital de terceiros seja lastreado ou, melhor dizendo, amparado pela taxa de retorno esperada nas aplicações, essa participação de capital de terceiros não é degenerativa.

A análise de alavancagem envolve três conceitos conhecidos na prática da "análise contábil":

- Custo do capital de terceiros;
- Retorno sobre o patrimônio líquido;
- Retorno sobre o ativo.

O custo do capital de terceiros ou custo da dívida (CD) equivale à remuneração paga pelo uso de seu capital.

O retorno sobre o ativo (RSA) consiste na relação entre o lucro (antes das despesas financeiras) e o ativo total. O índice reflete o poder de geração de resultado de cada recurso aplicado.

O retorno sobre o patrimônio líquido (RSPL) representa o ganho obtido pelos acionistas por cada recurso investido.

Assim, temos as seguintes relações:

$$\text{RSA} = \frac{\text{LUCRO ANTES DAS DESPESAS FINANCEIRAS}}{\text{ATIVO TOTAL}}$$

$$\text{RSPL} = \frac{\text{LUCRO LÍQUIDO}}{\text{PATRIMÔNIO LÍQUIDO}}$$

$$\text{CD} = \frac{\text{DESPESAS FINANCEIRAS}}{\text{PASSIVO NÃO-ONEROSO}}$$

Se o RSPL é maior do que o CD e maior do que o RSA, podemos dizer que a estrutura de financiamento do negócio consegue produzir resultado positivo.

Essa condição é chamada de ALAVANCAGEM FINANCEIRA.

Quando o retorno sobre o ativo é maior do que o retorno sobre o patrimônio líquido (RSA > RSPL), o analista deve revisar a estrutura de financiamento da empresa e rever aspectos da gestão financeira porque, nesse caso, o passivo não estará gerando resultado compensador.

Podemos concluir, então, que a análise de alavancagem financeira nada mais é do que um estudo profundo da rentabilidade de um negócio. O próprio grau de alavancagem é medido pela relação entre o RSPL e o RSA.

$$\text{GRAU DE ALAVANCAGEM} = \frac{\text{RSPL}}{\text{RSA}}$$

Quando o RSPL é maior do que o RSA, podemos interpretar que o capital de terceiros influencia positivamente o retorno sobre o PL através do aumento no resultado. Se, por outro lado, o RSPL é menor do que o RSA, o capital de terceiros está influenciando negativamente o retorno sobre o capital próprio do negócio.

A análise de alavancagem financeira é de essencial importância para o apoio a decisões referentes ao aporte de capital de terceiros e estrutura de aplicações (ativos), além de pôr fim àquela ilusão, que alguns ainda conservam, de que o endividamento é sempre degenerativo.

E o capital próprio, é isento de riscos? É fundamental lembrar que o capital próprio pode ser mais caro do que o capital externo porque enquanto os juros pagos a terceiros são diminuídos da renda tributável do negócio, os dividendos não o são.

A alavancagem financeira permite ao gestor monitorar a qualidade das aplicações realizadas, tornando um indicador relevante parâmetro de desempenho financeiro, ressaltando a importância da análise das Demonstrações Contábeis para fundamentar o processo decisório.

8.4. Questões para Discussão

1) Em que consiste a alavancagem financeira?

2) A elevação do nível de endividamento tem seus limites. O aumento da taxa de retorno sobre o patrimônio líquido pode, paradoxalmente, empobrecer o negócio. Você concorda? Comente.

3) Relacione ações gerenciais que podem melhorar a taxa de retorno sobre os investimentos operacionais realizados.

4) Destaque as limitações do coeficiente de giro do ativo:

$$\text{GIRO DO ATIVO} = \frac{\text{VENDAS LÍQUIDAS} \times 100}{\text{ATIVO TOTAL}}$$

5) Relacione as limitações do coeficiente "Retorno sobre as vendas":

$$\text{RETORNO SOBRE AS VENDAS} = \frac{\text{LUCRO LÍQUIDO} \times 100}{\text{VENDAS LÍQUIDAS}}$$

6) Qual a utilidade informativa do "retorno sobre o patrimônio líquido"?

7) Diferencie lucro econômico de lucro contábil, destacando os reflexos sobre a análise.

8) Quais as limitações da análise estática de rentabilidade?

8.5. Trabalho Interdisciplinar

1) Obtenha o Balanço Patrimonial e a DRE de empresas de diferentes setores (dez empresas por setor) e organize as seguintes informações:

- Características do setor;
- Leitura do contexto econômico;
- Comportamento dos índices de rentabilidade;
- Peculiaridades da interpretação.

2) Apresente à turma, através de seminário, o Balanço Patrimonial e a DRE das empresas que você pesquisou na questão anterior.

3) Identifique as variáveis econômicas que afetam a rentabilidade ou a lucratividade de um negócio. Ilustre seu comentário com exemplos.

4) De que forma os índices contábeis tradicionais podem ser melhorados?

Capítulo 9

Indicadores e Valor Informativo

O presente capítulo relaciona os fatores que influenciam a análise das demonstrações contábeis. Apresenta, ainda, as limitações do trabalho de análise no que se refere a interpretação.

A interpretação isolada dos indicadores tem pouco valor informativo. Faz-se necessário proceder a leitura conjunta e, então, compará-los aos indicadores-padrão (comportamento setorial). A avaliação individualizada dos indicadores conduz a conclusões menos abrangentes. Quando se analisa uma empresa considerando-se esses valores como absolutos, perde-se substância e precisão.

Recomenda-se a comparação dos indicadores calculados numa linha temporal para identificação de tendências (análise estático-temporal) e, logo após, compará-los com indicadores-padrão.

Em geral, inicia-se a análise estática na seguinte seqüência lógica:

- Indicadores de estrutura de capitais;
- Indicadores de liquidez;
- Indicadores de rentabilidade.

É importante atentar ainda para as finalidades a que a análise se presta como também seu usuário (identificação do foco).

9.1. Limitações de Análise Estática Tradicional

A análise estática, embora de inegável utilidade, possui fortes limitações. Uma delas é que as variáveis que integram os indicadores os tornam correlacionados. Vejamos um exemplo clássico: quando uma empresa aporta recursos a longo prazo, o índice de liquidez corrente aumenta, uma vez que o ingresso é levado inicialmente ao subgrupo "disponível". Essa melhora, todavia, não alcançará o índice de liquidez geral, já que aumentaram as exigibilidades a longo prazo.

Um analista que não analisa a estrutura do exigível interpretará o aumento do índice de liquidez corrente como algo fenomenal, e não o é. Essa melhora de capacidade de pagamento é efêmera.

Esse é o motivo pelo qual os indicadores não podem ser tomados isoladamente, sendo então necessário fazer um estudo da composição dos grupos patrimoniais.

9.2. Fatores que Influenciam a Análise das Demonstrações Contábeis

A análise estática tradicional é afetada por uma série de fatores, a saber:

- Natureza do produto (grau de essencialidade);
- Sazonalidade econômica e/ou operacional (variações estacionais);
- Extensão do mercado (se local, regional, nacional ou internacional);

- Características mercadológicas e perfil do cliente;
- Existência de modismo;
- Estágio ou maturidade do negócio;
- Tipo de atividade desenvolvida;
- Nível de atividade econômica (possibilidades de expansão);
- Ocorrência de fatos excepcionais (tais como inundações, geadas, secas, e outros);
- Defasagem entre a publicação das demonstrações e a análise respectiva;
- Fidedignidade da informação;
- Falhas no processamento da informação.

Nesta relação de fatores apresentados, observamos uma variedade de itens que fogem ao controle do administrador e, por conseqüência, do analista contábil.

Por exemplo, certos segmentos apresentam picos de produção em determinados períodos do exercício social, condicionados por datas festivas ou especiais, ou, ainda, por eventos programados para incrementar resultado. O exemplo clássico e, portanto, conhecido de todos, é o caso da indústria de brinquedos que tem dois picos de vendas no ano, em outubro e dezembro.

São exemplos de sazonalidade econômica:

- Indústrias de chocolate em relação ao produto "ovos de Páscoa";
- Blocos carnavalescos;
- Indústria de velas;
- Empresas que produzem abadás e acessórios carnavalescos;
- Lojas de departamento em relação a determinados produtos, dentre outros.

Temos ainda outro tipo de sazonalidade, a operacional, na qual a produção, condicionada por fatores alheios à vontade de produzir[40], tem períodos específicos de produção dentro do exercício. Exemplo clássico: empresas agrícolas. O pico de produção se dá no período de safra do respectivo produto. Algumas organizações recebem o reflexo da sazonalidade operacional, caso típico das indústrias que produzem fertilizantes.

[40] Empresas que atuam neste tipo de segmento atribuem extrema importância ao capital próprio em relação ao capital de terceiros devido ao risco inerente ao setor. Razão pela qual um acompanhamento da evolução e da ocorrência dos fenômenos contábeis se faz importante. Principalmente no estudo da composição ótima do capital aplicado na empresa.

Essas características exigem do analista a realização da análise comparativa antes e após os efeitos de sazonalidade, seja ela operacional ou econômica, e também o cálculo de indicadores específicos para o tipo de empresa analisada. A subserviência dos resultados de certos segmentos ao modismo também deve ser observada pelo analista porque influencia a interpretação dos índices de rentabilidade e lucratividade. Os lucros dessa empresa podem ser transitórios quanto a própria moda.

9.3. Recomendações Finais ao Analista

- Os índices devem ser analisados no seu conjunto. O critério deve permitir identificar a situação financeira e econômica da empresa, bem como as tendências do negócio. Análises feitas isoladamente são arriscadas;
- A quantidade de índices não é a variável mais importante em uma análise. Quando o analista utiliza uma quantidade elevada de índices, corre o risco de confundir-se na interpretação, ou, ainda, de calcular os que levam à mesma informação. Sabe-se que existe um ponto a partir do qual informações adicionais não são mais geradas, no qual o cálculo de novos índices apenas consome o tempo do analista;
- É importante que o analista tenha consciência de que a técnica de análise é limitada para abordar determinados aspectos do desempenho. Trata-se de uma informação meramente financeira;
- A análise contábil trabalha com dados passados, por isso a identificação clara de tendências depende da habilidade do analista em "projetar";
- O trabalho de análise exige o estudo setorial. O analista deve, conquanto, recorrer à análise dos padrões elaborados estatisticamente com a finalidade de posicionar a empresa frente aos seus concorrentes;
- O analista poderá contar com base de dados própria ou de terceiros. As bases de dados externas à organização são desenvolvidas e mantidas por fontes oficiais. O cuidado que o analista deve ter é uniformizar os critérios adotados ao longo de uma série de dados. Sugere-se, então, o levantamento de dados junto a entidades e associações empresariais. Constituem fontes para estudo dos analistas: Revista Exame, Jornal Valor Econômico, Jornal Gazeta Mercantil e Revista Conjuntura Econômica.

9.4. Orientação ao Professor

Na graduação é relativamente comum o aluno afirmar que tem dificuldades de acesso a periódicos especializados ou, ainda, que acha sua leitura enfadonha.

Assim, o professor pode caminhar no sentido inverso: levando os periódicos mais importantes para a vivência do aluno. Uma estratégia que se tem demonstrado eficaz é dividir a turma em pequenos grupos, entregando a cada um deles um artigo em torno de um mesmo tema, de modo que cada grupo tenha um periódico diferente.

O objetivo é despertar no aluno a percepção de abordagem de cada fonte, bem como a importância de consultá-la.

Ao final da leitura, cada grupo resumirá a leitura e destacará a relevância da informação para a análise.

Capítulo 10

Análise Estática da DOAR – Demonstração de Origens e Aplicações de Recursos

A DOAR – Demonstração de Origens e Aplicações de Recursos é um importante elemento para análise financeira razão pela qual merece atenção especial do analista.

Conforme o art. 188 da Lei 6.404/76, as sociedades anônimas são obrigadas a elaborar a DOAR.

Por ser obrigatória apenas para essas entidades, trata-se de uma Demonstração ainda pouco conhecida em muitas empresas.

A DOAR, todavia, é uma peça muito importante para o entendimento da evolução da situação financeira de uma entidade. Através da sua análise é possível entender também a política adotada pela cúpula diretiva na administração de seus recursos.

Embora o Balanço Patrimonial relate a realidade financeira, na DOAR ela se apresenta com mais clareza e detalhes.

A DOAR divulga os recursos gerados e aplicados nos ativos não-circulantes (realizável a longo prazo e permanente) que provocaram mudanças na formação do capital de giro entre o início e o fim do período-base em uma organização. Por conseguinte, mostra exatamente a posição financeira de uma empresa em determinado período, fazendo-nos entender as razões para a situação observada.

Por meio da análise da DOAR são obtidas as seguintes informações:

a) O lucro líquido do período sob uma ótica eminentemente financeira, ou seja, com a adição de valores que não geram desembolso (de efeito apenas contábil);

b) A capacidade financeira da empresa para saldar suas dívidas a curto prazo (liquidez), através da diferença entre as origens e as aplicações;

c) Aspectos essenciais acerca da política financeira (sinalização das razões para a variação do capital circulante líquido);

d) A forma (agressiva ou conservadora) pela qual são gerenciados os recursos da entidade;

e) A política de investimentos adotada, por meio da observação do volume de recursos investidos na expansão do imobilizado, por exemplo;

f) A maneira pela qual os investimentos não-circulantes são financiados;

g) A forma de captação adotada;

h) A evolução dos recursos captados;

i) A aplicação dos recursos gerados;

j) A política de distribuição de dividendos e lucros;

k) A compatibilidade entre a política de distribuição de resultados e a real capacidade financeira da empresa.

10.1. Origens e Aplicações de Recursos: Classificação

Toda a estrutura patrimonial está pautada na relação origem-aplicação, que implicitamente representa uma aplicação da lógica. As regras básicas para reconhecimento de uma origem ou aplicação entre o início e o final do período são simples:

ORIGENS
Todo aumento de passivos não-circulantes (exigível a longo prazo e elementos do patrimônio líquido) ou redução de ativos não-circulantes constituem fontes de recursos.
APLICAÇÕES
Toda redução de passivos não-circulantes (exigível a longo prazo e elementos do patrimônio líquido) ou aumento de ativos não-circulantes constituem aplicações de recursos.

Assim, entre o início e o fim do período, podemos observar a geração de recursos como pode ser observado no quadro abaixo:

REDUÇÃO DE ATIVOS NÃO-CIRCULANTES	AUMENTO DE PASSIVOS NÃO-CIRCULANTES
• Venda de um imóvel; • Alienação de investimentos permanentes.	• Aumento de capital em dinheiro (integralização à vista); • Aquisição de financiamentos a longo prazo; • Geração de resultado no período; • Adiantamento para futuro aumento de capital; • Recebimento de dividendos para as empresas controladas.

Entenda o passivo não-circulante como um conjunto que envolve o exigível a longo prazo e o próprio patrimônio líquido.

Como podemos observar, existem três tipos possíveis de origem de recursos:

- Recursos originados das operações da empresa;
- Recursos originados dos titulares do capital (sócios ou acionistas);
- Recursos originados de terceiros.

Podemos observar diferentes formas de aplicação ao longo de um período:

REDUÇÃO DE PASSIVOS NÃO-CIRCULANTES	**AUMENTO DE ATIVOS NÃO-CIRCULANTES**
• Pagamento de obrigações do longo prazo; • Distribuição de dividendos.	• Aquisição de itens do imobilizado; • Acréscimo no ativo diferido (gastos com modernização, pesquisa e desenvolvimento); • Aquisição de novas participações; • Acréscimo de componentes do ativo realizável a longo prazo (Contas a Receber e Despesas Antecipadas, por exemplo).

É importante ressaltar que a regra acima não se aplica a todas as situações, embora elas sejam práticas.

Vejamos alguns casos:

- Depreciação, amortização e exaustão;
- A antiga correção compulsória do Balanço Patrimonial;
- Apropriação de receitas e despesas diferidas em exercícios anteriores;
- Provisões de ativos não-circulantes e sua reversão.

Analisemos o caso da depreciação, cujo raciocínio se aplica aos demais casos:

O efeito da depreciação é meramente contábil, embora indique redução do imobilizado (item não-circulante), não constitui origem de recursos. Essa é a razão pela qual adicionamos o valor correspondente ao resultado. Na verdade, o ajuste decorre da necessidade de anular o lançamento da depreciação.

O registro da depreciação é feito da seguinte forma: debita-se a conta de resultado e credita-se a conta "Depreciação Acumulada" no ativo.

A anulação do lançamento para fins de elaboração da DOAR é feita como segue:

DEPRECIAÇÃO ACUMULADA	
(1) 20.000	20.000 (depreciação anual)

(1) RACIOCÍNIO EXTRACONTÁBIL

RESULTADO DO EXERCÍCIO	
	500.000 (resultado fictício) (1) 20.000

Com isso, elimina-se o efeito ilusório da redução do ativo imobilizado, que pela regra seria uma origem. Nota-se que a redução do resultado também não constitui aplicação e é por esta razão que o valor é adicionado ao resultado. Então, temos uma "falsa origem", porque não afetam o ativo ou passivo circulante, tendo como contrapartida uma conta redutora do ativo.

O mesmo raciocínio deve ser aplicado à amortização e à exaustão.

A antiga correção monetária do balanço também causava o mesmo efeito. Embora diminuísse ou aumentasse o resultado, não representava variações sobre o capital circulante líquido (CCL).

A receita diferida aumenta o resultado, entretanto não se dá o mesmo com o volume de recursos.

As despesas diferidas não geram desembolso. É por essa razão que o lucro é ajustado na elaboração da DOAR.

LUCRO DO EXERCÍCIO
(+) Despesas que não afetam o CCL
    Depreciação/Amortização ou Exaustão
Despesas diferidas
(–) Receitas que não afetam o CCL
    Receitas diferidas
(=) LUCRO AJUSTADO GERADO PELAS OPERAÇÕES

Geralmente, a maioria dos registros feitos em contas do longo prazo tendo como contrapartida o curto prazo, mas que, não afete o resultado do período, não constituem origens ou aplicações:

- Acréscimos decorrentes de procedimentos de reavaliação;
- Aumento de capital com incorporação de reservas;
- Aumento de capital com adiantamentos recebidos de acionistas;
- Ajustes de exercícios anteriores;
- Transferência de lucros para reservas.

Anterior a qualquer análise faz-se importante compreender a estrutura da DOAR.

10.2. Ajustes no Lucro: Quadro Geral

- Os saldos de depreciação, amortização e exaustão devem ser somados ao lucro. Os valores de tais encargos diminuem o resultado do período, todavia não afetam o ativo ou passivo circulante, porque o seu registro contábil é feito tendo como contrapartida uma conta redutora do ativo permanente;

- A variação positiva da conta resultados de exercícios futuros (valores recebidos antecipadamente) deve ser adicionada ao lucro porque afeta o CCL positivamente e decorre das operações da empresa. Na hipótese de uma variação negativa, significa que o valor foi realizado, compondo, portanto, o resultado. Assim, o valor realizado do resultado futuro deverá ser diminuído do resultado;

O saldo de exercícios futuros é diminuído quando é realizado porque já integra a DOAR no respectivo período de competência.

- Os encargos financeiros de obrigações a longo prazo (variação monetária ou cambial, por exemplo) devem ser incorporados ao resultado porque não afetam o CCL;
- As receitas financeiras decorrentes de créditos do realizável a longo prazo devem ser diminuídas do resultado;
- O resultado de equivalência patrimonial também deve ajustar o lucro porque não afeta o curto prazo. A receita deve ser diminuída do lucro líquido do período e a despesa adicionada;
- O ganho ou a perda na alienação de bens permanentes devem ajustar o resultado. Aquele deverá ser subtraído do lucro e, esta, adicionada já que não influenciam o CCL.

Os fatos que ocorrem numa empresa podem ou não repercutir sobre o capital de giro, a depender exclusivamente de sua natureza. Vejamos algumas situações:

a) Pagamento a fornecedores:

D	PASSIVO CIRCULANTE FORNECEDORES
C	ATIVO CIRCULANTE BANCOS C/MOVIMENTO

Esse evento envolve contas do circulante, portanto não afeta o capital de giro.

b) Recebimento de um financiamento a longo prazo:

D	ATIVO CIRCULANTE BANCOS C/MOVIMENTO
C	PASSIVO EXIGÍVEL A LONGO PRAZO FINANCIAMENTOS

O evento acima afeta o capital de giro porque a contrapartida é feita na conta do passivo não-circulante.

c) Dívida a longo prazo convertida em ações da empresa

Esse evento não afeta o capital de giro porque altera somente as contas do não-circulante.

d) Aumento de capital através da integralização por meio de um terreno

Nesse caso, houve um aumento no não-circulante em contrapartida com o patrimônio líquido (grupo não-circulante). Assim, da mesma forma que no caso anterior, a operação não afetou o capital de giro.

As verdadeiras origens aumentam o CCL e as verdadeiras aplicações o diminuem.

10.3. Da Denominação da Demonstração

Analisando-se o título "Demonstração de Origens e Aplicações de Recursos", de imediato relacionamos a todas as entradas e saídas de dinheiro (fluxo de numerário), assim, elas deveriam estar ali evidenciadas, a exemplo do recebimento de créditos a curto prazo (pagamentos feitos a fornecedores, aquisições de estoques à vista e outros), o que não ocorre.

Como podemos observar, quando falamos em "Demonstração de Origens e Aplicações de Recursos", atribuímos uma conotação ampla para a expressão RECURSOS: item financeiro que provoca variação no capital de giro da empresa.

A Demonstração evidencia apenas as transações que afetam a formação do CCL.

10.4. Análise do CCL – Capital Circulante Líquido

A análise do CCL mostra, exatamente, a variação da capacidade de pagamento entre dois exercícios. Vejamos:

ITENS CIRCULANTES	20X4 (R$)	20X5 (R$)	VARIAÇÃO	
			R$	%
Ativo circulante	700.000,00	900.000,00	200.000,00	28,6
Passivo circulante	(500.000,00)	(600.000,00)	(100.000,00)	20
CCL	200.000,00	300.000,00	100.000,00	50

Notem que o CCL aumentou em 50% na transição de 20X4 para 20X5, o que pode ser comprovado pelo reflexo positivo sobre a liquidez corrente.

LIQUIDEZ CORRENTE (20X4) = 1,40

LIQUIDEZ CORRENTE (20X5) = 1,50

A variação do CCL influenciou positivamente o índice de liquidez. Embora a liquidez corrente se proponha a sinalizar a existência de folga financeira, sua posição é meramente estática.

O CCL indica a variação positiva ou negativa do comportamento de liquidez.

A função da DOAR é mostrar o que provocou as mudanças observadas no CCL, o que não é possível pela interpretação dos índices de liquidez.

10.5. Modelo Simplificado da DOAR

Embora, por certo, não tenhamos relacionado todas as origens e aplicações possíveis em uma demonstração, seguem as mais freqüentes:

Origens

- Lucro do período ajustado;
- Aumento de capital em dinheiro;
- Integralização de subscrição a prazo de ações;
- Alienação do ativo imobilizado;
- Alienação de investimentos permanentes;
- Acréscimo de financiamentos a longo prazo;
- Recebimento de dividendos de controladas;
- Adiantamentos recebidos de acionistas para futuro aumento de capital.

Aplicações

- Prejuízo do período;
- Aumento do ativo permanente;
- Aquisição de itens do imobilizado;
- Compra de participações (investimentos permanentes);
- Gastos diferidos (despesas com modernização);
- Acréscimo do realizável a longo prazo;
- Pagamento de dividendos.

10.6. Elaboração da DOAR: Procedimentos a Serem Adotados

O procedimento de elaboração da DOAR compõe-se de quatro etapas. Para tanto, faz-se necessário que o Balanço Patrimonial e a Demonstração do Resultado de Exercícios estejam disponíveis para dois exercícios consecutivos.

1ª **Etapa:** Apurar o Capital Circulante Líquido (CCL).

Recomendamos utilizar o seguinte papel de trabalho:

DESCRIÇÃO	20X4	20X5	VARIAÇÃO	
			(R$)	%
Ativo Circulante				
Passivo Circulante				
CCL				

2ª **Etapa:** Calcular as variações dos saldos das contas não-circulantes, indicando a classificação, se origem ou aplicação de recursos.

DESCRIÇÃO	20X4	20X5	VARIAÇÃO	CLASSIFICAÇÃO

Observem o seguinte quadro explicativo:

APLICAÇÃO DE RECURSOS	ORIGEM DE RECURSOS
REALIZÁVEL A LONGO PRAZO ACRÉSCIMO → APLICAÇÃO REDUÇÃO → ORIGEM **PERMANENTE** ACRÉSCIMO → APLICAÇÃO REDUÇÃO → ORIGEM	**EXIGÍVEL A LONGO PRAZO** ACRÉSCIMO → ORIGEM REDUÇÃO → APLICAÇÃO **PATRIMÔNIO LÍQUIDO** ACRÉSCIMO → ORIGEM REDUÇÃO → APLICAÇÃO

CONTAS NÃO-CIRCULANTES	VARIAÇÃO POSITIVA NO SALDO DA CONTA CAIXA	VARIAÇÃO NEGATIVA NO SALDO DA CONTA CAIXA
Realizável a longo prazo	Aplicação	Origem
Investimentos	Aplicação	Origem
Imobilizado	Aplicação	Origem
Diferido	Aplicação	Origem
Exigível a longo prazo	Origem	Aplicação
Capital social	Origem	Aplicação
Reservas	Origem	Aplicação
Resultado do período	Origem	Aplicação

3ª Etapa: Eliminação dos itens que afetam o CCL, a exemplo da depreciação.

4ª Etapa: Com base nas informações levantadas na etapa anterior, preparar a versão resumida da DOAR, para posterior detalhamento.

10.7. Análise Estática da DOAR

A análise da DOAR pode ser iniciada a partir do cálculo de alguns índices, a saber:

$$\frac{\text{ACRÉSCIMO NO ATIVO PERMANENTE}}{\text{TOTAL DE ORIGENS}}$$

A cada $1 gerado, observou-se um acréscimo de "...".

Indica quanto foi investido no permanente do total de recursos gerados pela empresa (originados das operações do negócio, dos sócios ou acionistas e de terceiros).

Evidencia a parcela do permanente financiada por itens não-circulantes, ou seja, sem o sacrifício de recursos a curto prazo.

Quanto maior a participação de itens não correntes na formação do imobilizado, melhor para a empresa. Financiamento do permanente com recursos do curto prazo exige sacrifícios quase que imediatos de caixa, sem o amparo do retorno tempestivo do investimento. Esse retorno de bens do imobilizado, por exemplo, é lento, configurando-se através da depreciação.

Índices superiores à unidade sinalizam redução do CCL, quer dizer, utilização de recursos do giro para financiamento das operações a longo prazo, afetando portanto o comportamento da liquidez da entidade.

Os três índices que seguem mostram o percentual de cada modalidade de origem e seu total.

$$\frac{\text{RECURSOS ORIGINADOS DAS OPERAÇÕES PRÓPRIAS DA EMPRESA}}{\text{TOTAL DE ORIGENS}}$$

A cada $1 gerado, observou-se que "$ ..." tinham origem na atividade principal da empresa.

Quanto maior o volume de recursos gerados a partir das operações principais da empresa, maior tende a ser o desempenho operacional do negócio.

$$\frac{\text{RECURSOS ORIGINADOS DE SÓCIOS OU ACIONISTAS}}{\text{TOTAL DE ORIGENS}}$$

A cada $1 gerado, observou-se que "$ ..." tinham origem em aportes de capital próprio.

A injeção de recursos por parte dos sócios decorre de vários motivos, muitas vezes até combinados:

- Insuficiência de recursos;
- Restrição de crédito;
- Desenvolvimento de novos projetos;
- Expansão ou reorganização empresarial, entre outros.

Assim, a interpretação desse índice está vinculada aos motivos que geraram o aporte de capital próprio.

$$\frac{\text{RECURSOS ORIGINADOS DE TERCEIROS}}{\text{TOTAL DE ORIGENS}}$$

A cada $1 gerado, observou-se que "$ ..." tinham origem em capital de terceiros.

Quanto maior o volume de capital de terceiros, maior o comprometimento da empresa. Todavia, se o retorno das aplicações feitas for superior ou, ao menos, compensar o custo da dívida, a situação não será preocupante face ao fenômeno de alavancagem financeira.

Índices elevados sinalizam enfraquecimento do quadro econômico, principalmente se observados em períodos sucessivos.

$$\frac{\text{APLICAÇÃO EM INVESTIMENTOS}}{\text{TOTAL DE ORIGENS}}$$

A cada $1 gerado, "$ ..." corresponderam a aplicações em investimentos.

A aplicação em investimentos é de natureza não-operacional, assim altos índices indicam que a entidade está se desvirtuando de sua atividade principal (operacional).

O analista deverá observar os reflexos sobre a continuidade do negócio porque pode significar queda de rentabilidade. Para conclusões mais precisas, terá que levar em conta o comportamento do índice ao longo dos anos.

Se uma empresa está alocando mais recursos em outros negócios do que reinvestindo nela mesma é porque as aplicações estão gerando melhores rendimentos, comparativamente à própria atividade.

$$\frac{\text{VARIAÇÃO DO IMOBILIZADO}}{\text{TOTAL DE APLICAÇÕES}}$$

A cada $ 1 aplicado, observou-se que "$ ..." eram imobilizações.

O índice sinaliza a preocupação da empresa em renovar seu imobilizado, motivado por uma expansão ou pela necessidade de reposição. Pode ser um indicador indireto de produtividade e qualidade do produto se a modernização envolver aumento de produção e/ou melhoras na qualidade do produto.

$$\frac{\text{REDUÇÃO DO PASSIVO EXIGÍVEL A LONGO PRAZO}}{\text{TOTAL DE APLICAÇÕES}}$$

A cada $ 1 aplicado, observou-se que "$ ..." foram utilizados na amortização de dívidas.

Demonstra o quanto a empresa se preocupa em amortizar suas obrigações. Na verdade, indica o ritmo de amortização das dívidas. Sua interpretação ganha valor à medida que o analista faz uso de mais de um exercício e os compara entre si.

$$\frac{\text{PREJUÍZO LÍQUIDO}}{\text{TOTAL DE ORIGENS}}$$

A cada $ 1 gerado, observou-se um prejuízo de "$ ...".

Indica o volume de recursos gerados consumidos pelo prejuízo.

Quanto mais elevado, maiores e negativos serão os reflexos sobre o desempenho da entidade.

$$\frac{\text{REMUNERAÇÃO AO CAPITAL DOS SÓCIOS OU ACIONISTAS}}{\text{TOTAL DE ORIGENS}}$$

A cada $ 1,00 gerado, observou-se que "$ ..." eram destinados à remuneração do capital dos sócios ou acionistas.

Trata-se de uma medida de rentabilidade para os titulares do capital. Quanto mais, maior será o grau de satisfação dos sócios, mais atrativo também será o negócio para potenciais investidores.

$$\frac{\text{ACRÉSCIMO NO EXIGÍVEL A LONGO PRAZO}}{\text{RECURSOS ORIGINADOS DAS PRÓPRIAS OPERAÇÕES DA EMPRESA}}$$

A capacidade de amortização é de "..." anos.

O índice revela o tempo que a empresa levará para amortizar suas obrigações com recursos gerados na atividade, se mantiver o ritmo das atividades.

A medida pode ser calculada considerando apenas o lucro líquido ajustado (que, na verdade, é o lucro financeiro obtido por meio dos ajustes) no denominador. A interpretação fica mais focada. Suponhamos que nossa empresa tenha aportado recursos no volume de $2.000.000 e que seu lucro seja de $500.000. Admitindo-se a manutenção do ritmo de geração de recursos, pode-se inferir que a capacidade de amortização da dívida a longo prazo é de quatro anos.

Convém pontuar que o cálculo desse índice não representa um valor preciso. Trata-se de uma aproximação que responde à seguinte questão: Mantendo esse volume de geração de recursos, em quanto tempo posso quitar minha dívida?

$$\frac{\text{RECURSOS ORIGINADOS DAS PRÓPRIAS OPERAÇÕES DA EMPRESA}}{\text{ACRÉSCIMO NO EXIGÍVEL A LONGO PRAZO}}$$

A cada $ 1 gerado pela atividade principal da empresa, "$ ..." eram destinados à amortização das obrigações contraídas a longo prazo.

O índice sinaliza se o volume de recursos aportados está lastreado por recursos próprios. O ideal é que ele se mantenha acima da unidade.

$$\frac{\text{ATIVO CIRCULANTE + REALIZÁVEL A LONGO PRAZO + (Lucro} \times \text{Prazo para pagamento do exigível a longo prazo)}}{\text{PASSIVO CIRCULANTE + EXIGÍVEL A LONGO PRAZO}}$$

O índice é uma medida de liquidez projetada, que preenche uma lacuna deixada pela forma de cálculo tradicional, porque considera o potencial da empresa em gerar resultado para pagar suas obrigações a curto prazo.

Índices elevados, todavia, não garantem o pagamento das referidas obrigações, porquanto a empresa poderá ter outras prioridades e destinações. Assim, recomenda-se que o analista pondere acerca dessas prioridades e destinações, promovendo ajustes no índice:

$$\frac{\text{ATIVO CIRCULANTE} + \text{REALIZÁVEL A LONGO PRAZO} + [(\text{Lucro financeiro} - \text{distribuições normais}) \times \text{Prazo para pagamento do exigível a longo prazo}]}{\text{PASSIVO CIRCULANTE} + \text{EXIGÍVEL A LONGO PRAZO}}$$

Ao calcular dessa forma, o analista assumirá uma postura mais conservadora.

$$\frac{(\text{CCL}) \times 360 \text{ DIAS}}{\text{LUCRO FINANCEIRO}}$$

Esse índice mostra a velocidade de recuperação do capital de giro próprio, pois quando uma empresa possui um lucro satisfatório, mesmo com um CCL negativo, inevitavelmente ele se tornará positivo.

A medida determina exatamente esse prazo. Quanto menor, melhor para a empresa.

$$\text{CCL DO INÍCIO DO PERÍODO} \times \text{INFLAÇÃO DO PERÍODO}$$

A medida mostra o valor a ser reposto à empresa por conta da inflação do CCL.

Toda empresa deseja manter sua folga financeira, então deve conhecer o efeito da inflação.

Assim, a medida representa exatamente o reinvestimento necessário para compensar a perda inflacionária.

10.7.1. Capital de Giro, Capital de Giro Próprio e Capital em Giro

Os cadastros realizados pelos bancos apresentam campos que solicitam informações que envolvem conceitos contábeis.

Um conceito que gera alguma confusão refere-se ao capital de giro. O capital de giro corresponde a todo o ativo circulante, representando os ativos correntes, àqueles que são utilizados no giro.

A diferença entre ativo e passivo circulantes representa o capital de giro próprio, também conhecido como capital circulante líquido. Corresponde ao excesso de ativos circulantes sobre os passivos exigíveis a curto prazo.

10.8. Exercícios para Fixação

1) Indique as transações que afetam o CCL, justificando cada posição:

   a) Pagamento a fornecedores;

   b) Captação de recursos a longo prazo;

   c) Conversão de empréstimos em quotas de capital;

   d) Aumento de capital com integralização em bens que comporão o imobilizado;

   e) Liquidação antecipada de dívidas.

2) Classifique as operações abaixo em: ORIGEM, APLICAÇÃO, "FALSA ORIGEM" e "FALSA APLICAÇÃO":

   a) Remuneração ao capital de sócios ou acionistas;

   b) Aumento no diferido;

   c) Amortização;

   d) Lucro financeiro;

   e) Aquisições de bens do imobilizado;

   f) Depreciação;

   g) Aumento de capital social em bens do imobilizado;

   h) Captação de recursos a longo prazo;

   i) Doações ou subvenções;

   j) Alienação de investimentos e bens do imobilizado;

   k) Diminuição do realizável a longo prazo;

   l) Prejuízo líquido do exercício;

   m) Aumento do ativo realizável a longo prazo;

   n) Amortização de obrigações do longo prazo;

   o) Receitas financeiras de créditos do realizável a longo prazo;

   p) Resultado positivo de equivalência patrimonial;

   q) Variação positiva no resultado de exercícios futuros;

   r) Ganho na alienação do permanente.

Com base na questão anterior, explique os motivos da classificação adotada.

3) Com base nas operações referenciadas na quarta questão, componha um modelo de DOAR.

4) Analise a demonstração abaixo:

I – ORIGENS DE RECURSOS	**(R$)**
Das operações sociais	**89.350**
Lucro líquido do exercício	105.000
Despesas (receitas) que não afetam o CCL	(15.650)
Depreciação	5.650
Ajuste – aplicação do método de equivalência patrimonial (MEP)	4.000
Variações monetárias líquidas	3.000
Valor residual do permanente baixado	3.000
Dos acionistas	**80.000**
Integralização de capital	80.000
De terceiros	**200.000**
Obtenção de financiamentos	150.000
Incentivos fiscais	50.000
TOTAL DAS ORIGENS	**369.350**
II – APLICAÇÕES DE RECURSOS	**(R$)**
Acréscimo no Ativo Imobilizado	55.000
Acréscimo no diferido	18.000
TOTAL DAS APLICAÇÕES	**73.000**
III – VARIAÇÃO DO CCL	**269.350**

5) Quais as limitações da análise do capital de giro próprio?

6) Por que a receita contabilizada na investidora proveniente da equivalência patrimonial é diminuída do lucro líquido do exercício, enquanto a despesa da equivalência é somada para fins de elaboração da DOAR?

7) Por que as receitas financeiras de créditos constantes no realizável a longo prazo são subtraídas do resultado do exercício, para efeito de elaboração da DOAR?

8) Justifique a seguinte afirmação (verdadeira ou falsa): As variações monetárias e os juros originados de obrigações constantes no passivo exigível a longo prazo devem ser acrescidos ao lucro do exercício, para efeito de elaboração da DOAR.

10.9. Questões para Discussão

1) Qual o potencial informativo do Balanço Patrimonial? E da DOAR? Compare o enfoque das Demonstrações.

2) Qual a relação entre o CCL e o índice de liquidez corrente? Identifique o enfoque de interpretação de cada um deles.

3) Como a análise da DOAR complementa a informação proporcionada pelos índices de liquidez?

4) Qual a influência do índice ACRÉSCIMO NO ATIVO PERMANENTE/TOTAL DE ORIGENS sobre o cálculo e a interpretação da liquidez corrente?

5) Qual a diferença entre a DOAR e a Demonstração de Fluxo de Caixa?

10.10. Orientação ao Professor

A experiência tem mostrado que a dificuldade na elaboração da DOAR decorre do não entendimento de aspectos de sua estrutura. Assim, antes de abordar os índices calculados a partir dela, é interessante capacitar os alunos à compreensão do potencial informativo da demonstração.

Tenho observado uma certa dificuldade dos alunos em elaborar a DOAR. Assim, talvez fosse mais produtivo para a aula ensiná-los antes de trabalhar os indicadores.

Amadurecidos os tópicos de aula referente à elaboração e estrutura da demonstração, uma prática bastante rica consiste na realização de um painel pré agendado, confrontando a DOAR e a Demonstração de Fluxo de Caixa

Capítulo 11

Análise Estática da DVA – Demonstração do Valor Adicionado

O presente capítulo apresenta um modelo de análise do DVA – Demonstração do Valor Adicionado.

A Demonstração do Valor Adicionado consiste em um conjunto de informações de natureza social e econômica que evidencia o valor da riqueza gerada pela organização e sua respectiva destinação. Responde às seguintes questões:

- Como a riqueza foi gerada?
- Como ela foi distribuída?

Apesar de ser um conceito muito utilizado na Europa Ocidental, a sua divulgação ainda não é obrigatória, embora os usuários da informação contábil já percebam sua relevância.

Alemanha, Itália e Inglaterra são exemplos de países que utilizam a DVA como instrumento para análise do desempenho empresarial, sendo inclusive recomendada pela ONU – Organizações das Nações Unidas – pela sua abordagem mista e multiusuário.

São usuários da DVA: empregados, titulares do capital, gestores, sindicatos e os financiadores de recursos. Sua utilidade repousa nos benefícios que suas informações proporcionam.

A demonstração pode ser utilizada como suporte às seguintes decisões:

- Estudos da carga tributária (governo);
- Negociação de salários (sindicatos patronal e de empregados);
- Cálculo do PIB – Produto Interno Bruto (economistas);
- Concessão de incentivos (governos, sócios ou acionistas e gestores).

11.1. DVA

A DVA apresenta o seguinte formato:

Modelo

Riqueza gerada a partir da atividade
Vendas
(–) Matérias
Adquiridos de terceiros
= Valor adicionado da atividade produtiva
Riqueza transferida de terceiros
Receita financeira
Receita docente de equivalência patrimonial
VALOR ADICIONADO TOTAL DOS NEGÓCIOS

Empregos
Mão-de-obra
Financiamentos
Juros
Governo
Imposto
Acionistas
Dividendos
Lucros retidos
DISTRIBUIÇÃO DO VALOR ADICIONADO

Através da DVA, visualiza-se como a riqueza gerada é distribuída (proporção) aos agentes sociais com os quais a empresa se relaciona de forma direta, empregados, financiadores, governo e titulares do capital. A DRE, por sua vez, preocupa-se apenas em evidenciar o resultado e sua composição. Possui, então, função informativa complementar à DVA.

Objetivamente a DVA apresenta como a receita é gerada e reduzida, indicando também quanto valor a empresa agrega aos insumos que adquire.

A distribuição do valor adicionado indica a parcela que foi destinada a quem contribuiu para a formação da riqueza: remuneração dos empregados, financiadores, acionistas e governo (este, pela estrutura socioeconômica que dá condições ou suporte às atividades da empresa).

11.2. Indicadores Calculados com Base na DVA

$$\frac{\text{VALOR AGREGADO}}{\text{ATIVO TOTAL}}$$

A empresa gera "$ ..." de riqueza para cada $1 de ativos (financiados por capital próprio ou de terceiros).

O índice afere a rentabilidade agregada dos investimentos.

Os ativos geram a receita que alimenta o ciclo operacional das empresas. Assim, quanto maior o valor agregado gerado pela aplicação do ativo, melhor será sua rentabilidade.

Analisando uma série temporal, o analista ganha condições de identificar seu potencial em gerar ou destruir a riqueza.

Os índices seguintes podem ser interpretados como indicadores do retorno social que aferem o retorno social.

Uma empresa pode ter uma rentabilidade baixa sem comprometer com isso o resultado social.

$$\frac{\text{REMUNERAÇÃO DE EMPREGADOS}}{\text{VALOR AGREGADO GERADO}}$$

A empresa remunera seus empregados em "$ ..." para cada $1 de riqueza gerada.

Mede o volume de recursos (riqueza) destinados à remuneração dos empregados. Quanto maior, melhor o relacionamento com os empregados bem como a estratégia de remuneração.

É um índice que interessa aos sindicatos, uma vez que pode ser utilizado como critério de negociação de pisos salariais.

$$\frac{\text{DIVIDENDOS}}{\text{VALOR AGREGADO GERADO}}$$

A empresa remunera seus sócios em "$ ..." para cada $1 de riqueza gerada.

Afere a parte da riqueza comprometida com o pagamento de dividendos. O índice reflete a sua política de distribuição.

11.2.1. Outros Índices Obtidos a Partir da DVA

$$\frac{\text{LUCRO REINVESTIDO}}{\text{VALOR GERADO}}$$

Mede o volume de riqueza destinada à própria empresa (reinvestimento).

$$\frac{\text{IMPOSTOS}}{\text{VALOR AGREGADO}}$$

Mede o volume de riqueza destinada ao pagamento de tributos.

$$\frac{\text{VALOR AGREGADO} \times 100}{\text{RECEITA}}$$

O índice avalia a riqueza gerada por unidade monetária de receita.

Quanto maior o índice, tanto melhor será para a empresa porque indicará boa geração de riqueza (na atividade e por meio da riqueza transferida de terceiros).

O índice pode ser interpretado da seguinte forma:

A cada $1 de receita, "$ ..." ficam retidos na empresa, agregando valor para o governo, os acionistas e outros.

$$\frac{\text{VALOR AGREGADO}}{\text{NÚMERO DE FUNCIONÁRIOS}}$$

O índice consiste numa métrica de produtividade, mostrando a riqueza gerada por empregado.

Também pode ser utilizado como suporte em negociações sindicais.

Recomenda-se ao analista analisar o comportamento dos índices ao longo de uma série.

Também é recomendável comparar com empresas do mesmo gênero da analisada.

$$\frac{\text{LUCRO RETIDO}}{\text{VALOR AGREGADO}}$$

O índice afere o potencial de riqueza adicionada ao capital próprio. Quanto maior, tanto melhor para a empresa porque maior será a retenção do valor adicionado. Trata-se de uma métrica de retorno.

$$\frac{\text{RIQUEZA TRANSFERIDA DE TERCEIROS}}{\text{VALOR AGREGADO}}$$

O índice mostra o potencial de riqueza gerada em outras entidades e transferida à empresa na forma de participação em outros investimentos e receitas financeiras.

11.3. Questões para Discussão

1) Qual a utilidade informativa da DVA?

2) Quais os principais usuários e o que cada um deles busca?

3) Qual a diferença entre DVA e DRE?

11.4. Trabalho Interdisciplinar

1) Selecione demonstrações de valor adicionado de algumas empresas e analise cada uma delas.

2) Pesquise sobre a utilização da DVA em outros países do ponto de vista do alinhamento ao processo decisório.

Capítulo 12

EVA® – Economic Value Added

A análise contábil está se voltando cada vez mais para o estudo dos vetores que contribuem para a criação e destruição de valor.

O presente capítulo apresenta o conceito de valor econômico adicionado, métrica que indica o valor gerado pela empresa em determinado período.

É perceptível que a administração das empresas tem se voltado cada vez mais para a criação de riqueza para os acionistas. Todavia, o objetivo de criar valor exige medidas específicas porque uma empresa não gera valor somente quando o resultado operacional é positivo, cobrindo os custos e despesas do negócio (custos explícitos), mas sim quando também paga os custos implícitos (custo do capital investido).

MEDIDA DE CRIAÇÃO DE VALOR = RESULTADO OPERACIONAL (após os custos explícitos) – CUSTOS IMPLÍCITOS

Todo negócio possui custos implícitos, não reportados pelos relatórios contábeis. Um empreendimento é considerado como criador de valor para os titulares do capital quando a remuneração desse negócio excede as expectativas mínimas de ganho. Traduzindo a idéia, a criação de valor é observada quando o lucro obtido pelo negócio supera a taxa de remuneração dos credores e a exigida pelos proprietários em suas decisões de investimento de risco. Esse entendimento é fundamental para a assimilação do conceito EVA®.

O EVA® incorpora, então, o conceito do lucro residual, uma vez que corresponde ao excedente de valor sobre o investimento realizado.

Desta forma, afere a eficiência com que as empresas utilizam empréstimos ou capital dos investidores. Trata-se de uma forma de medir a produtividade dos ativos.

12.1. EVA® – Economic Value Added: Conceito e Cálculo

Conceito bastante difundido nos dias atuais, o EVA® é uma medida que espelha exatamente as dimensões através das quais a administração pode criar ou agregar valor. Não obstante se reconheça a importância do indicador, muitos desconhecem o que realmente significa essa ferramenta.

Traduzindo a expressão para o português, em um nível de entendimento básico, o EVA® significa valor econômico agregado.

LUCRO OPERACIONAL
(–) IMPOSTOS
= LUCRO OPERACIONAL LÍQUIDO
(–) CUSTO DE OPORTUNIDADE
= VALOR ECONÔMICO AGREGADO

Trata-se de uma medida de desempenho empresarial que se diferencia das demais porque inclui o custo de todo o capital utilizado pela empresa.

O custo de capital é conhecido como custo de oportunidade entre os economistas.

O custo de oportunidade indica o sacrifício da remuneração do acionista pela opção de aplicação escolhida, considerando outras de risco similar. Trata-se de uma medida relativa porque sua determinação envolve a comparação entre retornos de investimentos de riscos semelhantes.

O custo de oportunidade pode ser calculado utilizando-se como taxa de desconto:

- Custo médio ponderado do capital da empresa;
- Custo médio ponderado do capital ajustado pelo risco;
- TJLP – Taxa de juros a longo prazo;
- Libor ou Prime Rate;
- Taxa de juros de títulos do governo norte-americano;
- Taxa de remuneração exigida pelos titulares de capital, e outras.

A escolha da taxa de desconto é muito importante porque quanto maior, mais difícil será para a empresa apresentar um EVA® positivo.

O conceito EVA® se originou na Alemanha, tendo sido aprimorado durante os anos 80. O ápice de sua divulgação se deu em 1991 quando a Stern Stewart & Co. registrou a marca. Sua interpretação se baseia no fato de que o lucro deve ser maior do que seu custo de capital. Ocorre que o lucro evidenciado no DRE não deve ser tomado como verdade absoluta, pois até que o resultado pague o custo de capital, a empresa poderá estar operando com prejuízo.

Apesar de o lucro contábil contemplar os juros pagos pelo uso do capital de terceiros, não aborda o custo do capital acionário.

Um negócio não deve consumir mais recursos do que proporcionar retorno aos titulares do capital.

Os verdadeiros lucros são obtidos a partir do momento que todos os custos estão cobertos, inclusive o custo de capital.

Se um investimento remunera apenas o necessário para repor os ativos não estará agregando valor.

Matematicamente, o EVA® é o lucro operacional após o pagamento de todos os custos (e despesas), incluindo o encargo sobre o capital (capital de terceiros e próprio).

Sabe-se que a origem do conceito data dos primórdios do capitalismo, demonstrando os efeitos da gestão sobre a criação de valor.

O analista tem, então, condições, por meio da aplicação desse conceito, de analisar a parcela do resultado que excede ou deixa de atingir o custo do capital. Os contadores denominam esse excesso de resultado sobre o custo do capital de valor econômico adicionado (riqueza gerada).

O cálculo envolve o levantamento do lucro operacional, do capital investido e o custo de capital.

$$EVA^{®} = NOPAT - C\% \, (TC)$$

O capital investido (TC) compreende o capital de giro e os ativos não-circulantes. O custo do capital de terceiros (C%) é medido pela taxa de juros e o custo do capital próprio por uma taxa de risco. O NOPAT *(Net Operating Profits After Taxes)* corresponde ao lucro operacional após tributação.

O analista deve atentar para o cálculo do investimento total, o qual pode utilizar os seguintes valores: total do ativo, ativo operacional líquido, ativo ajustado (com adição das parcelas amortizadas do ativo diferido). Independente do critério adotado, ele deve referenciar o parâmetro em NOTAS DE ANÁLISE, tópico do relatório onde relaciona os critérios adotados no trabalho.

A medida pode também ser obtida da seguinte forma:

$$EVA^{®} = (\text{RETORNO SOBRE O INVESTIMENTO} - \text{CUSTO MÉDIO PONDERADO}) \times \text{TOTAL DO INVESTIMENTO}$$

O custo total do capital corresponde ao custo de cada fonte de financiamento ponderado pela participação percentual em relação a todo o investimento. O retorno sobre o investimento equivale ao produto entre giro do ativo e margem.

A diferença entre o retorno sobre o investimento e o custo total do capital representa o spread econômico da empresa, o qual serve de dado para elaborar os relatórios de análise.

Diversas empresas já adotam o EVA® em sua administração financeira e política de remuneração variável. Vejamos algumas: Coca-Cola, Briggs&Stratton, Herman Miller, Eli Lilly, Monsanto e outras.

A aplicação do conceito significa, para o analista, uma mudança de atitude uma vez que muitos estão acostumados a focar seus trabalhos no lucro contábil.

O EVA® é utilizado pelas empresas ainda que de forma inconsciente exatamente quando o gestor se depara com opções de investimento e não sabe o que fazer.

Imagine-se com um excedente de caixa para aplicar e tenha as seguintes opções: investir no próprio negócio ou no mercado financeiro. A opção escolhida criará valor para o investidor, no caso você, se o resultado da operação remunerar o capital investido e ao mesmo tempo compensar o risco. O retorno, por exemplo, deve exceder ao obtido por meio da aplicação em uma caderneta de poupança (menor risco para investimento).

Através da análise do EVA®, o analista pode chegar à conclusão de que, embora uma empresa apresente lucro contábil no final do período, ela pode estar perdendo dinheiro e os titulares do capital podem não estar sendo remunerados como deveriam.

A interpretação do conceito é simples: um EVA® positivo significa que o negócio está sendo devidamente remunerado. Observando-se um EVA® negativo, significa que o custo do capital excedeu o resultado operacional, comprometendo o investimento.

É perfeitamente possível que empresas com lucro superior à casa dos milhões, tenham um EVA® negativo na mesma ordem de grandeza.

Um EVA® negativo, por sua vez, não significa que o negócio esteja à beira da falência, sinalizando apenas que aspectos gerenciais precisam ser revistos. Segundo Blatt (2001) uma simulação realizada com dados de dez empresas (as maiores brasileiras) mostrou que metade apresentou EVA® negativo, todavia somente duas tiveram prejuízo contábil. Nesse estudo adotou-se como parâmetro a taxa média de aplicações no mercado financeiro internacional como remuneração mínima do acionista. Essa abordagem realista tem conferido à medida uma condição de referência para estudo das empresas negociadas em bolsa. A crescente popularização da medida no mercado tem gerado uma correlação entre o EVA® e o preço das ações: quanto maior o EVA® maior tende a ser a valorização das ações na bolsa.

12.2. Limitações

O EVA®, como qualquer outra medida de análise, apresenta limitações e a principal delas é o fato de não contemplar em seu cálculo o risco das operações. Para empregar o conceito faz-se necessário conhecer o capital investido e seu respectivo custo.

O EVA® também não é uma ferramenta de previsão porque está focada em dados passados. Possui, como qualquer outra medida, a função apenas de informar, não consistindo em uma metodologia de gestão. A mudança de atitude é uma liberalidade do gestor e das demais pessoas na organização.

O VBA® – *Value Based Management* – é que consiste em uma metodologia que identifica os fatores que contribuíram para a criação ou destruição de valor no exercício analisado, servindo de base para decisões financeiras e para a política de investimentos.

Os indicadores que influenciam a criação de valor são denominados de *value drivers* (vendas líquidas, margem de lucro, retorno sobre o investimento, taxa de sinistro etc.), os quais dependem das características do negócio. Algumas empresas assinam contrato de desempenho com a matriz com base nas métricas dos *value drivers*, os quais são revisados todos os anos.

A implementação do VBA® não é imediata como um cálculo financeiro, sendo necessário levantar dados e esboçar um diagnóstico e retrato da organização, essencial para identificação dos pontos críticos do negócio. Seu êxito também depende do preparo e da conscientização dos funcionários.

12.3. Aplicações

A aplicação do EVA® é recomendada para avaliar a rentabilidade do acionista como também do ativo total.

A partir do conceito de VALOR ECONÔMICO AGREGADO, o analista pode calcular a rentabilidade adicionada, que consiste na razão entre o valor econômico agregado e o ativo operacional. Ele tem sido muito utilizado também como suporte ao pagamento da remuneração variável. Algumas empresas distribuem bônus aos executivos com base no conceito do EVA®.

Para Al Ehrbar (1999, p. 1-2), o EVA®

> *"é a estrutura para um sistema completo de gerência financeira e remuneração variável que pode orientar cada decisão tomada por uma empresa, da sala do conselho até o chão da fábrica; que pode transformar uma cultura corporativa; que pode melhorar as vidas profissionais de todos na organização, fazendo com que sejam bem-sucedidos; e que pode ajudá-los a produzir maior valor para os acionistas, clientes e para eles próprios".*

As empresas estão tendo cada vez mais dificuldade em pressionar os preços de seus produtos a um patamar mais competitivo, para ganhar posição no mercado. Ocorre que a redução dos preços de venda tem como limite a margem de contribuição necessária para que a empresa alcance rentabilidade positiva. Quadro que exige do administrador uma estratégia financeira que contemple outras variáveis, não unicamente o preço de venda, a exemplo da estrutura do capital. O administrador sempre se depara com opções em suas decisões de investimento e, onde ao escolher uma delas, sacrifica as demais. Mas, como optar por essa ou aquela alternativa?

Em decorrência das próprias características da medida, o EVA® pode apoiar a gestão em suas escolhas, especialmente no que se refere à definição da estrutura de capital.

12.4. Ilustração de Cálculo do EVA®

Suponhamos que a empresa MODELO possua $ 400.000 em capital de giro e $ 500.000 de capital fixo.

Desse capital, 30% são financiados por terceiros a uma taxa líquida de juros de 9% ao ano. O capital próprio representa 70% do capital investido e a expectativa de retorno aos acionistas é de 18%.

A empresa apurou no último exercício um resultado operacional de $ 480.000.

O cálculo do EVA® é feito como segue:

Cálculo do EVA® (primeira maneira)

RESULTADO OPERACIONAL LÍQUIDO	480.000		
INVESTIMENTO TOTAL	900.000		
Parcela financiada com recursos próprios	70%	Custo ponderado capital próprio	12,6%
Retorno esperado	18%	(70% × 18%)	
Remuneração exigida pelos acionistas	**113.400**	→ 12,6% × 900.000	
Parcela financiada com recursos de terceiros	30%	Custo ponderado de terceiros	2,7%
Custo exigido	9%	(30% × 9%)	
Remuneração exigida pelos credores	**24.300**	→ 2,7% × 900.000	
CUSTO DO INVESTIMENTO	**137.700**		15,3%
VALOR ECONÔMICO AGREGADO	**342.300**	Diferença entre o resultado operacional líquido e o custo do investimento	
Custo médio ponderado do capital		15,3%	

De forma simplificada, o EVA® pode ser calculado utilizando-se diretamente o custo final ponderado do capital:

Cálculo do EVA® (segunda maneira)

RESULTADO OPERACIONAL LÍQUIDO	**480.000**
INVESTIMENTO TOTAL	900.000
CUSTO TOTAL DO CAPITAL	**137.700**
Custo médio ponderado do capital	15%
VALOR ECONÔMICO AGREGADO	**342.300**

O *spread* do capital próprio é uma medida derivada do conceito do EVA® e consiste na diferença entre o retorno sobre o patrimônio líquido e o custo de oportunidade. Um negócio é atrativo quando apresenta *spread* do capital próprio positivo.

Vejamos como proceder ao cálculo:

Imaginemos uma empresa que apresente um passivo oneroso de $ 200.000, captado a um custo líquido de 14%, e um patrimônio líquido de $ 400.000. O custo de oportunidade dos acionistas é de 18%. Admitindo-se um ROI de 20%, o cálculo do spread do capital próprio é feito como segue:

1) Cálculo do lucro líquido:

$$[(\text{ROI} \times \text{Capital total investido}) - (\text{Custo do capital de terceiros} \times \text{Capital de terceiros})]$$

2) Cálculo do retorno sobre o patrimônio líquido:

$$\text{ROI} = \frac{\text{Lucro líquido}}{\text{PL}}$$

3) Cálculo do *spread* do patrimônio líquido:

$$\text{ROI} - \text{Custo de oportunidade dos acionistas}$$

12.5. MVA – Valor de Mercado Agregado

Os métodos tradicionais de avaliação de empresas não expressam nada sobre a criação de riqueza, limitando-se a indicar um número, sem informar seu esforço para alcançá-lo.

A criação de riqueza acumulada ao longo da vida da empresa corresponde à diferença entre o valor de mercado e o capital dos investidores comprometidos no negócio. Essa diferença é conhecida pelo nome de MVA e significa Valor de Mercado Agregado (também conhecido como *goodwill*).

$$\text{MVA} = \text{Valor de mercado} - \text{Capital total}$$

É uma medida efetiva de riqueza porque consiste na diferença entre o valor que os investidores colocaram na empresa e o valor que efetivamente podem ganhar com a sua venda.

Afere o quão eficaz é o posicionamento da organização a longo prazo.

O conceito pode ser usado para:

- medir o desempenho empresarial, inclusive para empresas de natureza, porte e localização diferentes;
- dimensionar o risco do empreendimento, uma vez que os valores de mercado contêm implicitamente a variável "risco", o qual é naturalmente incorporado ao juízo de valor dos investidores.

Terá criado mais riqueza aquele negócio que obtiver MVA maior.

> "O MVA é exatamente equivalente à estimativa do mercado de capitais do valor presente líquido – NPV – de uma empresa. Para aqueles que estão familiarizados com o termo, NPV é o resultado final daquilo que é conhecido como o método de fluxo de caixa descontado para avaliação de um investimento. Este é um método para a análise de projetos de investimentos que a maioria das corporações utiliza na preparação de seus orçamentos de capital. É um cálculo que desconta todos os fluxos de caixa futuros esperados de um projeto para o presente, a uma taxa de juros que reflete o valor do dinheiro no tempo e o grau de risco do projeto – em outras palavras, pelo custo de capital. Subtraindo-se todos os desembolsos de investimentos necessários para produzir aqueles fluxos de caixa descontados resulta no valor presente líquido do projeto."
>
> (AL EHRBAR, 1999, p. 36)

Considerando a organização como um aglomerado de projetos de investimentos isolados, o MVA corresponde a uma estimativa do valor presente líquido desse somatório. Assim, como o cálculo do NPV subtrai o investimento necessário para custear um projeto do valor presente dos fluxos esperados, o cômputo do MVA subtrai do valor bruto de mercado o investimento acumulado do capital realizado até aquele momento.

O cálculo do capital total novamente nos remete a uma limitação do sistema contábil. Por exemplo, a Contabilidade impõe a amortização dos intangíveis advindos de aquisições. O mesmo se dá com os investimentos em pesquisa e desenvolvimento. Analisando o procedimento do ponto de vista econômico, esses desembolsos contribuem efetivamente para a formação de resultados futuros e deveriam integrar o investimento acumulado da empresa.

A Stern Stewart, para obtenção do MVA, converteu o valor contábil em econômico.

O MVA é um indicador instantâneo da riqueza criada ou destruída ao longo da vida da organização.

12.6. Questões para Discussão

1) Que são indicadores absolutos? Exemplifique, indicando o tipo de informação que proporcionam.

2) Afirmar que os indicadores absolutos são os mais importantes é algo temerário porque sua utilidade informativa é pequena se não for considerada sua série histórica. Isoladamente, só revela o *status* no período considerado. Através dos indicadores absolutos, pode-se ter noção do porte do negócio, mas é necessário reconhecer que estes não refletem o retorno econômico em seu aspecto dinâmico. Com base na leitura acima, pede-se:

   a) Quais as limitações dos indicadores absolutos?

   b) Diferencie os indicadores estáticos dos absolutos.

3) O EVA® é um indicador absoluto?

4) O EVA® não contempla a variável "risco". Quais as conseqüências para essa interpretação?

5) Que tipo de decisão a medida suporta?

6) Que informações podem ser geradas a partir da aplicação da ferramenta?

7) Quais as dificuldades de aplicação para o analista? E de cálculo?

8) Que interpretação o analista deve ter ao se deparar com um EVA® negativo?

9) Em que consiste o VBM®?

10) Comente as afirmações a seguir:

   a) O EVA® não é mais um modismo gerencial;

   b) A aplicação do EVA®, como parâmetro de remuneração variável, é interessante porque alinha o esforço da organização aos interesses dos titulares do capital;

   c) A utilização do EVA® como base para pagamento da remuneração variável motiva a organização a gerar maiores resultados e maior valor econômico;

   d) O EVA® é uma versão melhorada do lucro;

e) Quando o *spread* econômico, diferença entre o custo médio ponderado e o retorno sobre o investimento, for positivo, significa que a empresa está gerando riqueza para os acionistas.

11) Em que consiste o *spread* do capital próprio?

12) Em que consiste o MVA®?

13) Por que o custo do capital de terceiros onera mais do que o custo do capital próprio? Justifique.

14) Em sua opinião, qual a taxa de desconto mais apropriada para as empresas brasileiras? Justifique.

15) O que significa "criação de valor" em Finanças?

16) Qual o significado da expressão "agregar valor"? Ilustre com exemplos.

17) Conceitue "valor".

18) Suponhamos que o acionista majoritário de certa empresa espere um retorno de 15% sobre o total do capital investido no negócio. Caso a empresa gere um valor agregado de 15% em relação ao volume investido, como o analista deve interpretar? Caso o valor agregado seja menor que o esperado, como fica a interpretação?

19) Relacione e comente as expressões abaixo:

   a) Geração de caixa e criação de valor;
   b) Custo de Oportunidade adequado e criação de valor;
   c) Lucro líquido e criação de valor;
   d) EVA e rentabilidade;
   e) EVA e avaliação de empresas;
   f) EVA e CFROI.

Notas:

a) RONA (NOPAT/ATIVOS LÍQUIDOS): O índice denominado RONA relaciona o lucro líquido dos impostos sobre o lucro e os ativos líquidos. Trata-se apenas de um refinamento do índice retorno sobre o ativo. RONA significa RETORNO SOBRE OS ATIVOS LÍQUIDOS, derivado do inglês Return On Net Assets.

b) CFROI (FLUXO DE CAIXA AJUSTADO/INVESTIMENTOS): O índice consiste em uma taxa de retorno que relaciona os fluxos de caixa ajustados pela inflação do período e o total de investimentos. Trata-se da taxa real de retorno.

20) A empresa Alfa gerou o seguinte resultado ao longo do último exercício:

Total do investimento	125.000
Receita Operacional Líquida	60.000
[–] Despesas Operacionais	[36.000]
[=] Lucro Operacional	24.000
[–] Impostos (15%)	[3.600]
[=] Lucro Operacional Líquido depois dos Impostos (NOPAT)	20.400

NOPAT: *Net Operating Profits After Taxes*

Admitindo a possibilidade de investimento no mercado de capitais com um retorno de 25% ao ano, encontre o EVA e interprete:

NOPAT

[–] Custo de Oportunidade;

[=] EVA – *Economic value Added.*

21) Comente acerca das aplicações do EVA: O cálculo e utilização do EVA – VALOR ECONÔMICO AGREGADO dá suporte ao preparo dos planejamentos estratégico e de capital, a fixação de planos de incentivo para executivos baseados no desempenho destes, a determinação do valor de empresas e a determinação de metas.

22) Quais as vantagens de utilizar o EVA no processo decisório das organizações? Qual o principal desafio da medida?

23) Compare o EVA com as medidas abaixo:

a) Caixa;

b) Lucro por ação;

c) Preço por ação;

d) Retorno sobre o capital;

e) Retorno sobre os ativos líquidos;

f) EBITDA (lucro antes dos juros, imposto de renda, amortização e depreciação).

24) Em sua opinião, qual a validade das medidas "tradicionais"? Ilustre o seu ponto de vista com exemplos.

12.7. Exercício para Fixação

1) Calcule o EVA® nas situações a seguir e analise os números encontrados:

a)

RESULTADO OPERACIONAL LÍQUIDO	8.000.000
INVESTIMENTO TOTAL	2.500.000
Parcela financiada com recursos próprios	60%
Retorno esperado	15%
Remuneração exigida pelos acionistas	
Parcela financiada com recursos de terceiros	40%
Custo exigido	10%
Remuneração exigida pelos credores	
CUSTO DO INVESTIMENTO	
VALOR ECONÔMICO AGREGADO	

b)

RESULTADO OPERACIONAL LÍQUIDO	2.000.000
INVESTIMENTO TOTAL	1.500.000
Parcela financiada com recursos próprios	50%
Retorno esperado	10%
Remuneração exigida pelos acionistas	
Parcela financiada com recursos de terceiros	50%
Custo exigido	12%
Remuneração exigida pelos credores	
CUSTO DO INVESTIMENTO	
VALOR ECONÔMICO AGREGADO	

c)

RESULTADO OPERACIONAL LÍQUIDO	898.000
INVESTIMENTO TOTAL	400.000
Parcela financiada com recursos próprios	70%
Retorno esperado	15%
Remuneração exigida pelos acionistas	
Parcela financiada com recursos de terceiros	30%
Custo exigido	12%
Remuneração exigida pelos credores	
CUSTO DO INVESTIMENTO	
VALOR ECONÔMICO AGREGADO	

d)

Passivo oneroso	200.000
Participação percentual capital de terceiros	
Custo líquido	12%
Patrimônio líquido	400.000
Participação percentual capital próprio	
Custo de oportunidade dos acionistas	15%
CUSTO PONDERADO DO CAPITAL	
ROI	20%
Spread econômico	
CAPITAL TOTAL	600.000
EVA	

Capítulo 13

EBITDA – Earnings Before Interests, Taxes, Depreciation and Amortization

O presente capítulo aborda uma das medidas mais utilizadas na análise contábil – o EBITDA, medida que informa o desempenho operacional da empresa por meio da leitura do lucro antes da depreciação, amortização e juros.

Em meio a tantas siglas financeiras, uma merece atenção especial: EBITDA. Não somente pela popularidade do indicador, mas especialmente pela qualidade da informação que proporciona, o EBITDA tem sido muito utilizado nas análises financeiras de empresas.

O conceito é muito utilizado, especialmente pelas empresas de capital aberto. Os analistas de mercado o empregam para avaliar o desempenho e o valor das empresas.

O indicador, ao contrário do que muitos pensam, não é uma novidade uma vez que se tornou conhecido no mercado norte-americano na década de 70. Sua utilização, todavia, se limitava aos estudos dos analistas que focavam o desempenho das empresas em sua atividade.

Em 1999, ele ganhou mais notoriedade face à desvalorização cambial observada no mesmo ano. Na época, o resultado das empresas foi muito onerado por conta do resultado financeiro, mascarando o seu desempenho operacional.

Com o passar dos anos, o indicador ganhou cada vez mais popularidade e hoje é muito comum encontrar referência ao conceito nos *releases* e relatórios de desempenho das organizações:

> "Podemos destacar que este é o 8º semestre consecutivo que a margem EBITDA se mantém acima de 8,0% sobre a receita líquida. A margem EBITDA do primeiro trimestre atingiu 10,4% da receita líquida superior aos 8,7% da RL registrados no mesmo trimestre de 2003. O crescimento do EBITDA no primeiro trimestre deste ano foi de 62,0%, totalizando uma evolução de R$ 18,4 milhões em relação ao mesmo trimestre no ano anterior."
>
> (RELATÓRIO DAS LOJAS AMERICANAS)

> "A holding – anteriormente conhecida como Nextel International – sediada nos Estados Unidos receberá 190 milhões de dólares adicionais e conta com um plano de negócios totalmente financiado. Anuncia sólidos resultados no terceiro trimestre de 2002: receitas de 191,1 milhões de dólares e 19,2 milhões de dólares em rendimentos operacionais, além de EBITDA trimestral recorde de $ 40,5 milhões de dólares."
>
> (NII HOLDINGS)

> "Um aumento de 16% no EBITDA já permite auferir as vantagens da integração da Braskem. A avaliação é do vice-presidente financeiro da empresa, Paul Altit. Nos nove primeiros meses desse ano, o resultado apurado ficou em R$ 921 milhões, ante um EBITDA de R$ 881 milhões no mesmo período do ano passado. A margem superou as marcas alcançadas pelos principais *players* do setor petroquímico internacional, conta o presidente da Braskem,

José Carlos Grubisich. Apesar do aumento de 15% na receita líquida e de 4% nas vendas, a Braskem apurou um prejuízo líquido de R$ 1,8 bilhão nos nove primeiros meses do ano. Isso porque a desvalorização cambial influenciou a dívida financeira da empresa."

(BRASKEM)

Diversas negociações de empresas tomaram por base o EBITDA. Mas, em que consiste o EBITDA? Qual sua real utilidade? O indicador é ou não uma boa ferramenta de avaliação? O que mede? Por quais razões o emprego do índice se disseminou rapidamente?

Essas e outras questões têm sido bastante discutidas nos ambientes acadêmico e profissional.

13.1. Conceito

13.1.1. EBITDA

A sigla EBITDA significa *Earnings Before Interests, Taxes, Depreciation and Amortization* que, em português, representa o lucro antes de juros, imposto de renda, amortização e depreciação – LAJIDA.

Para Assaf Neto (2001, p. 206),

> *"As empresas vêm redescobrindo indicadores tradicionais do campo das finanças, porém formulados de maneira bastante moderna e sofisticada, e disseminando seu uso de forma globalizada".*

O EBITDA é um exemplo de uma dessas medidas gerenciais "redescobertas", uma vez que nada mais é do que o nosso antigo LUCRO OPERACIONAL AJUSTADO.

O EBITDA é também denominado *Operational Cash Flow*, que em português significa "Fluxo de caixa operacional". O índice sinaliza o quanto a empresa analisada gera de recursos em sua atividade, sem considerar os efeitos das despesas escriturais, operações financeiras e de impostos. Embora seja uma medida antiga, seu alcance informativo é bastante atual. O indicador retrata a eficiência financeira proporcionada pelo desempenho das estratégias operacionais.

Quando se fala em desempenho operacional de um empreendimento, a estrutura de capital pouco importa e talvez seja essa simplicidade que coloque o EBITDA entre os indicadores mais utilizados em análises financeiras. Por ser uma medida essencialmente operacional, permite ao analista comparar dados oriundos de diferentes empresas, pertencentes a diferentes economias, o que não ocorre com o lucro líquido, medida afetada pela influência da carga tributária e políticas de depreciação adotadas.

13.1.2. EBIT

O EBIT é conhecido como o lucro na atividade. Difere-se do EBITDA em relação à depreciação e amortização. Aquele considera os efeitos da depreciação.

- **EBIT:** Resultado operacional antes de juros e impostos.
- **EBITDA:** Resultado operacional antes de juros, impostos, depreciação e amortização.

13.2. Cálculo

DRE (formato tradicional)	CÁLCULO DO EBITDA
RECEITA BRUTA (–) DEDUÇÕES = RECEITA LÍQUIDA (–) CMV ou CPV = LUCRO BRUTO (–) DESPESAS OPERACIONAIS = LUCRO OPERACIONAL	LUCRO OPERACIONAL (+) DEPRECIAÇÃO ou AMORTIZAÇÃO inclusa no CPV e despesas operacionais (+) JUROS = EBITDA

O indicador considera em seu cômputo somente as contas diretamente relacionadas ao ciclo operacional, desconsiderando as contas não-operacionais e de caráter extraordinário. Assim, tanto a depreciação como a amortização inclusa no CPV e despesas operacionais serão adicionadas ao resultado operacional.

A adição da depreciação, exaustão ou amortização no cálculo do EBITDA deve-se ao fato de estas não representarem desembolso (saídas de caixa). Tanto a depreciação como a exaustão e amortização, em termos de raciocínio financeiro, representam uma reintegração de valor, razão pela qual são adicionadas para cálculo do EBITDA.

A adição das despesas financeiras decorre do fato de não estarem associadas ao seu objeto de exploração, e, sim, à ação de captar recursos externos e ao reflexo provocado pela variação cambial.

Quanto maior for o EBITDA, maior será também a capacidade de geração de liquidez da empresa, e, o mais importante, determinada pelo seu desempenho operacional.

A inclusão de informações sobre o EBITDA nos relatórios de desempenho tem o propósito de apresentar uma medida da capacidade de gerar caixa a partir das operações da empresa.

É importante enfatizar que o conceito trata do "potencial ou capacidade da empresa gerar caixa" e não em "caixa efetivo". Natural, pois parte da receita pode não ter sido à vista, ou seja, pode estar em aberto no "contas a receber" da empresa; assim como parte das despesas pode não ter sido paga, permanecendo pendente no "contas a pagar". As divulgações externas obedecem ao princípio da competência.

13.3. Importância

O índice mede o desempenho operacional das empresas, eliminando o efeito gerado pelos financiamentos e registros contábeis meramente escriturais. Indústrias pesadas e de alta tecnologia, por exemplo, recebem no seu resultado operacional um forte impacto oriundo dos financiamentos das suas inversões de capital, mascarando a leitura do seu desempenho na atividade-fim.

O EBITDA afere a eficiência operacional da empresa.

A variação do EBITDA de um exercício para outro mostra aos investidores a evolução desses padrões de eficiência. De que forma repercutiu a estratégia financeira adotada? Quanto maior for o EBITDA gerado no exercício, maior será o êxito da estratégia.

O indicador também serve de base para cálculo do valor da empresa: quanto maior a capacidade da empresa em gerar caixa operacional, maior será o seu valor para o mercado.

Existe uma tendência por parte dos analistas em recomendar negócios com EBITDA positivo, premissa de um negócio atrativo:

EBITDA × FATOR MULTIPLICADOR

(+) APLICAÇÕES FINANCEIRAS

(–) MONTANTE DE OBRIGAÇÕES

= VALOR NEGOCIAL DA EMPRESA

Sua utilização para a avaliação de empresas justifica-se pela sua coerente base de aferição do desempenho delas em suas atividades.

A medida pode, em nível gerencial inclusive, ser empregada como base de cálculo para pagamento de bônus a empregados, uma vez que é resultado da eficiência operacional da empresa.

O EBITDA é conhecido como medida financeira globalizada porque elimina de seu cálculo elementos que prejudicariam a comparação entre empresas de contexto econômico diferente. Isso ocorre porque o indicador não é influenciado pelas diferenças de legislações fiscais ou pelo emprego de diferentes métodos de depreciação, o que facilita a realização de comparações, inclusive entre empresas oriundas de países diferentes.

Fato é que a medida pode ser utilizada como *benchmark* financeiro, uma vez que diversas empresas a utilizam em suas divulgações.

13.4. Críticas

A maior crítica ao EBITDA decorre do fato de que grande parte dos recursos externos aportados em uma organização ser utilizada para financiar e alavancar as atividades operacionais.

Trata-se de um indicador afetado pela escolha do método de avaliação de estoques, uma vez que a contrapartida da baixa do estoque, no momento da venda, é o reconhecimento do custo (CMV ou CPV). Assim, a depender do método escolhido, podemos ter um CMV sub ou superavaliado.

A técnica deve ser aplicada considerando-se o contexto da empresa. Para negócios afetados pela variação cambial, por exemplo, o saldo da conta "despesas financeiras" ganha relevância.

Quando a medida é utilizada com o propósito de avaliar empresas, em função da desconsideração de aspectos da composição do passivo, o investidor perde um pouco a visão acerca da qualidade das dívidas e de eventuais contingências. Desta forma, o EBITDA não deve ser o único parâmetro utilizado para a avaliação das empresas. O analista deve levantar as contingências da empresa, pois pode ocorrer de uma empresa valer mais em função da existência de uma dívida com potencialidade de alavancagem.

O raciocínio inverso é igualmente válido em se tratando de obrigações não alavancáveis, cujos custos excedem o benefício auferido. Nessa hipótese, o valor da empresa é afetado para menos.

13.5. EBITDA e Lucro

O lucro possui várias expressões e, por certo, uma única não é suficiente para atender todos os usuários.

A forma pela qual se apresenta na Demonstração do Resultado do Exercício (DRE) decorre da finalidade informativa a que se presta.

A DRE tem como finalidade mostrar do que é composto o resultado. O entendimento de como o lucro é gerado facilita sua interpretação.

A informação do lucro num plano geral serve para:

- Aferir a eficiência da administração;
- Dar suporte às predições de resultado e pagamento de dividendos;
- Calcular o montante devido de tributos;
- Avaliar a qualidade da alocação dos recursos aplicados.

Embora exista uma maior preocupação por parte dos investidores e credores com a medida do fluxo de caixa, eles não deixam de recorrer aos lucros líquido e operacional para avaliar a capacidade da empresa em gerar resultados.

O EBITDA é mais uma expressão do resultado.

13.6. Aplicações

A partir do conceito de EBITDA, alguns indicadores podem ser utilizados nas análises empresariais:

$$\text{MARGEM EBITDA} = \frac{\text{EBITDA} \times 100}{\text{RECEITA OPERACIONAL LÍQUIDA}}$$

Percentual do EBITDA em relação ao faturamento.

Como a receita líquida apresenta em seu saldo o impacto dos impostos sobre o faturamento (ICMS sobre vendas e ISS), a relação entre o EBITDA e a receita líquida acaba evidenciando a influência dessa carga tributária sobre a capacidade de geração de caixa.

$$\frac{\text{DÍVIDA}}{\text{EBITDA}}$$

O índice avalia a capacidade da empresa em pagar sua dívida (total) com a geração de caixa operacional.

$$\frac{\text{EBITDA}}{\text{ATIVO TOTAL}}$$

O índice avalia a expectativa de geração de caixa por ativo da empresa. Tratase da medida do retorno gerado por aquele volume de investimento.

$$\frac{\text{EBITDA}}{\text{DESPESAS FINANCEIRAS}}$$

Sinaliza o impacto das despesas financeiras sobre o resultado da empresa. Avalia o grau de cobertura da empresa do ônus decorrente do aporte de capital de terceiros.

O índice não consiste em uma medida que evidencia a capacidade efetiva de pagamento.

A capacidade efetiva de geração de caixa é obtida por meio do cálculo do fluxo de caixa disponível.

O índice, todavia, enseja ao analista a visualização da capacidade de endividamento da empresa. Quanto maior, maior a capacidade de a empresa absorver novos aportes.

$$\frac{\text{NECESSIDADE LÍQUIDA DE CAPITAL DE GIRO}}{\text{EBITDA}}$$

Indica a parcela dos recursos do giro necessário para financiar o nível de atividades da empresa. Quanto maior o EBITDA em relação à necessidade líquida de capital de giro, tanto melhor será para a empresa.

(+) CLIENTES
ESTOQUES
ADIANTAMENTOS A FORNECEDORES
TRIBUTOS A RECUPERAR
DESPESAS ANTECIPADAS
(–) FORNECEDORES
IMPOSTOS A RECOLHER
ADIANTAMENTOS DE CLIENTES
SALÁRIOS
ENCARGOS E OUTROS
(=) NECESSIDADE LÍQUIDA DE CAPITAL DE GIRO

$$\frac{\text{(EBITDA – CUSTOS FIXOS – AMORTIZAÇÃO DE EMPRÉSTIMOS)}}{\text{(PREÇO DE VENDA – CUSTO UNITÁRIO VARIÁVEL)}}$$

O índice mede a quantidade mínima que a empresa deverá produzir e realizar para pagar seus custos fixos e amortizar suas obrigações.

Difere da fórmula tradicional porque, em lugar da receita, introduziu-se o conceito de EBITDA como indicativo da capacidade de geração de caixa da empresa.

Outros índices:

FLUXO DE CAIXA OPERACIONAL = EBITDA ACUMULADO – CAPEX ACUMULADO
(no qual o CAPEX = INVESTIMENTO DE CAPITAL – *capital expenditure*)

$$\frac{\text{EBITDA}}{\text{PATRIMÔNIO LÍQUIDO}}$$

(rentabilidade do PL utilizando como referência o EBITDA)

$$\frac{\text{EBITDA}}{\text{PASSIVO CIRCULANTE}}$$

(medida de liquidez potencial)

O analista poderá ainda comparar o EBITDA do exercício analisado com valores encontrados em exercícios anteriores.

Analisar a evolução do EBITDA com base na evolução dos elementos que o compõem é um procedimento que identifica o impacto dos referidos elementos sobre a capacidade de geração de caixa ao longo dos anos abrangidos na análise.

13.7. Questões para Discussão

1) Em que consiste o EBITDA?

2) Que tipo de informação o analista pode construir a partir do EBITDA?

3) Por que o EBITDA é considerado uma medida do desempenho globalizada?

4) Que razões o levariam a usar o EBITDA na avaliação do desempenho operacional?

5) Comente as afirmações a seguir:

   a) O lucro líquido não é uma medida adequada para avaliar o desempenho de um negócio;

   b) O EBITDA está à margem das diferenças entre as políticas adotadas para as questões tributárias;

c) O EBITDA é sensível à avaliação de estoques;

d) O valor informativo do EBITDA possui limitações.

6) Que decisões o EBITDA pode apoiar?

13.8. Trabalho Interdisciplinar

1) Pesquise aplicações gerenciais para o EBITDA.
2) Levante trechos de relatórios que mencionam a medida. Comente as referências.
3) Pesquise casos nos quais o EBITDA foi utilizado como parâmetro de avaliação de empresas.

Capítulo 14

Estudo Avançado do Capital de Giro

O capítulo apresenta um estudo detalhado do capital de giro, relacionando índices importantes em sua análise.

A expressão "capital de giro", amplamente empregada nas organizações, significa capital circulante. Em termos práticos, é o capital de trabalho, ou seja, aquele destinado à gestão a curto prazo. Baseando-se no conceito econômico, representa o volume de aplicações necessário para iniciar o ciclo operacional da entidade.

São valores que se movimentam com freqüência. Essa é a razão de empregarmos a denominação "capital de giro".

Com efeito, se analisarmos mais detidamente a estrutura patrimonial, observaremos que o capital de giro de uma empresa compreende os valores de rápida movimentação. São os recursos a serem mantidos por ela para atender às suas necessidades mais imediatas (dentro do ciclo operacional). Como se pode observar, o capital de giro corresponde ao ATIVO CIRCULANTE, assim composto: disponibilidades, valores a receber e estoque.

O sucesso de qualquer empreendimento depende da gestão do capital de giro. Nesse caso, o investimento no giro é favorável quando o retorno marginal dos elementos do ativo circulante é superior aos custos de captação (financiamentos). A alimentação do capital de giro dá-se opcionalmente através de recursos externos ou das receitas de vendas (recursos próprios).

A necessidade de gestão do capital de giro é função de alguns fatores, a saber:

- Sazonalidade dos negócios, o que determina períodos específicos de alimentação;
- Fatores conjunturais (recessão);
- Características do mercado (política de vendas);
- Estágio do produto (saturação do mercado);
- Política de crédito (condições de captação e comportamento dos juros);
- Estratégia competitiva.

O volume de capital de giro é função do comportamento da inflação porque em períodos de alta inflação os gestores se valem de maior volume de recursos de terceiros para financiá-lo.

Em períodos de baixa inflação ou estabilidade monetária, as empresas operam com maior volume de recursos próprios no giro.

Ao estudar o ativo circulante, observa-se que antes de analisar uma empresa é fundamental entender o seu ciclo operacional do negócio.

O capital de giro compreende duas parcelas: uma fixa e outra variável (sazonal). O capital de giro fixo corresponde ao volume mínimo de recursos para manter o ciclo em andamento. A parte variável equivale ao capital adicional. Sua geração é motivada por condicionantes externos como, por exemplo, escassez de matéria-prima e dificuldades financeiras de clientes.

O capital de giro líquido ou capital de giro próprio (também chamado de capital circulante líquido) é a diferença entre o ativo e o passivo circulantes. Assim, corresponde ao excesso de valor sobre os investimentos e financiamentos circulantes. Melhor dizendo, é o excesso calculado em relação às exigibilidades a curto prazo, ou seja, é a parcela livre do ativo circulante.

O capital de giro próprio é muito importante, apesar das limitações inerentes à capacidade de realização dos ativos porque evidencia a qualidade da gestão financeira de uma empresa.

Uma boa gestão de capital de giro imprime alguns comportamentos:

- Alta rotação dos elementos correntes;
- Eficácia na política de cobrança;
- Controle dos fluxos de saída.

O volume do capital circulante líquido é um dos indicadores de liquidez disponíveis para análise, todavia isolado dos demais indicadores não permite que o analista emita conclusões muito profundas.

Uma das limitações, conforme foi apresentado em capítulos anteriores, é não haver coincidência entre os prazos de pagamento e recebimento, ou seja, estados de liquidez não-uniforme. Tais limitações fazem com que parte do capital de giro não possa estar disponível de pronto, não representando uma folga financeira naquele momento. Essa é a razão de alguns autores visualizarem o capital de giro próprio como uma abstração.

Uma empresa pode apresentar capital de giro próprio elevado e esse excesso decorrer de ações como estocagem demasiada e excesso de recursos em caixa (dinheiro parado).

Para cada tipo de negócio existe um valor ótimo de capital de giro. Neste estudo, é importante questionar a origem desses "excessos" de capital.

14.1. Liquidez e Capital de Giro Próprio

Fazendo um paralelo entre o índice de liquidez corrente e o capital de giro próprio extraímos as seguintes conclusões: enquanto o primeiro informa quanto a empresa dispõe para pagar suas dívidas naquele momento, este (CGP) nos mostra em quanto os investimentos correntes superam as obrigações.

14.2. Indicadores Derivados do Conceito de Capital de Giro

$$\frac{\text{ESTOQUE}}{\text{ATIVO CIRCULANTE} - \text{PASSIVO CIRCULANTE}}$$

A relação acima pode acusar sinais de perda, embora isoladamente não haja maiores significados. Como se vê, o índice mede o grau de absorção dos estoques sobre o CGP.

Uma concentração excessiva de estoques é prejudicial porque desvia o CG de outras aplicações, muitas vezes até mais necessárias naquele momento. O indicador apresentado é fundamental para identificar se o aumento dos estoques é acompanhado de um acréscimo no capital de giro. O CGP progrediu ou regrediu? Por quê? Qual a influência dos estoques nesse comportamento?

O índice afere a qualidade da gestão, permitindo a correção de problemas no giro.

$$\frac{\text{FINANCIAMENTOS (CURTO PRAZO)}}{\text{CGP}} \quad \text{ou} \quad \frac{\text{AMORTIZAÇÃO}}{\text{CGP}}$$

Qual o volume de dívidas para cada unidade monetária de CGP?

Esse indicador é importante porque aponta o colchão financeiro da empresa, pois um crescimento no CGP é que deve suportar a carga de tais financiamentos. O que se propõe com o cálculo do índice é observar o comportamento do CGP com as amortizações de tais aportes.

Qual o impacto desses pagamentos parciais sobre o CGP? Quanto menor, obviamente, melhor será para a empresa analisada.

O analista deve ter atenção porque há administradores que liquidam suas obrigações contraindo mais dívidas.

O indicador aqui apresentado serve de meio à aferição da conduta financeira do negócio. O recomendado é que se tenha como limite de financiamento o CGP.

$$\frac{\text{VENDAS}}{\text{CGP}}$$

Qual a influência das vendas sobre o CGP?

Uma empresa pode vender bastante sem provocar um crescimento no CGP. Um índice elevado evidencia a perda da soberania do CGP. Um quociente baixo demonstra que as vendas reforçaram o CGP. Por outro lado, um quociente alto pode significar investimentos no permanente sem o apoio de recursos próprios, como a perda na operação de vendas (prejuízo).

É extremamente importante acompanhar o comportamento do capital de giro. Sugerimos, nesse sentido, o cálculo dos índices nesse trabalho apresentado, preliminarmente a qualquer análise mais profunda.

Vejamos outros índices:

(a) $$\frac{\text{ACRÉSCIMO DO VOLUME DE CAPITAL DE TERCEIROS (CURTO PRAZO)}}{\text{AUMENTO DAS VENDAS}}$$

(b) $$\frac{\text{ACRÉSCIMO DA PRODUÇÃO}}{\text{AUMENTO DAS VENDAS}}$$

(c) $$\frac{\text{ACRÉSCIMO DO "CONTAS A RECEBER"}}{\text{AUMENTO DAS VENDAS}}$$

O primeiro índice dessa enumeração indica-nos se as vendas estão compensando ou lastreando o aumento do endividamento. Quanto menor, melhor para o negócio. O aumento das vendas é vital porque é um meio natural de resgate de tais obrigações. Se o endividamento aumenta e as vendas caem, a empresa, por certo, terá dificuldades financeiras.

O segundo nos evidencia se o aumento da produção é justificado pelo crescimento das vendas. Lembre-se, a operação de estocagem tem um custo.

O terceiro também informa se o crescimento das "Contas a receber" é igualmente lastreado pelo aumento das vendas. Índices elevados podem revelar atraso nas cobranças ou práticas de prazos dilatados. Faz-se necessário checar o índice de rotação das "Contas a receber"!

Os indicadores acima são essenciais para a leitura do desempenho de uma empresa do ponto de vista da distribuição do capital de giro. Índices desfavoráveis podem sinalizar falhas de planejamento e falta de integração entre as áreas funcionais na consecução de seus objetivos.

14.3. Necessidade Líquida de Capital de Giro

Ao fazer uma análise de capital de giro, observa-se que a composição de seus elementos não é suficiente para ensejar uma conclusão sobre a situação financeira de uma empresa. Nesse caso faz-se necessário estudar a necessidade de capital de giro, conceito que apresenta uma perspectiva mais dinâmica.

O capital de giro possui duas fontes: recursos próprios e de terceiros. A primeira corresponde ao patrimônio da própria empresa (capital social, reservas de capital, lucros acumulados, etc.). A segunda é externa ao negócio e equivale às operações de financiamentos (empréstimos e desconto de duplicatas). A necessidade de capital de giro (NLCG) é calculada pela diferença entre as aplicações no capital de giro e suas respectivas fontes.

As fontes e aplicações que integram a NLCG se movimentam ciclicamente:

APLICAÇÕES DE CAPITAL DE GIRO	FONTES DE CAPITAL DE GIRO
Contas a receber Estoques Impostos a recuperar Despesas antecipadas Outras	Fornecedores Obrigações fiscais Obrigações trabalhistas Outras

Assim, temos que:

NLCG = [Duplicatas a receber + Estoques + Impostos a recuperar + Despesas antecipadas + Outras] – [Fornecedores + Obrigações fiscais + Obrigações trabalhistas + Outras].

O indicador é também conhecido por alguns autores, a exemplo de Silva (1996), como *Working Investment* (IOG), e nada mais é do que a análise da necessidade de capital de giro NLCG.

Segundo Matarazzo (2003, p. 338), todavia, essa definição é inadequada:

> *"Alguns autores e profissionais de análise de balanços chamam inadequadamente a Necessidade de Capital de Giro – NCG de Investimento Operacional em Giro – IOG, confundindo ativo (sinônimo de investimentos) com passivo (capital). NCG é tipicamente um conjunto de itens de financiamento que podem ser capital próprio, empréstimos bancários de longo ou curto prazo, nunca um ativo. NCG é exatamente aquilo que o financiamento operacional não cobre. Poderia ser chamado de FINANCIAMENTO NÃO-OPERACIONAL PARA O GIRO, mas nunca INVESTIMENTO OPERACIONAL EM GIRO".*

A NLCG contempla em seu cômputo somente valores operacionais de renovação espontânea classificados nas contas de ativo e passivo circulantes, então, o NLCG integra o CCL, consistindo numa depuração do CCL.

Esse conceito é muito importante para a análise de uma empresa sob o enfoque financeiro. Trata-se de um estudo imprescindível no trabalho de diagnóstico econômico-financeiro.

Quando uma empresa não se planeja financeiramente, os efeitos repercutem sobre a NLCG.

14.3.1. Metodologia de Análise

A análise de capital de giro pode ser dividida nas seguintes etapas:

1) Dividir o Ativo Circulante em dois blocos: ativo financeiro e ativo cíclico. Devem ser consideradas como ativo circulante cíclico as contas ligadas diretamente às atividades operacionais da empresa e, como ativo financeiro, as contas mais líquidas:
   - Ativo circulante financeiro: caixa e bancos, aplicações de liquidez imediata e outros.
   - Ativo circulante cíclico: contas a receber de clientes, estoques, adiantamento a fornecedores, despesas do exercício seguinte. Trata-se de contas que têm relação direta com o nível de atividade da empresa, renovando-se periodicamente (contas de caráter permanente). Em suma, consiste no investimento operacional em giro.
2) Dividir o passivo circulante da mesma forma, obedecendo os mesmos critérios:
   - Passivo financeiro: empréstimos bancários, operações não decorrentes do operacional da empresa.
   - Passivo cíclico: fornecedores, salários e encargos, impostos e taxas, etc.

A necessidade líquida de capital de giro consiste na diferença entre o ativo circulante cíclico (ACc) e o passivo circulante, também cíclico (PCc):

$$NLCG = ACc - PCc$$

Para assimilar essa análise é importante reconhecer alguns conceitos básicos, a exemplo do ativo e passivo.

Toda a estrutura patrimonial está pautada na relação origem–aplicação.

O ativo, geralmente conceituado como conjunto de bens e direitos, na verdade constitui aplicações de recursos (investimentos). Tais aplicações têm duas origens possíveis: capital próprio ou de terceiros, as quais são as fontes de financiamento do ativo.

O capital próprio é representado pelo "patrimônio líquido" e o capital de terceiros pelo "passivo".

O método de partidas dobradas, concomitantemente, espelha essa relação de origem e aplicação, já que toda aplicação tem uma ou mais origens, que nada mais são do que relações de causa e efeito. De onde vieram os recursos necessários à realização da aplicação (investimentos)?

A aplicação evidencia exatamente onde os recursos, aportados interna ou externamente, foram aplicados. A origem mostra a sua fonte de recursos.

Vejamos como interpretar a medida:

- **ACc > PCc**

Essa situação ocorre por influência de alguns eventos, a saber: crescimento das vendas a prazo, aumento do prazo médio de recebimento das vendas, diminuição de outros passivos. Ora, se o ativo operacional é maior do que o passivo operacional, significa que há a necessidade de capital de giro. Com efeito, a empresa precisa estudar opções de financiamento de seu giro.

ESTOQUES	FORNECEDORES
CONTAS A RECEBER	(área sombreada)
ADIANTAMENTO A FORNECEDORES	(área sombreada)

▒ Excesso de ativos. Volume de capital que a empresa necessita para financiar o giro.

Para financiar as necessidades de capital de giro, a empresa poderá optar pelas seguintes fontes de financiamento: recursos próprios do capital circulante, aporte de recursos a longo prazo (empréstimos e financiamentos) e o aporte de recursos a curto prazo (empréstimos e desconto de duplicatas).

- **ACc < PCc**

Ocorre por influência de alguns eventos, a saber: queda das vendas a prazo, redução do prazo médio de recebimento, reduções de elementos do ativo circulante, e outros. Significa que as empresas possuem investimentos operacionais inferiores aos financiamentos operacionais. Esse excedente de recursos pode ser aplicado individual ou combinadamente no mercado financeiro (aplicações permanentes ou não) e em imobilizações. Esquematicamente, teríamos a seguinte situação:

ESTOQUES	FORNECEDORES
CONTAS A RECEBER	SALÁRIOS E ENCARGOS
ADIANTAMENTO A FORNECEDORES	IMPOSTOS E TAXAS
(área sombreada)	

▒ Excesso de recursos.

- **NLCG = 0**

Quando o ativo circulante operacional for equivalente ao passivo operacional, implica dizer que não há necessidade de injeção de recursos.

ESTOQUES	FORNECEDORES
CONTAS A RECEBER	SALÁRIOS E ENCARGOS
ADIANTAMENTO A FORNECEDORES	IMPOSTOS E TAXAS

O Quadro 13 sintetiza a interpretação do índice:

QUADRO 13: Interpretação da NLCG

SITUAÇÃO	INTERPRETAÇÃO
ACc > PCc	Quadro normal para a maioria dos empreendimentos. Significa que existe a necessidade de capital de giro, ou seja, uma parcela não coberta por recursos do passivo operacional. A empresa deve então estudar fontes alternativas e adequadas de financiamento.
ACc = PCc	Indica que a empresa não necessita de outras formas de financiamento para seu giro.
ACc < PCc	Indica o excesso de financiamentos operacionais em relação aos investimentos de mesma natureza (sobra de recursos). Esses recursos podem ser aplicados na formação de outros ativos, especialmente no mercado financeiro.

O cálculo da NLCG traz os seguintes benefícios para o analista:

- Proporciona uma análise mais dinâmica;
- Permite uma melhor visualização sobre os efeitos do aumento das vendas, ou aumento do prazo de recebimento sobre o comportamento do capital de giro.

A diferença entre os ativos e passivos financeiros constitui a margem de segurança financeira da entidade, a qual se traduz como sua capacidade em financiar a atividade operacional.

MARGEM DE SEGURANÇA FINANCEIRA = (DISPONÍVEL + APLICAÇÕES FINANCEIRAS + OUTRAS) – (DUPLICATAS DESCONTADAS + EMPRÉSTIMOS + OUTRAS)

Se os ativos financeiros têm saldo superior aos passivos de mesma natureza, significa que a empresa analisada apresenta folga financeira. O saldo negativo, por sua vez, sinaliza dificuldades, e é conhecido como "efeito tesoura".

O efeito tesoura decorre de situações como: o crescimento desordenado do nível de atividade da entidade, a utilização dos recursos do giro para imobilizações, as taxas de inflação elevadas, e outras.

MARGEM POSITIVA: situação financeira superavitária, especialmente se composta de saldos de alta liquidez.	MARGEM NEGATIVA: significa que o saldo das contas caixa, bancos e aplicações financeiras é insuficiente para cobrir o volume de empréstimos, duplicatas a receber e outros exemplos. Pode sinalizar aperto financeiro.

14.4. Fatores que Afetam o Comportamento do Capital de Giro

Dentre as variáveis que causam impactos sobre o volume de capital de giro, podemos citar:

- Ocorrência de prejuízo, uma vez que diminui uma das fontes de alimentação de capital de giro;
- Imobilização à vista, o que reduz o nível de disponibilidades;
- Distribuição de dividendos, pois reduz o PL da empresa (razão pela qual se melhora, com essa manobra, a rentabilidade sobre o PL);
- Venda de bens do ativo permanente, que influencia o nível de capital de giro, aumentando o nível das disponibilidades.

O estudo da necessidade de capital de giro consiste numa metodologia de análise (muito utilizada no sistema de crédito, disseminada no Brasil pelas instituições financeiras americanas) que determina o *status* financeiro do negócio, com o diferencial de possibilitar uma visão da empresa em nível operacional porque afere o impacto de determinadas decisões sobre as finanças do empreendimento.

Uma análise de capital de giro completa responde às seguintes indagações:

- O capital de giro atende às suas necessidades?
- Nas situações em que não se possui recurso próprio, como a empresa se capitaliza? Qual a fonte de capitação mais utilizada? Quais os reflexos financeiros das operações de aporte?
- Como o capital de giro excedente é utilizado?
- O que gera a falta de recursos no giro?
- As políticas de estocagem, crédito e compras são compatíveis com a estrutura financeira da empresa?
- A necessidade de "imobilizar" pressiona a situação financeira da entidade?
- O capital de giro disponível cresce na mesma velocidade dos negócios?

14.5. Exercícios para Fixação

1) Conceitue capital de giro.

2) Quais fatores atuam sobre o capital de giro? Exemplifique com números.

3) Qual a relação existente entre a análise de capital de giro e a análise estática de liquidez?

4) Elabore um roteiro para a análise de capital de giro, verificando o desempenho da área de finanças no tocante à alocação de recursos.

5) Comente a afirmação abaixo:

   "Quando as aplicações no capital de giro apresentam saldo superior às suas fontes de capital de giro, significa que a entidade carece de recursos para financiar o giro. Basta lançar o olhar para a composição das aplicações no capital de giro para entender essa necessidade. Quando, na empresa, as fontes de capital de giro superam as respectivas aplicações a interpretação assume sentido inverso".

6) Quais os benefícios da análise da necessidade de capital de giro?

7) Faça uma analogia entre a análise estática e a análise do capital de giro?

8) Com base na análise do balanço das empresas D e E, identifique a empresa que possui melhor situação financeira. Admita que elas não possuem ativos realizáveis a longo prazo.

   Utilize os indicadores NCDG e MARGEM DE SEGURANÇA FINANCEIRA para opinar a respeito.

EMPRESA D

ATIVO CIRCULANTE		PASSIVO CIRCULANTE	
CAIXA	4.000	FORNECEDORES	30.000
BANCOS	30.000	EMPRÉSTIMOS	74.000
DUPLICATAS A RECEBER	120.000		
ESTOQUES	50.000		
TOTAL	204.000	TOTAL	104.000

EMPRESA E

ATIVO CIRCULANTE		PASSIVO CIRCULANTE	
CAIXA	5.000	FORNECEDORES	50.000
BANCOS	50.000	EMPRÉSTIMOS	54.000
DUPLICATAS A RECEBER	80.000		
ESTOQUES	69.000		
TOTAL	204.000	TOTAL	104.000

14.6. Questões para Discussão

1) O que causa o desequilíbrio financeiro? Atribua nota de zero a dez aos fatores abaixo:

( ) Excesso de imobilizações/concentração de investimentos no permanente.

( ) Excesso de estoques em relação às vendas/Queda no desempenho das vendas.

( ) Prejuízos ou baixa rentabilidade/Prejuízos sucessivos.

( ) Faixa etária de prazos sem sintonia.

( ) Retorno marginal dos ativos correntes inferior ao necessário.

( ) Todos esses efeitos passam pela análise e gestão de capital de giro.

2) Qual a influência dos fatores citados sobre a NLCG? Em sua opinião, qual a expressão adequada: NECESSIDADE LÍQUIDA DE CAPITAL DE GIRO ou INVESTIMENTO OPERACIONAL EM GIRO?

Capítulo 15

Comparação com Padrões

O capítulo apresenta os conceitos básicos de Estatística aplicada à análise contábil.

A análise contábil somente se torna confiável se os dados forem contextualizados, ou seja, quando os números encontrados na análise são comparados com padrões.

Todos os resultados obtidos, por meio da análise de uma empresa, devem ser comparados com os dados divulgados por suas congêneres. Trata-se de uma maneira de contextualizar os índices gerados no estudo da realidade da empresa. Assim, uma das necessidades do analista é acompanhar os padrões do setor no qual atua a empresa analisada. Os padrões constituem valores genéricos que possibilitam ao analista caracterizar o ramo analisado e definir uma situação de normalidade.

Tais padrões podem ser encontrados em revistas especializadas na área empresarial. Outra opção ao analista é criar o seu próprio banco de dados a partir das demonstrações contábeis divulgadas.

Nestes casos, recomenda-se ainda que se catalogue informações sobre as tendências econômicas, identificando-se variáveis que possam afetar o negócio.

O analista pode manter um banco de dados interno e ainda se utilizar de divulgações especializadas, que registrariam apenas dados dos concorrentes de maior influência no mercado (aqueles cujo desempenho afete diretamente a empresa).

Até aqui, destacamos a importância dos padrões externos, entretanto é igualmente relevante se enfatizar a necessidade do analista em desenvolver padrões internos com base no histórico da entidade.

A elaboração de seus padrões internos deve ser a alternativa quando, para o ramo de atividade da empresa, não existam índices-padrão.

Utilizar "padrões" esclarece ao analista quanto à natureza dos problemas, se particulares ou comuns às empresas do mesmo ramo. Os procedimentos são simples e práticos.

O desenvolvimento de padrões internos em uma entidade apresenta as seguintes etapas:

1ª Etapa: Definição do ramo de atividade e enquadramento das empresas que compõem a amostra.

2ª Etapa: Segregar as empresas segundo o seu porte.

3ª Etapa: Cálculo dos índices para cada empresa, escolhidos segundo a natureza da informação que se deseja.

4ª Etapa: Cálculo da média de cada indicador (opcionalmente, moda ou mediana, ou outra ferramenta da Estatística Descritiva);

5ª Etapa: Atribuir aos "decis" um conceito em função da posição ocupada pelo índice.

6ª Etapa: Atualização dos indicadores e revisão dos padrões.

Parece-nos que o maior benefício proporcionado pelo uso de padrões internos é o de permitir à empresa uma análise retrospectiva dos períodos de sucesso e insucesso. O custo da informação é pequeno, já que o próprio profissional da Contabilidade elabora e atualiza os dados.

Os padrões internos são mais integrados com a realidade da empresa, uma vez que estes foram elaborados dentro dela. Sua obtenção é bastante rápida, o que acelera a geração da informação.

O uso de padrões, seja de origem interna ou externa, também esbarra em limitações:

- Cada empresa possui uma realidade particular, como também uma competência gerencial;
- A diversidade de atividades de algumas empresas torna confuso o enquadramento da atividade em um único ramo (no caso da busca de padrões externos);
- As Demonstrações Contábeis são geradas em momentos distintos (diferentes pontos de corte), o que provoca certas distorções nas comparações.

15.1. Estatística Aplicada à Elaboração de Padrões

No cálculo de índices-padrão, alguns conceitos estatísticos podem ser utilizados, a exemplo das medidas de posição. Uma bastante empregada é a medida central de uma série, conhecida pelo nome de mediana. A média aritmética e a moda são também bastante conhecidas.

A) MODA

Conceito utilizado quando o que se deseja é mostrar o elemento da série que mais se repete, aquela que tem maior freqüência em um determinado universo.

Assim, considerando que, ao analisar empresas do mesmo ramo, o analista tenha coletado as seguintes observações a respeito da liquidez geral:

1,5 – 2 – **1,5** – 0,95 – 2 – **1,5** – 0,8 – 0,82 – 2 – **1,5** – 1,4 – **1,5** – 1,3 – **1,5**

A moda corresponde a 1,5, medida que se repetiu cinco vezes (freqüência igual a cinco).

A moda é aquele valor da série de maior freqüência. Assim, trata-se de uma medida associada unicamente com um ou mais elementos de uma mesma série. Como é notável, qualquer mudança de valor da série não altera seu resultado.

Sabe-se que quando a série possui um único valor de moda a mesma é conhecida como UNIMODAL. Podem existir, entretanto, em uma única série, mais de uma MODA. É um conceito recomendado quando o analista deseja avaliar a reprodutibilidade de uma informação. Apresenta como vantagens a sua simplicidade e facilidade de obtenção (cálculo) e o fato de não ser afetada por valores extremos ("altos e baixos" da série). As desvantagens são:

- Possibilidade de estar distante do centro das observações;
- Possibilidade de apresentar, conforme visto, mais de uma moda;
- Não utilização de todos os dados obtidos disponíveis;
- Dificuldade de ser incluída em equações matemáticas.

B) MEDIANA

Conceito utilizado quando o que se deseja é identificar a posição relativa do índice no universo estudado.

Trata-se de uma medida de tendência central e consiste no valor localizado numa posição eqüidistante entre os extremos de uma determinada série.

Para tanto, o analista deve dispor os índices obtidos em ordem crescente.

De forma simplificada, a mediana é o índice que divide a série em duas partes equivalentes.

O cálculo é conduzido da seguinte forma:

a) Caso a série de índices represente um número ímpar de observações, a mediana é o próprio valor que está no centro da série, quer dizer, o elemento com ordem igual a (n + 1) / 2, sendo "n" igual ao número de observações.

b) Caso a série de índices represente um número par de observações não haverá um valor no centro da série. A mediana será calculada dividindo-se por dois a soma dos índices de observação com ordens (n / 2) e (n / 2) + 1.

A mediana, embora fácil de se determinar, não usa todos os dados disponíveis na série, tal como ocorre com a moda.

Por não ser afetada pelos extremos e dividir as séries em partes iguais (50%) a mediana é um conceito estatístico muito utilizado.

Além de utilizar o conceito de mediana, recomenda-se ao analista estudar os intervalos de variação dos índices com o objetivo de verificar a distância do desempenho do índice em relação à mediana do setor.

C) MÉDIA

A média é, entre as medidas de posição de série de observações, a mais utilizada, talvez pela simplicidade de seu cálculo. Para obtê-la, basta somar os índices e dividir pelos números de observações (média simples). Ela pode ser refinada se, a cada observação, for atribuída de um peso (média ponderada).

Embora fácil de se determinar, a média é afetada pelos altos e baixos da série. Tem como vantagem o fato de usar todos os dados da série e de ser facilmente incluída em equações matemáticas. Sua aplicação, todavia, esbarra em uma necessidade: a de conhecer todos os valores que compõem a distribuição.

Para a distribuição de freqüência de uma série de observações simétricas, os valores da média, mediana e moda são equivalentes.

O valor médio pode ser interpretado geometricamente, em que se pode observar que a média está posicionada de forma equilibrada entre os dados da série, ou seja, todos os dados da série distribuem-se em torno do valor médio.

Como a moda, a média e a mediana não conduzem a uma interpretação mais precisa, outros conceitos da Estatística Descritiva podem ser utilizados.

15.1.1. Cálculo da Média Usando o Excel

A sintaxe é a seguinte: MÉDIA (núm1;núm2;...). Núm1; núm2;... são de 1 a 30 argumentos numéricos para os quais você deseja obter a média. Os argumentos são separados por pontos-e-vírgulas. Em nosso caso eles serão os indicadores contábeis que compõem a série analisada. A fórmula deve ser elaborada da seguinte maneira: = MÉDIA (núm1;núm2;...). Por exemplo, considere a série abaixo:

LIQUIDEZ CORRENTE
1,5
2
1,75
1,6
1,55
1,65
1,9
1,98
1,77

A média dessa série é 1,74, obtida no Excel através da aplicação da seguinte fórmula:

=MÉDIA(A2;A3;A4;A5;A6;A7;A8;A9;A10)

A média dos índices acima e o texto "Não disponível" é 1,57.

A célula com o texto "Não disponível" é usada no cálculo. Quando o analista a utiliza, possui em sua série indicações na forma de texto, a média aritmética pode ser calculada utilizando a seguinte função: MÉDIA A.

Além de índices, são incluídos no cálculo valores lógicos e de texto, como VERDADEIRO e FALSO, VALOR NÃO DISPONÍVEL.

Os argumentos de referência ou matriciais que contiverem texto serão avaliados como 0 (zero). O mesmo se dará com texto vazio (""). Somente quando o cálculo não incluir argumentos de texto na média é que a função MÉDIA deve ser utilizada.

Os argumentos que contiverem o texto VERDADEIRO serão avaliados como 1 e os argumentos que contiverem o texto FALSO serão avaliados como 0 (zero).

Vejamos um exemplo:

LIQUIDEZ CORRENTE
1,5
2
1,75
1,6
1,55
1,65
1,9
1,98
Dado não disponível

A célula que contém o texto "Dado não disponível" é avaliada como igual a zero. Assim, a média é calculada da seguinte forma:

=MÉDIAA(A2;A3;A4;A5;A6;A7;A8;A9;A10)

No exemplo acima, a média é aproximadamente 1,54.

O cálculo da média ponderada também é bastante simples:

LIQUIDEZ CORRENTE	FREQÜÊNCIA
1,5	1
2	3
1,75	4
1,6	2
1,55	4
1,65	3
1,9	2
1,98	1

Para isso, será utilizada a função SOMARPRODUTO, a qual multiplica todos os componentes das duas matrizes e depois adiciona os produtos. Multiplica os componentes correspondentes nas matrizes fornecidas e retorna a soma destes produtos.

Sintaxe: SOMARPRODUTO (matriz1;matriz2;matriz3;...)

Matriz1,matriz2,matriz3,... onde estas são matrizes de 2 a 30 cujos índices se deseja multiplicar, e depois somar. A função SOMARPRODUTO trata as entradas da matriz não-numéricas como se fossem zeros.

No exemplo dado, a média ponderada é 1,73, valor obtido por meio da aplicação da função:

=SOMARPRODUTO(A2:A9;B2:B9)/SOMA(B2:B9).

A função SOMARPRODUTO simplifica a operação. Vejamos como faríamos o cálculo sem o uso da função:

LIQUIDEZ CORRENTE	FREQÜÊNCIA	PRODUTO
1,5	1	1,5
2	3	6
1,75	4	7
1,6	2	3,2
1,55	4	6,2
1,65	3	4,95
1,9	2	3,8
1,98	1	1,98
SOMA	20	34,63
MÉDIA PONDERADA	1,7315	

15.1.2. Cálculo da Mediana Usando o Excel

A mediana, conforme já apresentado, consiste no número posicionado no centro de um conjunto; ou seja, metade dos números possui valores que são maiores do que a mediana e a outra metade possui valores menores.

O cálculo da mediana utilizando o Excel é bastante simples:

MED(núm1;núm2;...), onde núm1; núm2;... são os números dos quais você deseja obter a mediana.

Número par de elementos:

LIQUIDEZ CORRENTE	
1,5	
2	
1,75	
1,6	1,6
1,55	
1,65	
1,9	
1,98	
MEDIANA	

Se a amostra tiver uma quantidade par de números, MED calculará a média dos dois números do centro da série.

Número ímpar de elementos:

LIQUIDEZ CORRENTE	
1,5	
2	
1,75	
1,6	
1,55	1,55
1,65	
1,9	
1,98	
2,5	
MEDIANA	

Se uma matriz ou argumento de referência apresentar texto, valores lógicos ou células vazias, esses valores serão ignorados durante o cálculo.

15.1.3. Cálculo da Moda Usando o Excel

A função indica o valor que ocorre com mais freqüência em uma matriz ou intervalo de dados. Assim como MED, MODO é uma medida de tendência central.

O cálculo da moda utilizando o Excel é simples:

Sintaxe: MODO(núm1;núm2;...)

Núm1,núm2,... são argumentos de 1 a 30 para os quais você deseja calcular o modo; eles também podem ser números ou nomes, matrizes ou referências que contenham números.

Se uma matriz ou argumento de referência se apresenta na forma de texto, valores lógicos ou células vazias, estes valores serão ignorados para fins de cálculo, mas as células com o número zero serão incluídas.

Vejamos um exemplo:

LIQUIDEZ CORRENTE	
2	
2	
1,75	
2	
1,55	
2	
1,9	
2	
1,5	2
2	
1,85	
2,25	
1,99	
1,35	
1,22	
2	
1,55	
1,78	
MODA	

A função para o exemplo acima é: =MODO(A2:A19)

15.2. Medidas de Ordenamento

Imaginemos uma série com "n" observações, no caso específico com "n" índices ordenados em ordem crescente, ou seja, do mais baixo índice para o mais alto.

As medidas de ordenamento auxiliam o analista a responder a questões simples como, por exemplo: Onde estaria posicionada uma liquidez imediata equivalente a 0,25?

Ao compararmos a liquidez imediata, 0,25, com uma lista de valores, outra questão pode ser respondida: Que porcentagens de observações são maiores ou menores do que 0,25?

15.2.1. Elaboração de Padrões Usando o Conceito de "Decil"

A elaboração de padrões utilizando o conceito de "decil" é simples e pode ser sistematizada em quatro passos, a saber:

1º PASSO:

Seleção de amostra.

2º PASSO:

Organização dos dados. O analista deve arrumar os dados em ordem crescente, ou seja, do menor valor encontrado para o maior.

3º PASSO:

Obtenção dos decis.

DECIS	VALOR QUE DIVIDE O CONJUNTO EM DUAS PARTES
1º	10% abaixo e 90% acima
2º	20% abaixo e 80% acima
3º	30% abaixo e 70% acima
4º	40% abaixo e 60% acima
5º	50% abaixo e 50% acima
6º	60% abaixo e 40% acima
7º	70% abaixo e 30% acima
8º	80% abaixo e 20% acima
9º	90% abaixo e 10% acima

Suponhamos que tenhamos obtido os seguintes índices:

1,8 – 1,78 – 1,69 – 1,79 – 1,50 – 1,55 – 1,49 – 1,66 – 1,98 – 2,0 – 2,5 – 1,56 – 1,58 – 1,47 – 1,68 – 1,97 – 1,71 – 1,01 – 1,30 – 1,88

A primeira ação a ser feita é a organização dos dados em ordem crescente:

1,01 – 1,30 – 1,46 – 1,47 – 1,49 – 1,50 – 1,55 – 1,56 – 1,58 – 1,66 – 1,68 – 1,69 – 1,71 – 1,78 – 1,79 – 1,8 – 1,88 – 1,97 – 2,0 – 2,5.

A segunda ação é o cálculo do 1º decil, ou seja, do valor que deixa 10% dos elementos da série abaixo de si e 90% acima:

- 20 × 10% = 2 observações;
- 20 × 90% = 18 observações.

O 1º decil é calculado pela média dos 2º e 3º elementos da série. O 1º decil deve deixar dois elementos abaixo de si e 18 elementos acima. Assim, o 1º decil é calculado da seguinte forma:

$$\frac{1,30 + 1,46}{2} = 1,38$$

1º Decil	Média entre 1,30 e 1,46	1,38
2º Decil	Média entre 1,47 e 1,49	1,48
3º Decil	Média entre 1,50 e 1,55	1,53
4º Decil	Média entre 1,56 e 1,58	1,57
5º Decil	Média entre 1,66 e 1,68	1,67
6º Decil	Média entre 1,69 e 1,71	1,70
7º Decil	Média entre 1,78 e 1,79	1,79
8º Decil	Média entre 1,8 e 1,88	1,84
9º Decil	Média entre 1,97 e 2,0	1,99

A ação seguinte é atribuir aos "decis" um conceito em função da posição ocupada pelo índice. No exemplo dado:

CONCEITO	DEFICIENTE	REGULAR	BOM	ÓTIMO
POSIÇÃO DO ÍNDICE	1º e 2º Decis	3º, 4º e 5º Decis	6º e 7º Decis	8º e 9º Decis

A atribuição do conceito deve ser norteada pela interpretação de índice (quanto maior melhor ou, quanto menor, também melhor). Por exemplo:

ÍNDICES	CRITÉRIOS
Liquidez, prazo médio de pagamento e rentabilidade	Quanto maior, melhor
Endividamento e prazo médio de recebimento	Quanto menor, melhor

15.3. Regressão Linear e sua Aplicação na Análise Contábil

Freqüentemente em Análise Contábil, o profissional precisa estudar a existência de relação, entre duas ou mais variáveis, para estimar ou prever comportamentos de uma delas. Por exemplo:

- Como se comporta as vendas frente a determinado nível de investimentos?
- Para um nível de investimentos de "X", qual o valor estimado dos custos?

Assim, é imprescindível ao contador o conhecimento das ferramentas estatísticas que proporcionam construir essa informação.

Veremos neste capítulo os conceitos e aplicações da correlação e regressão.

15.3.1. Regressão Linear: Considerações Gerais

A **regressão linear** estuda a dependência de uma variável, denominada de DEPENDENTE, em relação a uma outra ou mais variáveis, conhecidas como VARIÁVEIS EXPLICATIVAS. A finalidade do estudo é desenvolver um modelo (função comportamento) para estimar o comportamento de uma variável em relação à outra.

Embora a regressão analise esse grau de dependência, a ela não cabe estabelecer relação de causa e efeito. Uma relação estatística não pode determinar uma relação causal. O estudo da relação causa-efeito vem da conjectura teórica sobre o tema.

A regressão linear enseja a RAZÃO ESTATÍSTICA, o estudo aliado ao bom senso é que de fato fundamentam o comportamento.

15.3.2. Regressão Linear e Correlação

O conceito de **correlação** é muito confundido com o conceito de regressão. Entretanto, são conceitos distintos apesar de relacionados. O objetivo da correlação é aferir o grau de associação entre as variáveis (linear). Identifica em que intensidade a variação em uma variável é relacionada ou determinada pela variação em outra variável.

A correlação se limita ao relacionamento das variáveis. A regressão vai além porque, por meio do modelo gerado, estimamos ou prevemos o comportamento de determinada variável em função de outras.

Na regressão, identificamos duas categorias de variáveis: dependente e independente.

A variável dependente, também conhecida como variável explicada, predita, regredida, resposta e endógena, representa a variável para a qual se deseja estudar o comportamento.

A variável independente, também conhecida como variável explicativa, preditora, regressora, estímulo ou variável de controle, e ainda como variável exógena.

A Correlação verifica a existência e o respectivo grau da relação entre as variáveis

O grau de correlação linear é medido pelo coeficiente de correlação de Pearson:

$$r = \frac{\sum (x - \bar{x})(y - \bar{y})}{\sqrt{\sum (x - \bar{x})^2 \sum (y - \bar{y})^2}}$$

O coeficiente varia entre –1 a 1 (campo de variação).

A correlação será positiva se para valores crescentes (ou decrescentes) de "X" estiverem relacionados valores crescentes (ou decrescentes) de "Y". Como conseqüência, o coeficiente de correlação de Pearson situa-se entre 0 e 1.

A correlação perfeita positiva possui a mesma interpretação só que, os pontos "X" e "Y" estão alinhados de forma perfeita. Nesse caso, o coeficiente de correlação corresponde à unidade.

Na correlação negativa para valores crescentes (ou decrescentes) de "X" observa-se decrescentes (ou crescentes) de "Y". Nesse caso, $-1 < r < 0$. Na correlação perfeita negativa, os pontos também estão perfeitamente alinhados, em sentido contrário. Nesse caso $r = 1$.

Quando inexistir relação entre "x" e "y", quer, dizer quando ocorrerem independentemente, diremos que não existe correlação entre as variáveis. Nesse caso a correlação será nula ($r = 0$).

A análise de regressão visa a descrição de um modelo matemático que relaciona duas variáveis a partir de um conjunto de observações, onde "X" é a variável explicativa e "Y" a variável explicada:

$$Y = f(X)$$

O modelo de regressão considera apenas a variável "Y" como aleatória e a variável "X" como sem erro, ainda que supostamente:

$$Y = f(X) + e$$

O "e" corresponde às influências não contempladas pelo modelo. Do conjunto de dados observados de X e Y, a construção do modelo de regressão consiste na obtenção de uma reta que represente da melhor forma a relação verdadeira entre essas variáveis. Para tanto, deve-se proceder ao ajustamento que consiste na determinação dos parâmetros que comporão a função.

A reta ajustada é representada como segue:

$$Y = bX + a$$

onde **a** e **b** são parâmetros da reta.

A reta ajustada é conhecida como reta de mínimos quadrados porque os parâmetros e estimadores são obtidos de modo a gerar um valor mínimo para a soma dos quadrados das diferenças entre os valores observados de "Y" e os obtidos com base na reta ajustada para os mesmo valores de "X".

$$a = \frac{\sum (X_1 - \bar{X})(Y_1 - \bar{Y})}{\sum (X_1 - \bar{X})^2} \qquad b = \bar{y} - a\bar{x}$$

O poder explicativo de uma regressão é medido por meio do coeficiente de determinação, conhecido como **r quadrado**. Sua finalidade é ensejar a avaliação da qualidade do ajuste.

Através do **r quadrado** se verifica o quão bem a reta de regressão da amostra analisada se ajusta aos dados. Admitindo-se que todos os dados se ajustam bem, de forma precisa, o ajuste seria perfeito – SITUAÇÃO RARA. O quadro seguinte ilustra como interpretar o **r quadrado**:

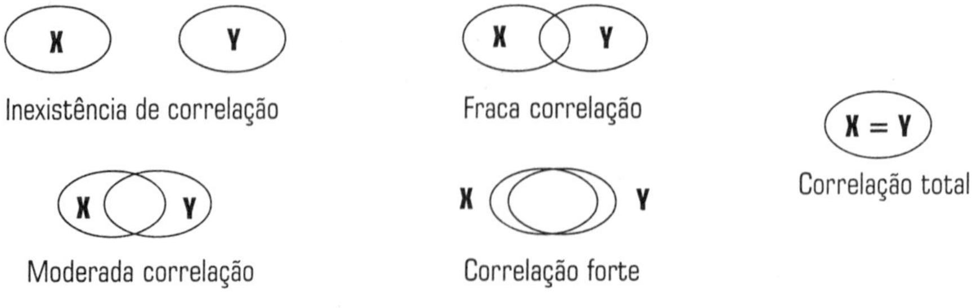

Fonte: Adaptado de (GUJARATI, 2000)

Quando r quadrado é zero significa que a variação de Y é igual a zero, quer dizer, a reta que foi ajustada é paralela ao eixo X.

Se, por outro lado, é próximo a 1, dizemos que o ajuste aos pontos do diagrama de dispersão alcançou boa qualidade.

Quanto mais próximo a zero pior será a qualidade do ajuste.

Ao ser encontrado **r quadrado** = 0,98 significa que 98% das variações no comportamento de Y são explicadas por X por meio da função obtida e 2% decorrem então de causas aleatórias.

r^2 = VARIAÇÃO EXPLICADA AO QUADRADO / VARIAÇÃO TOTAL AO QUADRADO

Na análise contábil são amplas as possibilidades de aplicação da regressão linear.

Quadro Resumido das Funções Estatísticas de Correlação e Regressão

FERRAMENTA	FINALIDADE	APLICAÇÃO EM CONTABILIDADE
CORRELAÇÃO	Medir e avaliar a intensidade da relação entre duas variáveis aleatórias.	• Estudo da relação entre os comportamentos dos elementos patrimoniais.
REGRESSÃO	Descrição de um modelo matemático que relaciona duas variáveis a partir de um conjunto de observações. Com isso é preciso prever comportamentos das variáveis estudadas.	• Identificação de direcionadores de custos.

15.4. Artigo: Análise e Indicadores Setoriais

As Análises Setoriais são vitais para uma análise contábil qualificada porque um dos pontos críticos da análise empresarial é a obtenção de informações específicas, precisas e concretas acerca de setor econômico analisado.

Algumas empresas têm a análise setorial como produto básico. Reportam estudos minunciosos acerca de determinados setores econômicos, bem como seus *players*, aspectos da regulamentação e legislação, panorama internacional, estatísticas referentes ao desempenho, tendências, conjuntura, perfis das principais empresas, gerando um verdadeiro retrato das cadeias dos respectivos negócios, compreendendo desde os insumos da cadeia à distribuição e exportação dos produtos. Esses estudos mostram também a composição e distribuição do mercado do setor analisado. Na maioria dessas fontes, o foco de abordagem é eminentemente pragmático.

São abrangidos nesses levantamentos, os mais importantes segmentos da economia brasileira. Para os analistas contábeis e administradores, é um importante instrumento para a tomada de decisão porque a maioria deles destaca as oportunidades e ameaças do ambiente macroeconômico, indicando e classificando o risco do setor.

São também exemplos de informações obtidas a partir da análise setorial:

- perspectivas de curto prazo para o setor analisado;
- desempenho retrospectivo e atual;
- tendência dos preços;
- fenômenos positivos e negativos sobre a concessão de crédito;
- informações macroeconômicas.

Todas essas informações auxiliam o analista contábil a compreender o setor analisado e a dinâmica dos números. A ausência desse tipo de informação torna o relatório não-conclusivo e pouco explicativo, qualidades essenciais a um bom reporte.

Exemplo de como a informação setorial pode ser inserida no relatório de análise:

> *Apesar de um relativo aumento da incerteza quanto ao atual ritmo de atividade econômica, a projeção para expansão para as vendas do comércio no período analisado é de 6,25% (discreta expansão). A principal razão para este crescimento da incerteza decorre da elevada volatilidade nos resultados do setor, tomando por base as recentes pesquisas de comércio. Assim, com base na estrutura do negócio, estima-se como rentabilidade sobre o PL projetada, o valor correspondente a 16%. Outro argumento à projeção realizada decorre das expectativas em relação aos três mais importantes condicionantes das vendas – emprego, renda real e crédito – os quais estão em ascendência.*

A análise setorial é para o analista contábil um elemento de fundamentação técnica.

15.4.1. Índices-Padrão

A Revista Exame, desde 1974, apresenta nas edições Melhores e Maiores, o desempenho das quinhentas maiores empresas do Brasil, através da divulgação de índices-padrão.

Os índices-padrão constituem medidas de desempenho em diferentes abordagens de análise (econômica e financeira). Os índices-padrão podem variar conforme a fonte de dados utilizada. A Revista Exame, por exemplo, trabalha com as seguintes medidas:

- Vendas;
- Lucro líquido ajustado;
- Margem das vendas;
- Giro;
- Riqueza criada por empregado;
- Aplicação no imobilizado;
- Número de empregados;
- Liquidez geral;
- Liquidez corrente;
- Capital circulante líquido.

Observe que os indicadores não são, exclusivamente, contábeis, mas podem ser associados à uma abordagem contábil.

15.4.2. Limitações da Análise por Meio de Índices-Padrão

- A utilização dos índices-padrão requer cuidados porque as empresas são diferentes entre si quanto ao porte, estratégias adotadas, objetivos propostos etc. Assim, é plenamente possível, em uma comparação com índices-padrão, que a análise do desempenho de determinada empresa seja prejudicada sem que, com isso, signifique uma performance insatisfatória. A análise setorial será tanto melhor quanto mais semelhantes forem as empresas comparadas. Quando o analista compara empresas com diferenças marcantes, se observa grande distorção. Cada empresa possui uma realidade própria, restrições, oportinidades e ameaças;
- Ao consultar os índices setoriais, recomenda-se ao analista analisar detidamente o relato da empresa que obteve melhor desempenho. Do estudo desses relatos, o profissional pode encontrar verdadeiros vetores de valor para o negócio (revelações estratégicas);
- Uma forte limitação ou fonte de erros da análise por meio de índices-padrão ou setoriais é o fato de que nem todas as empresas apontam a totalidade das informações solicitadas pela entidade que trata os dados do setor, o que compromete a análise. Desta forma, é interessante que o analista trabalhe com mais de uma fonte de informações. O ideal é que o próprio analista prepare um banco de dados;

- Algumas vezes, as revistas setoriais adotam critérios diferentes dos utilizados pelo analista para o cálculo dos indicadores. O analista deve verificar a possível ocorrência de ajustes e fazê-los para a empresa analisada, sob pena de invalidar a comparação. Recomenda-se ao profissional, preparar as demonstrações para análise com base nas orientações da fonte de dados utilizada, do contrário o custo da informação será onerado.

15.4.3. Análise Setorial e as Notas de Análise

Como já exposto, algumas fórmulas podem ser modificadas durante o trabalho de análise. É importante verificar as "notas de análise", ou seja, observar os critérios e conceitos adotados.

Esses ajustes visam melhorar a qualidade da apresentação dos dados e, com isso, facilitar a construção das informações. Vejamos alguns exemplos desses ajustes:

a) Ativo Total Ajustado

Corresponde ao total das aplicações ou recursos à disposição da empresa.

O saldo "Duplicata descontada" geralmente é transferido, do ativo circulante para o passivo circulante. Esse parece ser um ponto pacífico entre os analistas. O entendimento é que, na maioria das situações, a operação corresponde a um empréstimo com garantia – FONTE DE SUPRIMENTO DE CAPITAL DE GIRO.

O analista, antes de proceder à análise das Demonstrações Contábeis, deve observar os critérios adotados afim de não comprometer a comparação.

O valor total do ativo ajustado pode ser obtido da seguinte forma:

VALOR DO ATIVO TOTAL AJUSTADO = (PATRIMÔNIO LÍQUIDO AJUSTADO / ENDIVIDAMENTO GERAL) –100

Os ajustes do PL decorrem do não reconhecimento dos efeitos inflacionários nas Demonstrações Contábeis que as empresa deixaram de reconhecer.

b) Capital Circulante Líquido

Outro ponto pacífico é o conceito de Capital Circulante Líquido, o qual compreende a diferença entre os recursos de curto prazo (ativos circulantes) e os passivos de curto prazo.

c) Crescimento das Vendas

Evolução da receita bruta de vendas e serviços, considerando-se a inflação média do período medido, por exemplo pela variação do IGP-M.

Exemplo:

Receita de vendas em 31/12/X1	**IGP-M em 31/12/X1**
600.000	**1,1561**
Memória de cálculo	
Saldo real = Saldo da conta × Indexador (IGP- M) 600.000*1,1561 = 693.660	

O cálculo mostra como obter o saldo real das contas, trabalho preliminar à análise temporal.

d) EBITDA

Conceito que se traduz no lucro antes dos juros, impostos sobre o lucro, depreciação e amortização. Tem a finalidade de aferir o desempenho operacional do negócio.

Corresponde ao caixa que é gerado pelos ativos empregados na operação principal da empresa analisada.

e) Endividamento a Longo Prazo

Equivale ao saldo do exigível a longo prazo dividido pelo total do ativo.

Trata-se de um indicador relevante uma vez que as dívidas de longo prazo são caras, embora necessárias em algumas situações.

f) Endividamento Geral

Essa fórmula pode diferir de analista para analista. É importante conferir a fórmula adotada pelo analista do setor.

Equivale ao somatório das obrigações de curto (incluindo-se as duplicatas descontadas) e do exigível a longo prazo, dividido pelo ativo total ajustado.

Deve ser sempre comentado pelos analistas porque enseja visibilidade do risco da empresa.

g) Giro do Ativo

Corresponde à relação entre receita bruta de vendas e serviços expressa em reais (alguns analistas preferem expressar em dólares) e o ativo total ajustado na mesma moeda adotada.

Afere a eficiência operacional da entidade.

h) Liquidez Corrente

Relação entre ativo e passivo circulante. Os ajustes podem variar. As variações dependem muito das reclassificações adotadas.

i) Liquidez Geral

Índices menores que a unidade podem sinalizar dependência de empresa em relação à extensão de resultados futuros ou ainda, a hipótese de renovação de dívidas, ou alienação de bens do ativo permanente para manter um *status* de solvência ou produtividade.

j) Lucro Líquido Ajustado

É o lucro líquido após o reconhecimento dos efeitos da inflação nas Demonstrações Contábeis.

Vejamos alguns sites interessantes para pesquisa profissional (abordagem setorial):

- www.panoramasetorial.com.br
- www.serasa.com.br/produtos/setorise.htm
- www.ipea.gov.br
- www.economatica.com.br
- www.rfe.org
- www.econ-datalink.org/
- www.csufresno.edu/economics/econ_edl.htm
- www.bcb.gov.br
- www.ibge.gov.br
- www.economagic.com
- www.econ-line.com
- www.sbe.gov.br
- www.imf.org
- www.worlbank.org
- www.iadb.org
- www.seade.gov.br
- www.dismal.com

15.5. Exercícios para Fixação

1) Calcule a mediana, média e moda das séries de observações dos índices de liquidez corrente e compare os resultados:

a) Série 1: indicadores de liquidez geral

1,2 – 1,5 – 2,5 – 1,4 – 1,3 – 1,25 – 1,9 – 1,75 – 1,80 – 1,58 – 1,5 – 1,32 – 1,47 – 1,10 – 1,15 – 1,65 – 1,59 – 1,5 – 1,62 – 1,5

b) Série 2: indicadores de liquidez corrente

0,2 – 0,9 – 1,0 – 1,5 – 1,8 – 1,2 – 0,10 – 0,15 – 0,20 – 0,2 – 0,21 – 0,22 – 0,24 – 0,3 – 1,5 – 2,0 – 1,5 – 0,21 – 0,32 – 0,28

2) Faça uma análise comparativa entre os conceitos de mediana, média e moda, destacando quando e como aplicá-los na análise contábil.

3) Para a série abaixo, identifique qual a medida de posição mais adequada, justificando a escolha:

LIQUIDEZ CORRENTE	FREQÜÊNCIA
1,5	2
2	3
1,75	6
1,6	5
1,55	4
1,65	2
1,9	1
1,98	1
1,77	1

4) Suponhamos que analisamos 20 empresas de um mesmo ramo tendo sido obtidos os seguintes valores para o índice de liquidez geral:

1,5 – 2,3 – 2,5 – 1,4 – 1,65 – 1,7 – 2,6 – 2,2 – 1,9 – 1,64 – 1,8 – 2,21 – 2,24 – 1,99 – 1,78 – 1,77 – 1,76 – 1,84 – 1,85 – 1,97

5) Foram analisadas 20 empresas de um mesmo ramo, apresentando os seguintes índices:

NÚMERO DE ORDEM	LIQUIDEZ CORRENTE	LIQUIDEZ GERAL
1	1,5	1,9
2	2	2,2
3	1,75	1,99
4	1,6	1,89
5	1,55	1,9
6	1,65	1,79
7	1,9	2,5
8	1,98	2
9	1,77	1,9

NÚMERO DE ORDEM	LIQUIDEZ CORRENTE	LIQUIDEZ GERAL
10	1	1,5
11	1,1	1,3
12	1,2	1,45
13	1,5	1,7
14	1,55	1,8
15	1,69	1,88
16	1,99	2,5
17	2	2,4
18	1,89	2
19	1,98	2,3
20	1,35	1,54

Pede-se: elabore os padrões para este setor.

6) A empresa GAMA levantou alguns dados de suas concorrentes principais:

ÍNDICES LEVANTADOS	NÚMEROS	ÍNDICES DA EMPRESA GAMA
Disponível / Passivo Circulante	0,15 – 0,8 – 0,75 – 0,12 – 0,20 – 0,25 0,16 – 0,17 – 0,22 – 0,23 – 0,24 – 0,21	0,16
Ativo Circulante / Passivo Circulante	1,2 – 0,3 – 1,48 – 1,58 – 1,8 – 2,0 – 2,5 – 0,68 – 1,75 – 0,8 – 1,9 – 1,95	1,50
Ativo Circulante – Estoques / Passivo Circulante	1,0 – 0,8 – 0,7 – 0,6 – 0,5 – 0,45 – 0,65 0,72 – 0,68 – 0,71 – 0,75 – 0,76	0,80
Passivo Circulante / Passivo Circulante + Passivo Exigível a Longo Prazo	0,2 – 0,35 – 0,8 – 0,7 – 0,38 – 0,40 – 0,75 – 0,6 – 0,60 – 0,68 – 0,71 – 0,42	0,20
Patrimônio Líquido / Passivo Circulante + Passivo Exigível a Longo Prazo	0,5 – 0,45 – 0,8 – 0,55 – 0,60 – 0,66 – 0,68 – 0,70 – 0,61 – 0,71 – 0,75 – 0,81	0,50
Lucro Líquido / Patrimônio Líquido	0,2 – 0,31 – 0,25 – 0,33– 0,26 – 0,32 0,36 – 0,35 – 0,27 – 0,34 – 0,18 – 0,19	0,30
Lucro Líquido / Ativo Total	0,10 – 0,11 – 0,13 – 0,12 – 0,14 – 0,20 0,15 – 0,17 – 0,19 – 0,16 – 0,18 – 0,2 – 0,21	0,17

Comente os resultados encontrados.

15.6. Trabalho Interdisciplinar

1) Em que consiste um "ramo de atividade"?

2) Quais as dificuldades de enquadramento de uma empresa em um ramo de atividade? Comente.

3) Pesquise o uso de ferramentas estatísticas na análise contábil.

4) Escolha um ramo de atividade e selecione 10 empresas. Obtenha as Demonstrações Contábeis de cada uma delas e calcule os índices estudados. Calcule os padrões. Elabore uma análise do ramo escolhido e apresente em sala de aula.

5) Escolha uma das empresas referenciadas na Revista Exame e observe como se desempenhou nos últimos cinco anos. Analise as Demonstrações Contábeis para o mesmo período.

6) Analise a empresa que obteve pior desempenho, segundo análise da mesma revista. Proceda à uma análise histórica (últimos cinco anos). Observe como a empresa analisada se posicionou no *ranking* em cada ano analisado. Tente encontrar justificativas para o desempenho.

7) Comente acerca dos indicadores abaixo (interpretação e ajustes):

   a) Vendas (em US$);

   b) Lucro líquido ajustado (em US$);

   c) Patrimônio líquido ajustado (em US$);

   d) EVA;

   e) Margem das vendas (%);

   f) Giro (em número índice);

   g) Riqueza criada por empregado (em US$);

   h) EBITDA.

8) Se tivesse que criar um modelo de avaliação econômico-financeiro, quais índices utilizaria? Quais ajustes você promoveria? Justifique sua resposta.

9) Pesquise outras fontes de informação para o analista contábil.

10) Quais os índices-padrão mais freqüentes nas fontes consultadas na questão anterior? Quais os critérios adotados?

11) Explore os sites a seguir, identificando o tipo de informação apresentada e a importância para o analista:

- www.serasa.com.br/produtos/setorise.htm
- www.ipea.gov.br
- www.economatica.com.br
- www.rfe.org
- www.econ-datalink.org/
- www.csufresno.edu/economics/econ_edl.htm
- www.bcb.gov.br
- www.ibge.gov.br
- www.economagic.com
- www.econ-line.com
- www.sbe.gov.br
- www.imf.br
- www.worlbank.org
- www.iadb.org
- www.seade.gov.br
- www.dismal.com

12) É importante analisar o contexto em que as empresas são analisadas a exemplo da ocorrência de planos econômicos, guerras etc., fatores que influenciam uma previsão. Comente os reflexos sobre a análise setorial.

13) Qual a importância das informações não-financeiras para a análise setorial? E das informações econômicas? Ilustre suas afirmações com exemplos.

15.7. Atividade de Laboratório

Prepare os padrões para os índices abaixo:

NÚMERO DE ORDEM	LIQUIDEZ CORRENTE	LIQUIDEZ GERAL	LIQUIDEZ IMEDIATA	ENDIVIDAMENTO (Exigível/PL)
1	1	1,8	0,15	0,4
2	1,1	1,5	0,12	0,5
3	1,2	1,8	0,14	0,45
4	1,15	1,66	0,2	0,55
5	1,14	1,6	0,25	0,6
6	2	2,3	0,13	0,3
7	1,8	2,3	0,21	0,2
8	1,72	2	0,1	0,25
9	1,21	1,9	0,3	0,33
10	1,17	1,6	0,26	0,26
11	1,17	1,8	0,14	0,34
12	1,18	1,88	0,23	0,5
13	2,2	2,6	0,11	0,28
14	1,7	2	0,4	0,29
15	1,99	2,5	0,18	0,44
16	1,4	2,1	0,22	0,45
17	1,89	2	0,24	0,48
18	1,17	1,6	0,15	0,5
19	1,89	2	0,17	0,2
20	1,76	1,99	0,16	0,21

15.8. Atividade para Revisão de Conceitos Estatísticos: Estudo Dirigido para Trabalho em Sala de Aula

Estatística Aplicada à Análise das Demonstrações Contábeis

A Estatística é importante para o contador em diversas especialidades (Auditoria, Contabilidade Gerencial, Análise das Demonstrações Contábeis etc.).

Em muitos momentos o profissional utiliza conceitos estatísticos em seu cotidiano de forma natural e muitos afirmam ter aversão e dificuldades na matéria.

O analista contábil, por exemplo, com freqüência se depara com a seguinte questão: Qual a média dos valores calculados para esse indicador nos últimos anos?

É importante para qualquer profissional conhecer detalhes acerca da distribuição dos dados com os quais trabalha. Esses dados podem ser obtidos por meio de ESTATÍSTICA DESCRITIVA.

A Estatística Descritiva, aquela que enfatiza a descrição do comportamento da amostra ou série, auxilia o analista contábil a compreender melhor os seus dados.

São elementos típicos de uma distribuição:

a) Medidas de posição;

b) Medidas de variabilidade ou dispersão;

c) Medidas de assimetria;

d) Medidas de curtose.

Descreveremos esses elementos nas linhas que se seguem:

A. MEDIDAS DE POSIÇÃO

As medidas de posição mais conhecidas e importantes são as medidas de tendência central. Tais medidas recebem essa denominação porque os dados tendem a se posicionar em torno de valores centrais (Figura 1).

Figura 1: Organização dos dados em torno de um valor central

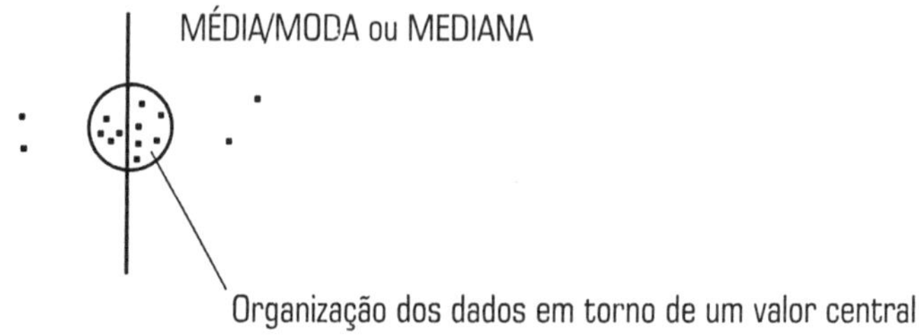

Dentre as medidas de tendência central, citamos:

a.1) Média aritmética;

a.2) Moda;

a.3) Mediana.

As demais medidas de posição são denominadas de separatrizes, as quais englobam:

a) mediana;

b) quartis;

c) decis;

d) percentis.

Comecemos pelos conceitos de tendência central.

A.1. Média Aritmética

Consiste na relação entre a soma dos dados observados ou calculados e o número total de observações.

$$\bar{x} = \frac{\sum_{i=1}^{n} x_i}{n}$$

Onde:

x_i = valores observados;

n = números de observações.

A.1.1. Aplicação

Tendo sido observado ao longo dos últimos dois anos os números abaixo para o ÍNDICE DE LIQUIDEZ CORRENTE, a média é obtida da seguinte maneira:

Mês	1	2	3	4	5	6	7	8	9	10	11	12
Ano 1	1,2	1	1,5	1,45	1,5	1,48	1,6	1,67	1,7	1,72	1,78	1,9
Ano 2	0,9	1,10	1,4	1,43	1,47	1,49	1,7	1,71	1,73	1,8	1,9	2

Exemplo:

$$\text{Média (ano 1)} = \frac{1{,}2+1{,}0+1{,}5+1{,}45+1{,}5+1{,}48+1{,}6+1{,}67+1{,}7+1{,}72+1{,}78+1{,}9}{12} = 1{,}54$$

Observe que "x médio para o ano 1" não pertence à serie, assim como "x para o ano 2" (1,55) também não pertence ao conjunto de observações.

A média consiste em um valor "representativo" da série, mas pode ser um valor diferente de todo o conjunto de observações, o que não invalida o cálculo. Neste caso costumamos afirmar que a *média não tem existência concreta.*

O fato de a média compor ou não a série tem pouca importância para o analista, o que de fato importa é que ele tenha uma idéia de valor médio. Vale ressaltar que não estamos aqui AINDA enfatizando o aspecto da qualidade de representação.

O essencial para o analista é conhecer a utilidade e as limitações. Vejamos.

A média é afetada pelos extremos, ou seja, sensível a *outliers*, por valores muitos altos e baixos. Então, a qualidade de uma média é afetada quando:

- O valor máximo e o mínimo se distanciam dos demais da série;
- Os valores da série são muito diferentes entre si.

Nestas hipóteses não é conveniente para o analista utilizar o conceito apresentado sob pena de inviabilizar um juízo de valor preciso.

A utilização da média implica, necessariamente, no conhecimento de todos os valores da série, pois utiliza no cálculo a totalidade dos dados disponíveis, como puderam observar.

O cálculo é simples e um ponto interessante é que a medida pode ser incluída em equações matemáticas com facilidade.

A.2. Variante do Conceito de Média

A.2.1. Média Ponderada

$$\bar{X} = \frac{\sum_{i=1}^{n} X_i \times n_i}{n}$$

Ao calcularmos a média aritmética simples, todos os valores da série recebem a mesma importância ou peso. Se em uma série de indicadores existirem valores repetidos, tais dados podem ser agrupados. O número de vezes que o índice se repete representa a intensidade ou freqüência com que o dado é observado na série, funcionando como uma espécie de ponderação.

X_i	n_i	$X_i \times n_i$
1,2	2	1,2 × 2 = 2,4
1,3	3	1,3 × 3 = 3,9
1,1	2	1,1 × 2 = 2,2
TOTAL	7	8,5

$$\text{Média} = \frac{8{,}5}{7} = 1{,}21$$

Vale reforçar que o cálculo da média ponderada é apenas um caso particular da média. Assim, absorve todas as suas limitações.

A freqüência funciona como "peso" porque quanto maior, mais prováveis são as observações.

Quanto maior a freqüência mais provável é o dado (reprodutibilidade).

A vantagem do conceito é exatamente a atribuição de pesos, que consiste na importância relativa do indicador para a série.

A.2.2. Questões as quais a Média responde para o analista

- O índice está ao redor (próximo) de um valor desejado (alvo ou meta)? No caso da análise, esse "alvo" pode ser um padrão interno ou externo. O padrão interno é construído dentro da própria empresa com base em seu histórico de dados.
- Qual o valor médio para esse indicador, nos meses de março, abril e maio?

A média é utilizada quando:

- Deseja-se obter uma medida de posição mais estável;
- Quando for necessário um tratamento ou emprego algébrico posterior.

Quanto menor o desvio em relação à média, melhor será para a análise. Vejamos como calcular o desvio em relação à média:

$$D = X_i - X$$

Onde:

D = desvio em relação à média;

X = média;

X_i = elemento de série.

Admitindo-se que a liquidez de uma empresa é igual a 1 e que a média do setor equivale a 1,5, o desvio em relação à média é 0,5.

A.3. Moda

Em algumas séries os valore se repetem. A moda consiste no valor que mais se repete em uma série (de maior freqüência). Assim, a moda não utiliza todos os valores da série.

O conceito é utilizado quando o analista deseja uma medida rápida de posição.

Quando a série possui uma única moda é denominada de UNIMODAL. Entretanto podem ocorrer séries com mais de uma moda, o que é uma desvantagem ou limitação da medida.

A grande vantagem de empregar o conceito é que esta não é afetada pelos extremos como a média, além de ser muito fácil de se obter. Todavia, é importante destacar que a medida é de difícil inclusão em equações matemáticas.

A desvantagem maior é que a moda pode ser um valor distante do centro de observações.

A.4. Mediana

Consiste na medida que está no centro da série, estando os dados dispostos segundo uma ordem (crescente ou decrescente).

É o número que se posiciona dividindo a série em duas partes iguais (50%).

Tendo sido calculada a rentabilidade sobre o PL de um empreendimento nos últimos 9 anos obteve-se os seguintes valores:

15% – 20% – 21%
13% – 12% – 18%
11% – 16% – 10%

O primeiro passo para obtenção da mediana é arrumar os dados em ordem crescente ou decrescente.

Valor central

10% – 11% – 12% – 13% – (15%) – 16% – 18% – 20% – 21%

quatro elementos — quatro elementos

A mediana é 15%, número que divide a série em partes iguais (quatro elementos para cada lado).

O valor da mediana pode ou não coincidir com um elemento da série, especialmente se o número de elementos for par.

Exemplo: 1,3 – 1,4 – 2 – 1,35 – 1,41 – 2,10

Organização da série em ordem crescente:

Valores centrais

1,3 – 1,35 – (1,4 – 1,41) – 2 – 2,1

A mediana (Md) de uma série de número par compreende a soma dos valores centrais.

Md = 1,4 + 1,4/2 = 1,405.

Trata-se de um conceito fácil de aplicar e não é afetado pelos extremos exatamente porque não faz uso de todos os dados da série.

Exercícios:

1) Tendo sido analisada a liquidez corrente de uma empresa ABC ao longo de 4 anos, o analista deseja saber como esses índices se comportam em determinadas épocas do ano, como você procederia ao estudo?

PERÍODO (MÊS)	ÍNDICES
Janeiro	1,5 – 1,45 – 1,36 – 1,48
Fevereiro	1,6 – 1,5 – 1,48 – 1,36
Março	1,8 – 1,9 – 2 – 2,1
Abril	0,6 – 0,5 – 0,7 – 0,55
Maio	0,5 – 0,71 – 0,6 – 0,61
Junho	1,3 – 1,0 – 1,2 – 1,15
Julho	2 – 1,19 – 1,85 – 1,6
Agosto	1,6 – 1,5 – 1,58 – 1,57
Setembro	1,4 – 1,35 – 1,36 – 1,37
Outubro	1,5 – 1,45 – 1,54 – 1,53
Novembro	1,5 – 1,64 – 1,54 – 1,44
Dezembro	2 – 1,9 – 1,5 – 1,9

2) Admitindo-se que sejam observados os valores abaixo, qual o conceito mais adequado para obtenção de um valor representativo para o índice abaixo? Justifique sua resposta, comentando acerca da qualidade da série:

1,4 – 1,39 – 1,38 – 2,5 – 2,1 – 1,4 – 1,36 – 1,0 – 2,15 – 1,4
2,75 – 0,8 – 0,95 – 1,0 – 1,36 – 1,2 – 0,65 – 1,4 – 0,58
1,10 – 0,75 – 1,3 – 1,21 – 1,22 – 1,4 – 1,28 – 1,4 – 0,63 – 1,4

3) Os gestores da empresa Beta (natureza comercial) resolveram analisar seu desempenho ao longo dos últimos quatro anos, comparando-os com a média setorial. Justifique os resultados:

Índices calculados

a) Liquidez imediata

0,25 – 0,3 – 0,2 – 0,15

b) Liquidez corrente
1,15 – 1,3 – 1,31 – 1,45

c) Liquidez seca
0,89 – 0,8 – 0,75 – 1

d) Endividamento geral (capital de terceiros/capital próprio)
0,3 – 0,2 – 0,4 – 0,5

e) Perfil da dívida (PC/(PC + PELP)
0,6 – 0,45 – 0,56 – 0,65

f) Rentabilidade sobre o ativo
16% – 15,4% – 17,25% – 18%

g) Rentabilidade sobre o PL
20% – 22,5% – 21,45% – 20,5%

Média setorial para os anos analisados

a) Liquidez imediata: 0,18 – 0,31 – 0,20 – 0,15;
b) Liquidez corrente: 1,40 – 1,31 – 1,25 – 1,19;
c) Endividamento geral: 0,35 – 0,42 – 0,31 – 0,5;
d) Perfil da dívida: 0,51 – 0,28 – 0,30 – 0,38;
e) Rentabilidade sobre o ativo: 18% – 20% – 19% – 19,5%;
f) Rentabilidade sobre o PL: 20,8% – 23% – 22,5% – 24%.

B. Medidas Dispersão ou Variabilidade

Analisamos em um primeiro momento os conceitos de medidas aritmética, mediana e moda, agora daremos atenção ao aspecto da qualidade da dispersão de dados.

É importante conhecer como os dados da série analisada se dispersam ao redor da média, independente da origem dos dados.

Acompanhe-nos em um exemplo.

Suponhamos três séries:

SÉRIE	ÍNDICES	MÉDIA
1	0,3 – 0,3 – 0,3 – 0,3	0,3
2	0,1 – 0,17 – 0,2 – 0,4	0,22
3	0,15 – 0,19 – 0,35 – 0,5	0,3

Pergunta-se: Qual a melhor série para esses dados?

Embora a série 1 e 3 apresentem aproximadamente a mesma série, a série 1 é mais representativa por ser homogênea, já que todos os valores são iguais.

Denominamos de dispersão ou variabilidade, o grau de diversificação dos valores em relação à medida de tendência central. Para a série 1, a dispersão é nula.

B.1. Tipos de Mediadas de Dispersão

- **Amplitude total (*range*)**

A amplitude total consiste na diferença entre o maior e o menor valor da série:

$$AT = X \text{ máximo} - X \text{ mínimo}$$

Quando afirmamos que a amplitude de uma série é elevada, fica subentendido o grau de influência dos valores extremos sobre o cálculo da média.

Como o conceito só considera os dois valores extremos, não observando os valores intermediários, o resultado não apresenta a qualidade necessária para uma medida do grau de dispersão.

- **Variância**

Tanto a variância quanto o desvio padrão fogem à limitação da amplitude porque considera a totalidade da série, o que torna a medida estável. O grau de estabilidade de uma medida é função da utilização de todos os elementos da série.

$$S^2 = \frac{\sum (X_i - \overline{X})^2}{n}$$

Onde:

S^2 = Variância;

Σ = Desvio padrão;

X_i = Elemento da série;

$\overline{X}$ = Média.

Como a variância é calculada a partir do quadrado da diferença , seu valor terá a unidade elevada ao quadrado, o que não é prático para o analista. Como variância é o desvio padrão ao quadrado, recomendamos que o analista trabalhe com "desvio padrão".

- **Desvio padrão**

Trata-se de uma medida de variabilidade média bastante útil quando se trabalha com distribuições normais.

A medida de dispersão, conforme já mencionado, é calculada pela raiz quadrada da variância.

O desvio padrão é uma medida absoluta.

O uso dos conceitos "variância" ou "desvio padrão" depende da finalidade do analista.

A grande limitação do desvio padrão é que este é fortemente afetado por arredondamento da média.

- **Coeficiente de variação**

O coeficiente de variação é uma medida relativa de dispersão e supre uma limitação do conceito de desvio padrão. Quando o analista afirma que a série apresentou desvio igual a 0,5, uma questão surge de imediato: Qual a dimensão desse desvio sobre a série?

Um desvio padrão pode ser considerado pequeno para uma série de valor médio 15% e grande para uma série cujo valor médio é 1,5%.

O coeficiente de variação é obtido da seguinte forma:

$$CV = \frac{S}{\overline{\overline{X}}} \times 100$$

O coeficiente mostra a dimensão de desvio em relação à média. Quanto menor, melhor para a empresa.

A série que apresentar menor CV terá menor dispersão, desta forma, menor risco.

- **Semivariância**

A aplicação dos conceitos da Estatística Descritiva é muito importante para a Contabilidade Gerencial. Por exemplo, nas aplicações financeiras, o investidor questiona sempre, ainda que movido pela intuição, acerca do valor médio da rentabilidade dos seus projetos. Os desvios entre esse valor médio e os valores de rentabilidade possíveis estabelecem o risco da referida operação.

O foco da análise, algumas vezes, deve se restringir àqueles valores que se situam abaixo da média (negativos). Os desvios positivos correspondem a prêmios para o investidor, assim não geram problemas ao gestor/investidor. Quer dizer, são retornos acima da expectativa.

Diante disso, alguns autores preferem usar para esse tipo de analise o conceito de semivariância, que se diferencia do conceito de variância porque considera apenas o somatório dos quadrados dos desvios negativos $(X_i < \bar{X})$.

Exercícios:

1) A rentabilidade do último exercício para carteiras de investimento X e Y estão apresentadas na tabela abaixo. Assim, pergunta-se: em sua opinião, qual a melhor carteira?

NÚMERO DE ORDEM	X	Y
1	6%	7,5%
2	10%	8%
3	16%	10%
4	6,1%	7,1%
5	16%	10%
6	13%	8%
7	6,2%	10,2%
8	7%	9%
9	8,20%	19%
10	9%	21%
11	9,73%	18,5%
12	10,5%	19,75%

2) Analise a empresa A em relação a empresa B, tomando como parâmetro o índice de liquidez para cinco anos:

NÚMERO DE ORDEM	1	2	3	4	5
A	1,2	1,35	1,55	1,75	1,98
B	1,9	0,8	2,5	1,0	0,65

C. SEPARATRIZES

Outro conceito muito utilizado na análise contábil é o de separatriz. Embora as separatrizes não sejam medidas de tendência central, indicam "posição".

A mediana é um exemplo de separatriz porque separa a série em duas partes com o mesmo número de elementos.

Os quartis seccionam a distribuição em quatro partes iguais quanto ao número de elementos.

Os decis dividem a série em dez partes e os centis (ou percentis) em cem partes equivalentes.

Desta forma, para separar uma série ordenada em quatro partes equivalentes, são necessárias três separatrizes:

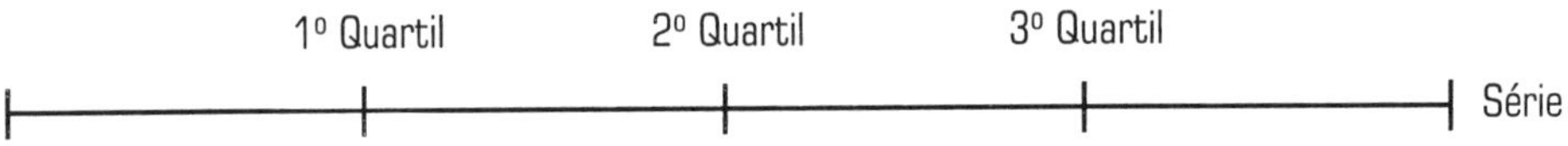

Quadro 1: Separatrizes

TIPO	NÚMERO DE SEPARATRIZES
Quartis	3
Decis	9
Centis	99

Represente graficamente a tabela acima:

C.1. Quartis

A definição de quartil, representado pela letra Q, é muito simples.

Como exposto, os quartis dividem a série em quatro partes iguais, conforme figura a seguir:

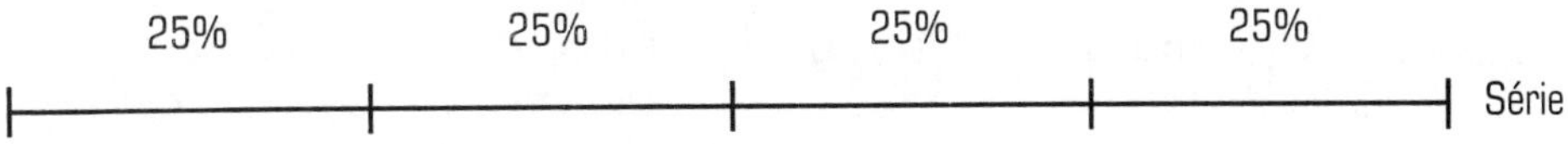

Dada uma série em ordem crescente de valores, o primeiro quartil (Q1) corresponde ao valor que divide a série em duas partes: a primeira parte contendo 25% dos dados e a segunda, 75%.

Vejamos como interpretar:

O primeiro quartil representa o valor situado abaixo de 75% das observações, ou ainda, valor abaixo do qual concentram-se 25% das observações.

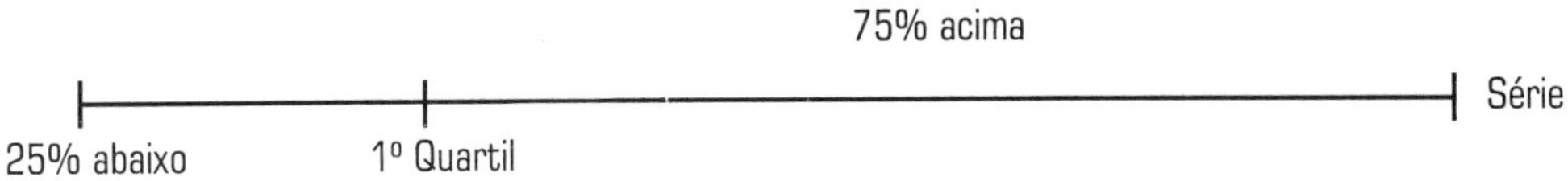

O segundo quartil coincide com a mediana porque divide a série em partes iguais 50%.

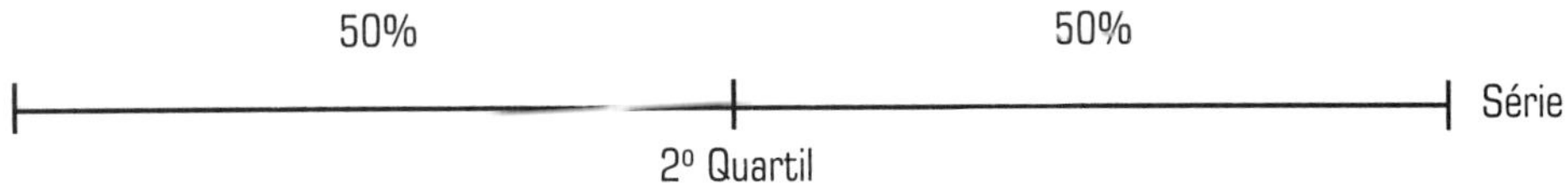

O terceiro quartil representa o valor situado acima de 75% das observações ou ainda, valor acima do qual concentram-se 25% das observações.

O elemento que indica a ordem, ou seja, a posição dos quartis é determinada da seguinte maneira:

$$X = in/4$$

Onde **X** é o elemento de ordem, **i** o número do quartil para o qual será calculada a posição e **n** o número total de observações.

C.2. Decil

Dada uma série em ordem crescente de valores, o primeiro decil (D1) corresponde ao valor que divide a série em nove partes iguais.

O elemento que indica a ordem, ou seja, a posição dos decis é determinada da seguinte maneira:

$$X = in/10$$

Onde X é o elemento de ordem, i o número do decil para o qual será calculada a posição e n o número total de observações.

Defina cada decil e interprete o significado por meio de exemplos na área contábil:

____

____

____

____

____

____

____

C.3. Percentil

Ordenando-se a série em "n" observações em sentido crescente, a ordem 1 representa 0% e a ordem "n" 100%.

Uma posição de ordem "X" terá uma posição "p".

$$p = \frac{x - 1}{n - 1} \times 100\%$$

Onde:
x = ordem;
n = número de observações.

Acompanhe esse exemplo: você encontrou em sua análise os seguintes valores para o índice RONA (NOPAT/ATIVOS LÍQUIDOS) obtidos através do estudo das concorrentes e da própria empresa:

25% – 30% – 40% – 35% – 28% – 29,5% – 38% – 39% – 38,8% – 41% – 37,25%

Série	25%	28%	29,5%	30%	35%	37,25%	38%	38,8%	39%	40%	41%
Ordem	1	2	3	4	5	6	7	8	9	10	11

Admitamos que o RONA da empresa analisada seja 28%. Nesse exemplo a nossa ordem "X" será de número 2. Para X= 2 e n = 11, a posição da empresa será calculada como segue:

$$p = \frac{x - 1}{n - 1} \times 100\%$$

Onde:
x = ordem;
n = número de observações.

$$p = \frac{x - 1}{n - 1} \qquad p_2 = \frac{2 - 1}{11 - 1} = \frac{1}{10} = 10\%$$

"O índice da empresa é maior que 10% dos elementos da série e, conseqüentemente, menor que 90% desta, o que significa um desempenho não satisfatório para esse indicador."

Repetindo o procedimento para todos os elementos da série chegaremos aos seguintes valores:

Série	25%	28%	29,5%	30%	35%	37,25%	38%	38,8%	39%	40%	41%
Ordem	1	2	3	4	5	6	7	8	9	10	11
Percentil	**0%**	**10%**	**20%**	**30%**	**10%**	**50%**	**60%**	**70%**	**80%**	**90%**	**100%**

Admitindo-se que o RONA da empresa seja 38%, como interpretar?

____

____

____

____

____

O elemento que indica a ordem, ou seja, a posição dos percentis é determinado da seguinte maneira:

$$X = in/100$$

Onde "X" é o elemento de ordem, "i" o número do percentil para o qual será calculada a posição e "n" o número total de observações.

Exercícios:

1) A tabela abaixo contém o EBITDA das dez melhores empresas de determinado setor no ano de 20X0. A empresa ALFA apresentou EBITDA igual a $2.500.000. Qual sua interpretação acerca do desempenho da empresa em relação às suas congêneres? Utilize o conceito de percentil.

EMPRESA	EBITDA ($)
ABC	3.000.000
CDE	2.980.000
EFG	2.800.000
GHI	2.760.000
ALFA	**2.500.000**
IJL	2.590.000
LMN	2.580.000
NOP	2.560.000
PQR	2.475.000
RST	2.000.000

2) Analise os valores abaixo (índice ROCE).

10% – 15,2% – 14,5% – 45% – 13% – 17% – 19% – 21% – 20% – 28% – 30%

Esses valores foram obtidos das principais concorrentes de nossa empresa.

Admitamos que nossa empresa apresentou ROCE igual a 20%, como interpretar? Utilize o conceito de percentil.

3) Quais os cuidados que o analista deve ter no diagnóstico da qualidade de uma posição em relação aos indicadores contábeis?

Capítulo 16

Modelos de Previsão de Insolvência

Este capítulo apresenta os principais modelos de previsão de insolvência. Inicialmente é descrita a técnica de análise discriminante para entendimento da concepção dos modelos.

A insolvência é definida como a situação em que os ativos de uma empresa não são suficientes para fazer face às obrigações, ou seja, quando há excesso de passivos em relação aos ativos.

Consiste em um problema que afeta os agentes sociais envolvidos (clientes, fornecedores, instituições financeiras e governo), ligados àquela organização insolvente. Assim, a previsão do insucesso financeiro constitui uma ferramenta gerencial que interessa não somente à cúpula diretiva e aos acionistas de uma entidade, mas a toda a sociedade.

O poder preditivo das Demonstrações Contábeis é uma preocupação antiga. Tanto que, ao longo dos anos, modelos preditivos foram desenvolvidos, especialmente nos países industrializados.

No exterior destacaram-se os trabalhos de Altman, Fitz Patrick, Winakor e Smith, Merwin, Beaver, Backer e Gosman. No Brasil, os estudos de Kanitz, Elizabetsky, Alberto Matias e José Pereira da Silva também receberam destaque.

Os modelos utilizam em sua maioria a técnica multivariada de análise discriminante.

Os modelos estatísticos multivariados estudam relações entre um conjunto de atributos, permitindo se analisar a associação entre dois ou mais conjuntos de medidas obtidas, supostamente relacionadas.

A análise discriminante, também conhecida como análise discriminante decisional, consiste em uma técnica estatística (multivariada) de análise de dados que permite identificar quais variáveis preditoras determinam diferenças entre dois ou mais grupos, facultando a classificação de casos em um dos referidos grupos.

O objetivo da análise discriminante é desenvolver uma regra de classificação para X que classificará cada observação em um dos grupos estudados (P_1 e P_2).

A finalidade do estudo estatístico é encontrar a combinação linear de X, tal que a diferença das médias das combinações lineares em P_1 e P_2 tenha sua variância maximizada, o que permitirá a classificação.

A variável dependente possui caráter qualitativo e as variáveis independentes são atributos que determinam ou influenciam o comportamento da variável independente.

Para Bouroche (1982, p. 102):

> *"A análise fatorial discriminante permite, com a ajuda de uma visualização num plano fatorial apropriado, descrever as ligações entre o caráter a ser explicado e os caracteres explicativos. A análise discriminante decisional permite prever as modalidades do caráter a ser explicado a partir dos valores tomados pelos caracteres explicativos".*

Na verdade, a técnica possibilita efetivamente ao gestor responder até que nível o caráter qualitativo é justificado pelos caracteres quantitativos selecionados e testados. É essa propriedade que a destaca no estudo da insolvência.

- O que conduz um negócio ao estado de insolvência?
- Quais as causas ou origens desse *status*?
- De que maneira o problema se apresenta?
- Quais indicadores melhor sinalizam a situação?

Trata-se de uma técnica bastante utilizada na previsão de falência desde 1966 através do trabalho de William H. Beaver, que desenvolveu um modelo de previsão de insolvência permitindo a classificação das empresas em saudáveis e não saudáveis com base em índices contábeis.

A técnica aplicada afere, então, o grau de propensão da empresa à insolvência, indicando até os níveis dessa propensão, através do fator de risco obtido junto à função.

Assim, são objetivos da análise discriminante:

- Obter uma função discriminante, que apresente combinações lineares contendo variáveis independentes com propriedade de discriminar casos entre as categorias da variável dependente;
- Constatar a existência de diferenças expressivas entre os grupos de estudo tomando por base as variáveis independentes, também denominadas de prognosticadoras;
- Verificar quais variáveis melhor contribuem para a diferenciação dos grupos;
- Permitir uma classificação ou enquadramento de casos em um dos grupos estabelecidos;
- Construir modelos lineares de modo que os índices aplicados se concentrem em torno do índice médio do grupo;
- Obter coeficientes tais que a variância intergrupos seja maximizada, reduzindo-se a variância intragrupos;
- Avaliar a qualidade (precisão) da classificação obtida.

A análise discriminante tem como modelo estatístico as combinações lineares abaixo:

$$F = b_0 + b_1 X1 + b_2 X2 + b_3 X3 + ... + b_P XP$$

Onde:

F = fator ou escore discriminante (variável dependente);

bi = coeficiente ou peso discriminante, i = 1, 2, 3 ... p;

X = coeficiente independente ou prognosticador. No estudo de insolvência, são os índices extraídos das Demonstrações Contábeis.

A atribuição de pesos é justificada pelo fato dos índices serem relações matemáticas e, portanto, valores não-absolutos. Existe uma infinidade de variáveis que determinam o *status* financeiro de um negócio. Os pesos, conquanto, refletem a relevância dos índices no contexto da análise. Quanto maior o peso estimado, maior a importância para o estudo.

16.1. Conhecendo a Técnica de Análise Discriminante

A aplicação da análise discriminante envolve seis etapas, descritas a seguir.

A **primeira etapa** é a definição de premissas do modelo estatístico e formalização do problema. A utilização da análise discriminante exige, em primeiro lugar, uma separação dos grupos que compõem a amostra (no caso de análise discriminante duogrupal, Grupo P1 e Grupo P2).

As premissas constituem os insumos necessários à construção das diretrizes do estudo e respondem às seguintes questões:

- Quais as categorias ou grupos estudados?
- Quais os conceitos associados às categorias a serem estudadas?
- Como responder às limitações inerentes ao modelo estatístico de análise discriminante?

Quando o estudo for direcionado ao problema da insolvência, é importante conceituar empresas solventes e insolventes, pois uma definição não apropriada pode invalidar o trabalho, enviesando a amostra.

De posse dessas definições, cumpre-se a **segunda etapa**, denominada de "estudos exploratórios". Esta fase consiste na escolha e no estudo do universo amostral. Esses estudos exploratórios referem-se aos levantamentos setoriais e das peculiaridades do setor econômico a partir do qual a amostra será obtida, análise da qualidade das Demonstrações Contábeis divulgadas e o acesso a informações referente às empresas.

Recomenda-se, nesta seqüência, que o analista opere um teste-piloto, a ser realizado com parte da amostra, objetivando colher maiores informações sobre tendências quanto à capacidade preditiva de alguns índices.

A escolha das variáveis independentes precisa estar lastreada numa pesquisa prévia a fim de que a função discriminante seja encontrada mais rapidamente.

Trata-se da fase em que o analista identifica e reconhece o ambiente no qual os trabalhos serão desenvolvidos. É nesta fase que a amostragem será planejada (objetivos, tamanho, qualidade da amostra e procedimentos de amostragem).

É importante destacar que o tamanho da amostra é determinado de modo a possibilitar menor erro estatístico. Considerando que a amostra seja composta de empresas solventes e insolventes, categorias mutuamente excludentes, recomenda-se um número não inferior a cinqüenta para cada categoria.

A **terceira etapa** corresponde à amostragem propriamente dita.

Inicialmente, faz-se a divisão da amostra em duas subamostras, a saber: de análise e validação.

A subamostra de análise, também conhecida como amostra de estimação, consiste na matéria-prima para o trabalho do analista.

A subamostra de validação, denominada de amostra retida (*holdout*), objetiva validar a função discriminante na fase final do estudo.

Nos casos onde a amostra é grande, recomenda-se dividi-la em partes iguais.

Independente do tamanho da amostra, a proporção de empresas solventes e insolventes deve ser obedecida. Por exemplo, se a amostra de análise distribui as categorias na razão de 50%, a amostra de validação deve possuir a mesma razão. Ambas devem espelhar a mesma distribuição.

A **quarta etapa** é a estimação dos coeficientes da função discriminante. Nesta fase, dois caminhos podem ser percorridos: a aplicação do método direto ou do método passo a passo.

Pelo método direto, são escolhidas variáveis simultaneamente, independentemente de seu poder discriminatório. É o método adequado quando existir uma pesquisa exploratória sólida, que servirá de base para a escolha das variáveis independentes.

No método de análise discriminante passo a passo, as variáveis são incluídas conforme sua eficácia na discriminação entre grupos.

Esse método é recomendado para o estudo da insolvência, uma vez que elimina toda e qualquer subjetividade na escolha das variáveis. Assim, o pesquisador pode avaliar a capacidade de discriminação através da análise dos desvios-padrão dos grupos.

As **quinta e sexta etapas** estão vinculadas e correspondem à verificação da acuracidade preditiva dos modelos através dos testes de significância e dos testes de validação.

A validade de um modelo discriminante depende, dentre outros fatores, da diferença entre o número de observações e o número de variáveis, onde o primeiro deve ser superior ao número de variáveis a fim de que o modelo seja, de fato, confiável.

Enquanto a amostra de análise é usada para obter a função discriminante, a amostra de validação é aplicada na construção da matriz de classificação. A matriz de classificação, também denominada de matriz de predição, contém o número de casos classificados correta e incorretamente. Os casos corretamente classificados (grupo preditivo) formam uma diagonal. Os casos incorretamente classificados dispõem-se fora da diagonal.

Esta matriz serve de referência para se avaliar a previsão do modelo através do cálculo da proporção de acertos, ou seja, percentual de casos classificados corretamente pela técnica de análise discriminante.

O analista, inicialmente, quando na aplicação da análise discriminante, dispõe de um grande número de variáveis potencialmente preditoras, fato que gera a necessidade de se fazer uma seleção prévia identificando quais variáveis melhor contribuem para a leitura do estado financeiro da empresa, se de insolvência ou solvência. As variáveis escolhidas farão parte da função discriminante.

Há algumas aproximações para se determinar a contribuição individual das variáveis na discriminação total. Estudos passados revelam o teste F (univariado) associado a cada preditor e/ou às magnitudes dos pesos discriminantes padronizados. Ocorre porém que, quando as variáveis preditoras se influenciam mutuamente, tais aproximações podem induzir ao erro, não havendo condições de se identificar a contribuição individual de cada um, embora ambas sejam contribuintes marginais.

O emprego dos valores de F individuais associados a cada preditor fornece probabilidades imprecisas (uma vez que os valores de F ignoraram a interdependência de alguns preditores).

A técnica univariada é empregada para restringir o número de variáveis testadas na construção da função, eliminando aquelas que não oferecem contribuição para uma melhor função discriminante.

16.2. Benefícios e Limitações da Análise Discriminante Aplicada ao Estudo da Insolvência

Durante muito tempo, a análise discriminante foi a ferramenta mais popular no estudo da insolvência apesar das restrições que possui. Diversas foram as aplicações da análise discriminante no seu estudo da insolvência, todavia pouca atenção foi dada às limitações que envolvem o seu emprego, razão pela qual este trabalho destaca as principais limitações do modelo estatístico. Algumas críticas feitas aos modelos passados decorrem das próprias limitações das técnicas estatísticas. Restrições estas que conduzem a uma classificação equivocada do modelo para a empresa analisada.

O êxito da aplicação de um modelo de análise discriminante é função da qualidade das demonstrações contábeis no tocante aos aspectos evidenciação e fidedignidade na transcrição da realidade da entidade. Conquanto, os mesmos fatores que afetam as Demonstrações Contábeis, no que se refere à qualidade, afetam os resultados obtidos com o modelo.

As limitações dos índices usados como variáveis independentes também constituem restrições para o indicador obtido através da análise discriminante.

Outra limitação natural do modelo refere-se à diversidade de fatores (internos e conjunturais) que influenciam o desempenho de um negócio; assim é muito difícil um único modelo contemplar, através de índices, esse complexo de fatores extremamente mutáveis. Esta é a principal razão pela qual se recomenda a revisão periódica do modelo: para responder à dinâmica do meio.

Silva (2000, p. 307-308) adverte que:

> *"O tempo (a época) é uma das principais limitações apresentadas pelos modelos desenvolvidos a partir do uso da análise discriminante. Com o decorrer do tempo, tanto as variáveis quanto seus pesos relativos sofrem alterações. As variáveis que, segundo a análise discriminante, são as que melhor classificam sob determinada conjuntura econômica, podem não o ser em outras situações".*

A não-estabilidade dos modelos tem origem na variação das estratégias corporativas, nas mudanças nas taxas de juros, nas transformações na estrutura de competição no mercado, na oscilação dos níveis de inflação, no ciclo econômico e no ciclo de vida dos produtos.

A revisão periódica do modelo é facilitada quando se parte de uma amostra oriunda de um único setor econômico contendo empresas de mesmo porte. De fato, um importante aspecto a ser contemplado nesta análise é a diferença entre as empresas, ou seja, a maneira pela qual reagem às intempéries do meio, o que muitas vezes gera disparidades entre a classificação dentro da amostra e da amostra de validação. Quanto mais homogênea a amostra, mais confiável o modelo.

Os modelos baseados na técnica de análise discriminante, se aplicada com base em uma amostra setorial específica, apresentam-se mais eficazes, conferindo maior segurança ao analista na elaboração de suas conclusões. Tal afirmação se fundamenta no fato de que são o porte e o setor que determinam a complexidade, variedade e tipos de operações efetuadas pela entidade. Desta maneira, quanto maior o número de similaridades entre as empresas estudadas, mais homogênea será a amostra, e, com isso, indicadores comuns poderão ser aplicados. É importante destacar que os indicadores mais eficazes para empresas industriais não são os mesmos para empresas comerciais, o que requer um estudo especializado por atividade.

Uma outra restrição ao modelo refere-se à dificuldade em refinar os indicadores utilizados em função do acesso a informações não divulgadas, a exemplo das imobilizações financeiras (estoque mínimo de segurança), média de inadimplência, estoque-tampão etc., as quais poderiam ser excluídas do ativo circulante no cômputo dos índices de liquidez.

Atenção deve ser dada ainda às variáveis que apresentam probabilidade de multicolinearidade, que consiste na correlação em alto grau entre elas.

Os próprios pré-requisitos para aplicação da análise discriminante constituem restrições ao modelo:

- As características dos grupos devem ser excludentes mutuamente;
- As variáveis explicativas não devem apresentar correlação unitária, do contrário qualquer variável adicionada ao modelo não melhorará seu poder explicativo;
- O modelo de probabilidade das variáveis explicativas de cada grupo deve assumir a forma normal multivariada, isto para simplificação no cálculo do erro de classificação;
- As matrizes de variância-covariância entre os grupos devem supor-se iguais. Se as matrizes de covariância forem iguais, existe uma solução mais fácil de ser calculada. Para que o modelo preditivo tenha eficácia, o grupo de empresas saudáveis deve ser tão diferente quanto possível do grupo de empresas não-saudáveis, no que implica a assunção de variância máxima entre os grupos. Acrescentando, o grau de coesão de cada grupo é importante no processo de discriminação, no que também implica a suposição de variância mínima dentro dos grupos;

- Os grupos devem ser discretos, ou seja, identificáveis e sem superposição. Caso contrário, não se poderia classificar um indivíduo que está em dois grupos ao mesmo tempo.

A matriz de variância intragrupo (W) pode ser obtida através da fórmula:

$$W = \sum_{i=1}^{p}\sum_{j=1}^{n_i}(x_{ij} - \bar{x}_i)^2 \; ; \; i = 1,\ldots,p \; ; \; j = 1,\ldots,n_i \; ; \; \bar{x}_i = \left(\frac{1}{n_i}\right)\cdot\sum_{j=1}^{n_i}x_{ij}$$

Onde:

p = número de amostras;

n_i = tamanho da i-ésima amostra;

x_{ij} = observações (j-ésima observação da i-ésima amostra);

$\bar{x}_i$ = Média para a i-ésima amostra.

Supõe-se, no estudo, além de linearidade e normalidade citadas, presença da homocedasticidade entre os grupos estudados, condições estas que são ideais, uma vez que desvios de normalidade são comuns no estudo de variáveis econômico-financeiras. A assunção de matrizes de variância-covariância é, em geral, violada.

É importante acrescentar ainda que o modelo é mais um instrumento a ser empregado na análise contábil, mas não exclui o juízo de valor do analista. A dependência de um único instrumento analítico, além de limitar o alcance das conclusões, pode enviesá-las de todo, bastando para isso que ocorra a manipulação dos dados reportados nas Demonstrações Contábeis.

A análise discriminante não informa a probabilidade de o negócio vir a alcançar a descontinuidade, apontando apenas o risco evidenciado através meramente da classificação, lacuna que vem sendo respondida pelo estudo de regressão logística (enquanto a técnica de análise discriminante é uma técnica de classificação, a regressão logística permite a obtenção da probabilidade do evento ocorrer, sendo, assim, complementares).

A análise de regressão logística, que também consiste numa técnica estatística multivariada com variável dependente dicotômica, proporciona diretamente a probabilidade de ocorrência do evento insolvência.

Outra crítica restritiva aos modelos de previsão de insolvência levanta a importância de se estudar variações estratégicas e de marketing. Variáveis estas, ligadas a produtividade, *market-share*, qualidade, inovação, dentre outras, crítica esta alimentada pelo crescente uso de medidas não-financeiras.

A eficácia dos modelos é também função do momento em que são aplicados, fator crítico no emprego da técnica, uma vez que o momento ideal é aquele que não compromete a tomada de ações corretivas (tempestividade da informação).

A detecção de desequilíbrios financeiros, quando na iminência da falência, não cumpre sua função maior que é alertar para o risco falimentar.

Os números reportados nas Demonstrações Contábeis são o reflexo da gestão patrimonial; assim a reversão da situação econômica e financeira é função da habilidade dos gestores e, conseqüentemente, das medidas saneadoras adotadas, fatos a que se atribui a mudança de comportamento dos indicadores na função discriminante.

O tamanho mínimo da amostra recomendável para uso da análise discriminante é de 20 observações por grupo, o que dificulta o levantamento de dados. Grupos maiores têm maiores chances de classificação eficaz.

Grande parte das falências ocorre com pequenas e microempresas, as quais são desobrigadas de proceder à escrituração contábil. Assim, a construção de modelos discriminantes dirigidos para estas empresas fica inviabilizada pela pouca disponibilidade de dados.

No estudo realizado por Kanitz (1972), o autor justificou o tamanho da amostra argumentando que o grande número de empresas falidas era constituído de sociedades por quotas de responsabilidade limitada que, portanto, não publicavam seus balanços. Já as sociedades anônimas, embora publicassem seus balanços, estes não reuniam qualidade suficiente de apresentação para serem analisados.

Tais limitações tornam os modelos de análise de solvência baseados na análise discriminante bastante restritivos.

A não-consistência dos modelos construídos a partir da análise discriminante reside na generalização para os diversos setores, limitação, à primeira vista, mais marcante.

A aplicação de modelos baseados em análise discriminante, todavia, apresenta os seguintes benefícios:

- *Grau de explicação.* Explicação de comportamentos assumidos pela variável dependente. A análise discriminante permite uma aferição precisa da proporção de variabilidade explicada pelo modelo adotado A aplicação da técnica revela ainda a importância relativa (peso) de cada variável na explicação dos valores assumida pela variável dependente. O conhecimento das causas de um evento é um importante passo para seu controle;
- *Maior objetividade do estudo.* A seleção por meio de recursos estatísticos reduz a subjetividade introduzida pelo julgamento do analista no trabalho

de análise. A aplicação da técnica diminui o confronto de julgamentos pessoais presente na análise subjetiva;

- *Integração ao sistema de informações gerenciais.* O índice pode ser integrado ao sistema de informações gerenciais da empresa. Nesse sentido, a adoção de amostras específicas facilita a revisão da função discriminante e a custos menores;
- *Combinação de índices/multidimensionalidade.* A análise discriminante não toma como base um único índice, o que não restringe seu foco, posto que apenas os mais representativos são pré-selecionados. Trata-se de um poderoso recurso de análise por ensejar o estudo de múltiplos aspectos ligados à gestão: liquidez, estrutura de capitais (endividamento), grau de alavancagem, lucratividade e rentabilidade;
- *Propriedade discriminatória.* A propriedade discriminatória do índice pode ser utilizada para indicar o risco de insolvência, servindo, assim, como instrumento de controle gerencial. O controle gerencial tem a função de assegurar que os recursos da organização sejam utilizados de forma eficaz, em consonância com os objetivos da organização. Assim, deve envolver desde a mensuração do desempenho à sua correção. O índice discriminante pode assumir o papel de quantificar esse desempenho através da análise de risco;
- *Visão setorial.* Se aplicada a empresas de um mesmo setor econômico, proporciona um conhecimento setorial mais apurado, o que fundamenta a realização de comparações quando da análise contábil. Em termos práticos, diminui a dispersão de variáveis, melhorando a capacidade discriminante da função. A falência é um fator de desagregação do sistema econômico porque gera desequilíbrios sociais. Assim, quando se procede a estudos setoriais, é constituído em potente instrumento de leitura antecipada de problemas econômicos.

16.3. Modelos Estatísticos Empregados na Previsão de Insolvência de Empresas

O presente tópico revisa a literatura acerca da aplicação de funções discriminantes no estudo da insolvência.

Os modelos constituem representações abstratas e simplificadas de objetos, sistemas e, até mesmo, de eventos reais. Desta forma, espelham uma realidade, ou parte dela, com o objetivo de explicar o comportamento de determinado elemento do modelo. Assim, podem ser utilizados na tarefa previsão e controle de sistemas, ou eventos reais.

Os modelos de previsão descrevem eventos reais com potencialidade de serem usados para previsão de eventos futuros, não obstante possam servir de esteio à finalidade controle.

O emprego de modelos de previsão de insolvência como componente da gestão traz os seguintes benefícios:

- Proporciona uma interação mais adequada com as variáveis que compõem o modelo;
- Introduz objetividade ao estudo do problema da insolvência, uma vez que seu emprego conduz, necessariamente, ao detalhamento das hipóteses assim como das eventuais causas e efeitos;
- Apresenta ao usuário um instrumento de fácil leitura e assimilação por parte de analistas;
- Oferece condições favoráveis para a realização de testes.

A previsão de insolvência utilizando modelos estatísticos discriminantes não configura assunto novo na área de finanças. A revisão na literatura evidencia que os modelos de previsão de insolvência evoluíram ao longo dos tempos, refletindo um amadurecimento no emprego de técnicas estatísticas, o que tem contribuído para a maior difusão e entendimento dos modelos.

Para Volkema (2001, p. 35):

> *"O campo de previsão de problemas financeiros de empresas tem sido objeto de inúmeros estudos desde a década de 60. O objetivo é encontrar um modelo capaz de prever, com alguma antecedência, se uma empresa apresenta tendência ou não a se tornar insolvente".*

A busca por um maior grau de previsão de colapsos financeiros, com a antecedência necessária para reversão do quadro, marcou a trajetória dos estudos nesta área.

Os estudos estão classificados em duas categorias conforme a técnica estatística aplicada, se univariada ou multivariada.

A análise univariada consiste no estudo isolado de cada variável de forma, essencialmente, descritiva através de medidas como média, mediana, moda etc. A análise bivariada permite mensurar a relação entre duas variáveis. Já a análise multivariada mede o efeito das variáveis independentes sobre as variáveis dependentes.

Tem o nome de multivariada porque possibilita a análise da associação entre dois ou mais conjuntos de medidas, obtidas a partir de eventos distintos, simultaneamente.

Cumpre destacar que a análise multivariada permite trabalhar-se com relações simultâneas entre as variáveis, enquanto que a análise univariada fica restrita a cálculo de médias e variâncias de variáveis isoladas.

Dentre os modelos quantitativos empregados na previsão de insolvência de pessoas jurídicas, tomando por base a análise univariada, destacaram-se:

16.3.1. Modelos Quantitativos de Previsão de Falência

a) Estudo de Fitz Patrick

Com o objetivo de testar a qualidade elucidativa dos índices contábeis, Paul J. Fitz Patrick, em 1932, selecionou 38 empresas para estudo (19 empresas saudáveis e 19 empresas falidas).

O estudo objetivou verificar se os índices das empresas bem-sucedidas eram favoráveis ou não ou, ainda, se os índices das empresas falidas entre 1920 e 1929 eram de fato insatisfatórios. Para tanto, foi fixado um padrão mínimo para os índices.

Fixado o padrão mínimo, em seguida foi analisado o comportamento em relação a esse padrão, observando-se que as empresas saudáveis o ultrapassavam enquanto que os índices das empresas falidas se mantiveram abaixo desses mínimos.

Dentre os índices estudados na construção do modelo destacaram-se: Patrimônio Líquido/Passivo Total e Lucro Líquido/Patrimônio Líquido (os índices tradicionais de rentabilidade). O modelo não contemplou a ponderação dos índices na explicação do quadro constatado nas empresas.

O estabelecimento de um padrão mínimo também é discutível, uma vez que os padrões são válidos sob determinadas condições, o que restringe sua aplicação.

b) Estudo de Winakor e Smith

O modelo de Winakor baseou-se no estudo de 183 empresas falidas entre 1923 e 1931. O objetivo do estudo era detectar como os índices se comportavam à medida que o negócio se aproximava da falência. Foram estudadas as Demonstrações Contábeis dessas empresas dez anos antes da falência propriamente dita. O estudo lastreou-se no cálculo de cerca de 21 índices, tendo como base as demonstrações reclassificadas e padronizadas.

O referido estudo permitiu concluir que a qualidade de evidenciação dos índices no retrato do desequilíbrio financeiro melhorava à medida que se aproximava o período da falência.

A razão que apresentou maior qualidade preditiva foi Capital de Giro/Ativo Total, a qual reflete a capacidade dos ativos em gerar capital de giro, essencial para a solvência do negócio. Esse modelo também não informava a contribuição relativa de cada índice na previsão de falência.

c) Estudo de Merwin

Tendo examinado empresas (pequenas sociedades anônimas) com investimento abaixo de US$ 250.000, Charles L. Merwin estudou o comportamento dos índices contábeis.

Dentre os índices, o que melhor se apresentou foi a relação entre capital de giro e ativo total. O trabalho tomou por base demonstrações do período de 1926 a 1936. O estudo tomou duas vertentes: uma onde foi observada a faixa de variação mínima e máxima no comportamento dos índices e outra onde verificou-se o comportamento dos índices em relação a uma média.

A lacuna referente à importância relativa dos índices na predição de falência permanece.

O modelo mostrou eficácia seis anos antes da extinção da entidade.

d) Estudo de Tamari

Respondendo à lacuna de estudos anteriores, Tamari foi o primeiro a ponderar os índices calculados com o objetivo de atestar a importância relativa de cada índice na previsão de insolvência.

O estudo foi desenvolvido entre 1956 e 1960 e maior atenção foi dada ao comportamento do lucro, capital social e reservas em relação ao passivo total, melhores indicadores segundo o modelo, refletindo a soberania do capital próprio em relação ao capital externo. O referido trabalho foi a primeira tentativa de escalonar a classificação das empresas através de pontos.

e) Estudo de Hickman

Hickman, em seu estudo, destacou dois índices como importantes na previsão de insolvência: Juros Pagos/Lucro Antes dos Juros e Impostos e Lucro Líquido/Vendas.

f) Estudo de Saulnier, Halcrow e Jacoby

Saulnier, Halcrow e Jacoby, em trabalho editado em 1958, estudaram registros de empréstimos federais nos EUA durante o período de 1934 a 1951 e concluíram que as empresas cujos índices Ativo Circulante/Passivo Circulante e Patrimônio Líquido/Exigível Total eram inexpressivos em empresas propensas a falir.

g) Estudo de Beaver

O pioneiro estudo compreendeu 158 empresas, 79 solventes e 79 insolventes no período de 1954 a 1964.

Dos índices estudados, destacaram-se: Geração de Caixa/Passivo Total e Lucro Líquido/Ativo Total. O estudo de Beaver mostrou resposta eficaz quando o emprego se deu um ano antes da falência, com erro de classificação de 13%.

A grande contribuição desse estudo foi o emprego de pontos críticos de corte.

h) Estudos de Altman

O primeiro estudo de Altman tomou como amostra 20 empresas ferroviárias com atividades encerradas no período de 1939 a 1970. Aplicando os recursos da análise univariada, o autor concluiu que os índices mais significativos para leitura da insolvência eram:

- Ativo circulante líquido/Ativo total;
- Lucros antes dos juros e impostos/Ativo total;
- Despesas operacionais/Receita operacional;
- Lucros antes dos juros e impostos/Receita operacional;
- Lucros retidos/Ativo total;
- Exigível total/Ativo total;
- Fluxo de caixa gerado/Custos fixos.

Em 1968, o pesquisador desenvolveu um modelo de previsão de insolvência baseado no instrumento de análise discriminante múltipla, técnica inovadora para a época.

A função desenvolvida pelo autor apresentou as seguintes combinações lineares:

$$Z = 0.012\ X1 + 0.014\ X2 + 0.033\ X3 + 0.006\ X4 + 0.0999\ X5$$

Onde:

X1 = Capital circulante líquido/Ativo total;

X2 = Lucros retidos/Ativo total;

X3 = Lucros antes dos juros e impostos/Ativo total;

X4 = Valor de mercado do *equity*/Exigível total;

X5 = Vendas/Ativo total.

O estudo proporcionou, com esta função, as seguintes médias:

GRUPO	MÉDIA
Empresas falidas	– 0,29
Empresas não falidas	5,02

i) Estudo de Backer e Gosman

O estudo de Backer e Gosman partiu do levantamento das causas que levam as empresas à falência no período de 1947 a 1975. Dentre os fatores levantados, destacaram-se:

- Déficit de caixa para satisfazer o pagamento de dividendos;
- Necessidade de investimentos;
- Aumento do endividamento para elevar o ganho por ação.

Quais os índices financeiros mais relevantes para a avaliação de crédito?

Qual o nível mínimo para estes índices?

A pesquisa evidenciou o anseio do público no sentido de serem alertadas as empresas para eventuais situações de insolvência.

Os estudiosos trabalharam com 33 índices financeiros cujos filtros de seleção foram as entrevistas realizadas, indicações na literatura e dados fornecidos por agências de informações.

As análises de Backer e Gosman eram dirigidas para debêntures, crédito comercial e empréstimos bancários, tomadas como parâmetros de insolvência. Assim, eram indicativos de insolvência: o declínio da capacidade de pagamento e a dificuldade de obter novos empréstimos.

Os índices selecionados classificaram-se em quatro grupos: operacionais, alavancagem financeira, liquidez e fluxo de caixa. No estudo foram utilizados os seguintes recursos estatísticos: teste T, análise discriminante e fatorial.

O modelo foi testado empiricamente em 55 empresas e teve como referencial teórico o teorema de Bayes (regra das probabilidades das causas). Caso um indivíduo, pleiteando crédito, tenha obtido boa avaliação no estudo dos fatores determinantes, qual a probabilidade de esse mesmo indivíduo não honrar suas obrigações?

O Quadro 14 mostra os estudos internacionais mais referenciados na literatura especializada na explicação da insolvência empresarial.

Quadro 14: Estudos Internacionais mais Referenciados na Explicação da Insolvência Empresarial

ESTUDO	TÉCNICA ESTATÍSTICA	INDICADORES MAIS RELEVANTES	ENFOQUE
FITZ PATRICK	univariada	Lucro líquido / Patrimônio líquido e Patrimônio líquido / Exigível total	Rentabilidade
WINAKOR E SMITH	univariada	Capital de giro líquido / Ativo total	Liquidez
MERWIN	univariada	Capital de giro próprio / Patrimônio líquido	Liquidez
TAMARI	univariada	Capital + Reservas / Exigível total	Endividamento
HICKMAN	univariada	Juros pagos / Lucro antes dos juros e Impostos e lucro líquido/Vendas	Rentabilidade
SAULNIER, HALCROW e JACOBY	univariada	Ativo circulante / Passivo circulante e Patrimônio líquido / Exigível total	Liquidez e endividamento
BEAVER	univariada	Lucro líquido/Ativo total e Geração de caixa / Exigível total	Solvência e rentabilidade
ALTMAN	univariada	Ativo circulante líquido / Ativo total Lucro antes dos juros e impostos/Ativo total	Solvência e rentabilidade

O objetivo da análise multivariada é o estudo das correlações que reflitam o nível de relacionamento entre três ou mais variáveis, ou seja, não somente a contribuição isolada de cada uma, mas a contribuição conjugada dessas variáveis. Dentre os modelos quantitativos empregados na previsão de insolvência de pessoa jurídica, tomando por base a análise multivariada, destacaram-se:

j) Estudo de Kanitz

O objetivo desse estudo foi descobrir nas Demonstrações Contábeis sinais de insolvência. Para tanto, o autor testou a capacidade preditiva de 56 índices financeiros para um universo de 42 empresas, 21 solventes (grupo de controle) e 21 falidas.

O que diferencia as empresas financeiramente sólidas das empresas que estão à beira da falência? Quais índices merecem maior destaque na análise?

Identificados os índices mais relevantes, o autor obteve o fator de insolvência, que consiste em uma combinação de índices ponderados estatisticamente.

$$F \times INSOLVÊNCIA = 0{,}05X1 + 1{,}65X2 + 3{,}55X3 - 1{,}06X4 - 0{,}33X5$$

Em que:

$$X1 = \frac{\text{Lucro Líquido}}{\text{Patrimônio Líquido}}$$

$$X2 = \frac{\text{Ativo Circulante + Realizável a Longo Prazo}}{\text{Passivo Circulante + Exigível a Longo Prazo}}$$

$$X3 = \frac{\text{Ativo Circulante – Estoques}}{\text{Passivo Circulante}}$$

$$X4 = \frac{\text{Ativo Circulante}}{\text{Passivo Circulante}}$$

$$X5 = \frac{\text{Passivo Circulante + Exigível a Longo Prazo}}{\text{Patrimônio Líquido}}$$

Este fator é conhecido como termômetro de insolvência.

Com base na fórmula acima, quando o fator se posiciona no ponto zero ou acima dele, a empresa apresenta-se numa situação financeira boa. Entretanto, se o fator se posiciona entre –1 e –3, a empresa está caminhando para um estado falimentar (região denominada penumbra).

Na zona de penumbra, o fator de insolvência não responde com precisão na leitura do quadro financeiro. Devem ser feitas análises mais profundas. Entre –4 e –7 a situação da empresa é grave.

Esquematicamente, o fator, denominado fator de insolvência, apresenta a seguinte escala:

ESCALA FATOR DE INSOLVÊNCIA	**ESTADO**
0 e 7	Solvência
0 e –3	Penumbra
–3 e –7	Insolvência

O modelo de Kanitz foi o primeiro aqui no Brasil, embora nos Estados Unidos (1930), Edward Altman já aplicasse a técnica com sucesso. Na atualidade, outros modelos vêm sendo aplicados a exemplo do modelo de Pereira, Matias e Elizabetsky.

l) Estudo de Altman

No Brasil, Altman, juntamente com dois professores da Pontifícia Universidade Católica do Rio de Janeiro – PUC, desenvolveram um modelo de previsão de problemas financeiros.

A técnica estatística empregada foi a de análise discriminante, com base em uma amostra composta de 23 empresas com dificuldades financeiras e 35, de mesmo porte e ramo, solventes.

Foram obtidas cinco variáveis da mesma maneira que o modelo americano concebido por Altman.

Como resultado o modelo obteve 88% de acerto na previsão de falência no ano anterior à bancarrota, 84% dois anos antes e 78% três anos antes.

$$Fator_1 = -1{,}44 + 4{,}03\,X2 + 2{,}25\,X3 + 0{,}14\,X4 + 0{,}42\,X5$$

$$Fator_2 = 1{,}84 - 0{,}51\,X1 + 6{,}32\,X3 + 0{,}71\,X4 + 0{,}53\,X5$$

Onde:

X1 = (Ativo Circulante – Passivo Circulante)/Ativo Total;

X2 = Reservas e Lucros Suspensos/Ativo Total;

X3 = Ativo Total;

X4 = Patrimônio Líquido/Exigível Total;

X5 = Vendas/Ativo Total.

Para este modelo fatores posicionados abaixo de zero sinalizam que a empresa se encontra "insolvente" e acima de zero "solvente".

m) Estudo de Elizabetsky

Roberto Elizabetsky em 1976 desenvolveu um modelo matemático para apoiar decisões de crédito no banco comercial, também baseado em análise discriminante. O estudo envolveu um grupo de 373 empresas do ramo de confecções, 99 insolventes e 274 solventes.

A escolha do setor decorreu do fato deste vir apresentando problemas financeiros na época. O estudo testou inicialmente 60 índices, utilizando-se a análise de correlação entre o conjunto de índices com os objetivos de redução da quantidade de variáveis.

Desse estudo foram obtidos os seguintes modelos (Quadro 15):

Quadro 15: Modelos de Elizabetsky

Modelo com cinco variáveis		
VARIÁVEIS		COEFICIENTE
X32	Lucro líquido / Vendas	1.93204
X33	Disponível / Imobilizado total	– 0.20583
X35	Contas a receber / Ativo total	1.020377
X36	Estoques / Ativo total	1.33354
X37	Exigível a curto prazo / Ativo total	– 1.12899
Modelo com dez variáveis		
VARIÁVEIS		COEFICIENTE
X2	Disponível / Vendas	7.74383
X5	Contas a receber / Vendas	– 2.04106
X14	Realizável a longo prazo / Vendas	1.27843
X18	Exigível total / Ativo operacional	0.31727
X29	Vendas / Ativo total	0.37193
X32	Disponível / Imobilizado total	– 0.72175
X33	Lucro líquido / Vendas	3.05126
X35	Contas a receber / Ativo total	2.95924
X36	Estoques / Ativo total	1.86822
X37	Exigível a curto prazo / Ativo total	– 1.12871
Modelo com onze variáveis		
VARIÁVEIS		COEFICIENTE
X2	Disponível / Vendas	5.77079
X5	Contas a receber / Vendas	– 2.02175
X7	Imobilizado total / Vendas	6.04369
X11	Lucro líquido / Ativo operacional	– 10.27186
X13	Disponível / Exigível a curto prazo	0.4349
X14	Realizável a longo prazo / Vendas	6.96247
X18	Exigível total / Ativo operacional	– 0.08142
X23	Ativo operacional / Vendas	– 6.20810
X29	Vendas / Ativo total	0.24777
X31	Lucro líquido / Ativo total	10.28776
X32	Lucro líquido / Vendas	3.44095
X33	Disponível / Imobilizado total	– 0.46091
X35	Contas a receber / Ativo total	2.37839
X36	Estoques / Ativo total	1.11983
X37	Exigível a curto prazo / Ativo total	– 0.81013

n) Estudo de Matias

Alberto Borges Matias, em 1978, também desenvolveu um modelo de previsão de insolvência utilizando-se da técnica da análise discriminante.

O autor trabalhou com 100 empresas pertencentes a ramos diversificados, 50 solventes e 50 insolventes. Ele definiu como empresas solventes aquelas que possuíam crédito amplo junto ao sistema bancário, não apresentando, portanto, restrições de aporte por parte das instituições financiadoras.

As empresas insolventes foram definidas como as que tiveram concordata deferida ou falência decretada.

A função obtida foi a seguinte:

$$Fator = 23{,}792\,X1 - 8{,}26\,X2 - 9{,}868\,X3 - 0{,}764\,X4 - 0{,}535\,X5 + 9{,}912\,X6$$

Onde:

X1 = Patrimônio Líquido/Ativo Total;

X2 = Empréstimos Bancários/Ativo Circulante;

X3 = Fornecedores/Ativo Total;

X4 = Ativo Circulante/Passivo Circulante;

X5 = Lucro Operacional/Lucro Bruto;

X6 = Disponível/Ativo Total.

Para este modelo, fatores posicionados abaixo de zero indicam que a empresa se encontra "insolvente" e, acima de zero, "solvente". Dentre os índices mais destacados, o endividamento apresentou-se mais eficaz, discriminando corretamente 93 das 100 empresas estudadas.

o) Estudo de Pereira

O estudo de Pereira tomou por base a técnica estatística de análise discriminante, inovando no aspecto metodológico e na especificidade das amostras.

Os modelos foram concebidos para longo alcance, aplicando-se tanto para as empresas de porte médio como para as empresas de grande porte, servindo, ainda, tanto para análise de curto prazo quanto para estudos a longo prazo.

- **Modelo para Empresas Industriais: Último Exercício**

$$Fator = 0{,}722 - 5{,}124\,X1 + 11{,}016\,X2 - 0{,}342\,X3 - 0{,}048\,X4 + 8{,}605\,X5 - 0{,}004\,X6$$

O ponto crítico para este modelo também é zero.

- **Modelo para Empresas Industriais: Dois Exercícios antes da Falência**

  Fator = 5.235 – 9.437 X3 – 0.01 X9 + 5.32 X10 – 3.939 X13 – 0.68 X1 + 9.693 X13

- **Modelo para Empresas Comerciais: Último Exercício**

  Fator = 1.327 + 7.561 X5 + 8.201 X11 – 8.546 X17 + 4.21 X13 + 1.982 X23 + 0.091 X28

- **Modelo para Empresas Comerciais: Dois Exercícios antes da Falência**

  Fator = 2.368 – 1.994 X5 + 0.138 X9 – 0.187 X25 – 0.025 X27 – 0.184 X11 + 8.059 X23

Em que:

X1 = Duplicatas Descontadas/Duplicatas a Receber;

X2 = Estoque final/Custo das Vendas;

X3 = Fornecedores/Vendas;

X4 = Estoque médio/Custo das vendas;

X5 = (Lucro Operacional + Desp. Financ.)/(Ativo Total – Investimento médio);

X6 = Exigível Total/(Lucro Líq. + 10% Imob. médio + Saldo devedor da Correção Monetária);

X9 = (Variação do imobilizado)/(Lucro líquido + 0.01 imobilizado médio – Saldo da correção monetária + Variação do exigível a longo prazo);

X11 = Disponível/Ativo total;

X13 = Lucro líquido + Despesas financeiras/Ativo total médio – Investimento médio;

X23 = Lucro operacional/Lucro bruto;

X25 = Disponível/Ativo permanente;

X27 = Duplicatas a receber × 360/Vendas;

X28 = (Patrimônio líquido/Capital de terceiros)/(Margem bruta/Ciclo financeiro).

Com base na aplicação dos modelos anteriormente citados, o autor concluiu que:

- Quanto maior a semelhança entre as empresas, melhor a eficácia do modelo devido às características operacionais. Assim, depreende-se que os modelos específicos proporcionam melhores resultados, fato que se destacou neste estudo;

- À medida que a empresa se aproxima da bancarrota, o conjunto de índices é alterado, uma vez que eventos correlatos à insolvência tendem a impactar mais na estrutura patrimonial proporcionando uma melhor classificação;
- Os modelos têm capacidade preditiva melhorada à medida que são tomadas, no estudo, empresas de uma mesma região, razão pela qual o modelo americano de Altman não ser o mesmo obtido com base no estudo de empresas brasileiras.

p) Estudo de Beneish e Press

O estudo realizado por Daniel Beneish e Eric Press tomou por base 159 casos de falência de empresas registradas na bolsa de valores norte-americana ocorridos no período compreendido entre 1983 e 1987. O estudo apontou os efeitos econômicos da falência:

- Os preços das ações caem em média 30% no período de três dias após a declaração da falência. Essa perda deve ser somada às perdas que ocorreram antes da declaração da falência, perfazendo um total de 62%;
- A falência mostra seus efeitos mesmo antes do pedido da falência porque o público, em geral, toma conhecimento das dificuldades financeiras das empresas que apresentam risco de quebrar;
- A perda decorrente da notícia da falha no pagamento de uma dívida é de 11%.

O referido estudo tem sua relevância associada à análise do impacto da falência sobre o comportamento dos investidores e, por conseqüência, do preço das ações.

q) Estudo de Santos

Samuel Cruz dos Santos desenvolveu um modelo de previsão de insolvência utilizando uma amostra composta de empresas pertencentes a diversos setores e de capital aberto.

A primeira amostra foi composta de empresas consideradas "problemáticas" (insolventes) e a segunda de empresas saudáveis.

Função discriminante canônica:

$$Z = -1,0279 + 3,4275\,X1 + 1,8238\,X2 + 0.4088\,X3 - 0.1839\,X4$$

Onde:

X1 = Passivo circulante/Ativo Total;

X2 = Despesas financeiras/Passivo Total;

X3 = Participação de financiamentos de instituições de crédito no exigível total de empresas/Participação de financiamentos de instituições de crédito no exigível total do setor;

X4 = Liquidez geral da empresa/Liquidez geral do setor.

O modelo classificou corretamente 89,03% dos casos.

r) Estudo de Menezes

Ângela de Souza Menezes, em seu estudo, agrupou duas amostras de instituições bancárias. O grupo 1, formado por 32 bancos considerados com boa saúde financeira e credibilidade no mercado; o grupo 2, por 8 bancos insolventes (liquidados ou sob intervenção do banco central). Considerando dados contábeis anteriores ao ano da intervenção, entre 1994 e 1997, o modelo classificou corretamente 95% dos casos.

Função discriminante canônica:

$$Y = 10,8990\ V5 + 1,6975\ V7 + 0,3971\ V9 - 0,4401\ V17 + 4,9652\ V21 + 7,3466\ V31$$

Onde:

V5 = Créditos em liquidação/Operações de crédito;

V7 = Provisão para créditos duvidosos/(Operações de crédito + Valores e bens);

V9 = Disponibilidades/Depósitos à vista;

V17 = Despesas operacionais/Ativos Reais;

V21 = Resultado do exercício antes de impostos/Ativos totais;

V31 = (Ativo circulante – Passivo circulante)/Ativo circulante.

O modelo, curiosamente, não apresenta quaisquer dos índices de liquidez.

16.3.2. Análise Crítica dos Modelos

Os estudos, neste trabalho relacionados, conferem uma idéia acerca da preocupação dos pesquisadores na área de finanças pela previsão de insolvência.

A eficácia dos modelos está vinculada às limitações das técnicas estatísticas empregadas (limitações estruturais). Por exemplo, Beaver (1966), ao usar a análise univariada, conscientemente não utilizou a técnica multivariada em função de um pré-requisito, em geral não atendido, que é a normalidade das variáveis explicativas. Tal fato, contudo, não sugere que as técnicas univariadas não possuam limitações.

Outra limitação estrutural diz respeito à não consideração da totalidade de variáveis possíveis. Desta maneira, é possível alguma variável relevante deixar de ser contemplada no modelo. Como garantir que isso não ocorra? Trata-se de uma deficiência natural dos modelos.

Os modelos devem possuir sensibilidade à dinâmica do meio ambiente, visto que o posicionamento estratégico de uma entidade exige respostas rápidas aos problemas empresariais. O ideal é a redução gradativa do tempo de reação, o que pressupõe atualização periódica dos modelos com uma manutenção constante dos dados de entrada. A sensibilidade ao ambiente acaba por tornar-se uma restrição ao valor dos modelos no tempo, o que justifica sua perda de eficiência ao longo dos anos, comportamento observado em todos os modelos.

As limitações mais destacadas dos modelos baseados em análise discriminante podem ser classificadas como: problemas de ordem estrutural e de implantação.

Os problemas estruturais dizem respeito ao não-estudo da totalidade de variáveis. Esta é uma deficiência natural dos modelos. A outra grande limitação refere-se à maneira como a implementação do modelo é conduzida.

Embora os modelos não constituam um fim em si mesmos, os estudos de previsão e controle possuem abrangência no campo gerencial porque descrevem realidades, sendo assim de utilidade prática. Trata-se de um instrumento de apoio à solução de problemas.

Esta revisão evidencia, igualmente, a evolução criteriosa das metodologias ao longo dos anos, afirmação esta reforçada quando se observa que os índices mais relevantes nas análises univariadas foram selecionados para integrar modelos multivariados.

Capítulo 17

Elaboração de Relatórios

Este capítulo apresenta recomendações para elaboração de relatórios de análise, incluindo leiaute e modelo de redação.

O relatório de análise é produto do trabalho do analista. É do tipo analítico, pois deve conter conclusão e recomendações.

São características desejáveis:

- Seqüência lógica: tópicos consecutivos;
- Alinhamento à informação ou processo decisório.

Para tanto, é importante que se atenha a alguns critérios inerentes à sua função:

- *Fundamentação e consistência.* Todas as afirmações devem ser calcadas nos dados extraídos das demonstrações ou de quaisquer elementos concretos que tenham subsidiado a análise (informações setoriais, por exemplo), ainda que o analista faça uso da aplicação de outras técnicas, o que muitas vezes é indicado. Isto não implica porém que o analista deixe de considerar informações outras que não sejam oriundas das Demonstrações Contábeis (informações não-financeiras). O relatório de análise é uma apreciação crítica, e não um resumo de dados contábeis.

- *Clareza vernacular.* Deve-se evitar o uso de expressões rebuscadas que dificultem o entendimento de seu conteúdo. Sobre este aspecto cabe uma reflexão: Qual o objetivo de uma análise contábil? Alguns defendem que é interpretar o que não está claro; outros, porém, acreditam tratar-se de um detalhamento de dados e direcionamento de informação. Analisar é tratar os dados de modo a produzir informação útil. É fundamental que o relatório de análise seja o mais claro possível, não somente em termos de procedimentos técnicos adotados mas, também, em termos de linguagem e comunicação, afinal seu conteúdo repercutirá e influenciará os destinos da organização.

- *Conclusividade.* A análise se presta ao esclarecimento acerca de uma situação particular da empresa, seja econômica e/ou financeira. Nasce também da necessidade de fundamentar ou implementar decisões. Relatórios inconclusivos de nada servem, posto que não direcionam ou orientam o administrador no ponto em que necessita de esclarecimento, e proporcionam o descrédito da ferramenta analítica.

- *Objetividade.* O analista deve evitar ser prolixo, ou seja, percorrer "labirintos intermináveis de idéias e fatos". Seu texto deve apresentar uma seqüência lógica, sem se distanciar do foco da análise. Outros dados levantados, posicionados fora do escopo do trabalho, devem ser inseridos e interpretados adequadamente ao longo do texto, obedecendo à seqüência racional adotada.

- *Precisão.* O analista deve evitar ao máximo fazer inferências, suposições e preconceber idéias não explícitas ou conhecidas no contexto analisado.
- *Especialidade.* Em hipótese alguma deve o analista conduzir a argumentação para as áreas do conhecimento humano que não domina. O que não o impede de buscar auxílio ou opinião abalizada de profissionais pertencentes a outras áreas. As argumentações devem estar inseridas ou contextualizadas na área de conhecimento tratada, em seu campo prático e técnico.

Buscar a objetividade e tornar a leitura agradável são imprescindíveis à apreensão do conteúdo do relatório, e o analista deve se preocupar com esse aspecto também. Segundo Treuhertz (1987, p. 110) o relatório *"deve proporcionar uma série de noções objetivas visando levá-los à tomada de decisões"*.

O emprego excessivo de jargões, considerações óbvias e frases extensas faz da leitura algo desagradável, não atingindo o objetivo a que se propõe o trabalho: comunicação eficiente, orientação e entendimento.

O objetivo da análise não é atribuir culpa, mas, sim, sinalizar pontos críticos, e, se possível, sugerir soluções. Na redação do relatório, o analista deve deixar claro essa função não coercitiva da análise.

Recomendamos a utilização da voz indireta ao longo do texto ao fazer menção a procedimentos adotados por internos à empresa, com o único objetivo de deter atenção do leitor no fato e não no sujeito. Acreditamos que conduzir o texto na voz direta pode ter um efeito psicológico negativo e completamente contrário ao que se propõe a análise. Assim, o procedimento nos parece mais adequado.

Sugerimos ainda, como etapa posterior à redação, uma leitura crítica de todo o texto para identificação de possíveis falhas, existência de argumentos evasivos e pontos de conflito.

O profissional não deve se preocupar com o número de páginas do relatório, e sim com sua qualidade técnica e o usuário da informação. O critério da definição do número de páginas é o bom senso. Relatórios extensos desconfortam o leitor e circunstanciam uma atmosfera desfavorável à apreensão do conteúdo.

O texto deve estar focado nos objetivos do exame e na missão que lhes foi confiada.

17.1. Da Apresentação do Relatório

Existem diversos leiautes de relatórios nos quais, geralmente, se observa uma tendência dos analistas em apresentar uma descrição extensa dos métodos empregados na análise, dos índices empregados, da maneira como os dados foram obtidos bem como das dificuldades encontradas.

No entanto, quem examina um relatório desta natureza, devido a sua importância e nível de repercussão sobre processos decisórios, está, *a priori*, interessado nas conclusões obtidas. Considerando essa necessidade operante de quem requisita os trabalhos de análise, apresentamos alguns leiautes de relatório.

17.1.1. Formato do Relatório

Formato 1

1. Capa;
2. Conclusão;
3. Recomendações;
4. Anexo:
   4.1. Procedimentos adotados;
   4.2. Notas de análise;
   4.3. Planilhas.

- **Conclusão.** Muitos analistas tendem a separar conclusão e análise em tópicos distintos. Contudo, entendendo que a conclusão é derivada do procedimento analítico, não recomendamos fazê-lo. Defendemos que a redação, ao ser conduzida de forma a possibilitar ao leitor a dedução acerca do *status* do objeto analisado, produz uma identificação pessoal muito proativa do usuário com o material, o que contribui sensivelmente para a apreensão do conteúdo. Enfatize as tendências. A conclusão é o melhor espaço para o analista avaliar as diversas etapas do trabalho face aos objetivos e expectativas da empresa, abordando limitações do processo de análise.
- **Recomendações.** É interessante para o usuário da informação reportada no relatório de análise que o analista elabore recomendações técnicas com base no estudo realizado.
- **Procedimentos e notas de análise.** São descritos nesse tópico as fórmulas utilizadas, modificadas ou não, os objetivos da análise, critérios, conceitos, métodos utilizados e suas limitações, bem como observações relevantes durante a análise.
- **Anexo.** É o espaço reservado para a apresentação das planilhas geradas, notas de análise e das Demonstrações Contábeis originais.

Caso o analista tenha utilizado em seus estudos outros elementos materiais na análise (relatórios gerenciais, artigos publicados sobre a empresa, dentre outros) e gráficos, estes devem constar no anexo do relatório.

Os gráficos merecem cuidado especial. Serão selecionados conforme o objetivo a alcançar com a informação.

Vejamos um exemplo:

OBJETIVO	TIPO DE GRÁFICO
Comparar comportamentos e tendências ao longo do tempo dos elementos patrimoniais	De linhas, barras ou colunas
Verificar composição patrimonial	De pizza

17.1.2. Outros Formatos de Relatório

Formato 2

1. Capa;
2. Considerações preliminares;
3. Situação financeira;
4. Situação econômica;
5. Considerações gerais;
6. Conclusão;
7. Recomendações;
8. Anexo:
    8.1. Procedimentos adotados;
    8.2. Notas de análise;
    8.3. Planilhas.

Formato 3

1. Capa;
2. Considerações preliminares;
3. Análise contábil;
4. Considerações gerais;
5. Conclusão;
6. Recomendações;
7. Anexo:
    7.1. Procedimentos adotados;
    7.2. Notas de análise;
    7.3. Planilhas.

Formato 4

1. Capa;
2. Considerações preliminares;
3. Análise financeira (abordagem sobre os resultados dos índices de liquidez, giro e estrutura de capitais);
4. Análise econômica (abordagem sobre os resultados dos índices de rentabilidade e lucratividade, além de EBITDA e EVA);
5. Comentários gerais;
6. Conclusão e recomendações;
7. Anexo:
    7.1. Notas de análise;
    7.2. Quadros e tabelas;
    7.3. Gráficos.

Não há um modelo-padrão de relatório para todas as situações. Deve-se levar em consideração que cada caso é diferente e deve ser analisado de forma particular.

17.2. Dicas para a Elaboração do Relatório

- Utilize, na medida do possível, os verbos na terceira pessoa;
- Não economize em argumentações técnicas;
- A leitura da situação financeira de uma empresa somente é possível após a análise vertical e horizontal do ativo e passivo circulantes, liquidez, giro e estrutura de capital;
- Elabore parágrafos curtos para tornar clara a informação e ensejar o entendimento;
- Cada parágrafo deve ser composto de duas partes: a primeira apresentando a realidade através dos dados e, a segunda, a justificativa técnica;
- Quando o relatório é norteado por um objetivo, este deve ser encerrado com afirmações conclusivas respondendo a esse objetivo. Por exemplo:

  "Desta forma, opinamos ______________ (favoravelmente/desfavoravelmente), pela ______________ (conforme o objetivo do trabalho)".

17.3. Elaborando o Relatório Passo a Passo

MODELO DE REDAÇÃO

Após o estudo das demonstrações contábeis ____________, (referenciá-las), relativas ao período de ________ , ________ a __________ (períodos analisados) chegou-se às seguintes conclusões:

A empresa analisada apresenta situação ____________ (satisfatória/insatisfatória), pois os indicadores de liquidez apresentaram-se ____________ (comentar os resultados obtidos no cálculo dos indicadores, comparando-os com os padrões externos e internos. Recomenda-se a elaboração de gráficos de barras na comparação dos padrões).

O endividamento da empresa possui um perfil caracterizado da seguinte forma: ________ % de passivo oneroso e ________ % de passivo não oneroso. O passivo circulante responde por ________ % do total de exigibilidades.

O passivo exigível a longo prazo corresponde a ________% do volume das obrigações (descreva a composição da dívida. Apresente os resultados obtidos no cálculo dos indicadores de estrutura de capital. Utilize a análise vertical do PC para justificar a interpretação. Recomenda-se elaborar gráficos tipo pizza, mostrando a composição do PC e do exigível a longo prazo).

A estrutura qualitativa do ativo circulante é ____________ (favorável/desfavorável), uma vez que ____________ (comente acerca do risco de não realização dos ativos. Utilize a análise vertical do AC).

O capital circulante líquido dos exercícios abrangidos na análise foi ________ ____________ (satisfatório/insatisfatório) no apoio aos objetivos a curto prazo da entidade.

O indicador Necessidade de capital de giro para os períodos estudados evidencia ______________________ (interprete o indicador).

Diante do exemplo, a relação da empresa com seus credores é ____________ (confortável/não-confortável), o que a coloca numa situação financeira ________ ______________________ (considerações finais sobre a situação financeira da empresa).

O exercício de melhor desempenho econômico foi ____________.

A rentabilidade sobre o PL encontra-se ____________ (acima/abaixo de padrões setoriais), o que se deve à ____________ (obtenha informações sobre o setor econômico e destaque as variações que influenciaram o desempenho).

A rentabilidade sobre o ativo foi de ______________________, o que significa que ______________________ (interprete o indicador).

Diante do quadro apresentado, concluímos que a empresa analisada apresenta ______________________ (satisfatória/insatisfatória) performance, destacando-se ______________________ (liquidez, rentabilidade e/ou estrutura de capitais) especialmente no exercício ______________________.

Os pontos fracos identificados foram ______________________, os quais impactaram ______________________ (favoravelmente/desfavoravelmente) no desempenho geral da entidade.

Diante do exposto, recomendam-se ______________________ ______________________ (sugira medidas corretivas ou preventivas).

17.4. Comunicação Visual nos Relatórios de Análise

Os gráficos, quando formulados adequadamente, consistem em uma importante forma de expressão e linguagem. Melhoram a qualidade de comunicação, tornando-as mais rápidas e claras.

Quando você participa de uma reunião e o expositor lhe apresenta dados em uma tabela que ocupa quase toda a dimensão do *slide* e você está distante do datashow, qual é a sua sensação?

Por certo você sequer conseguirá acompanhar a exposição porque perderia parte do tempo tentando entender o conteúdo exposto nos *slides*.

O uso de gráficos torna o trabalho mais interessante e inteligível.

Para adequar um gráfico às suas necessidades, ele deve estar alinhado aos objetivos da mensagem e com a natureza dos dados.

Assim, antes de qualquer passo, o analista deve determinar a mensagem ou conteúdo que será comunicada no gráfico.

Independente da mensagem a comunicar, esta necessariamente implica algum tipo de comparação (seja por componente, série temporal, distribuição de freqüência ou por item).

A qualidade na escolha do tipo de gráfico dependerá da clareza de sua mensagem e dos objetivos de comunicação do analista, independente da medida utilizada (percentagem, dólares, reais, etc). O que determina o tipo de gráfico são os objetivos da mensagem.

Quando o objetivo do analista é mostrar a participação de determinado componente em relação ao todo (comparação por componente), recomenda-se o uso de **gráficos do tipo pizza ou torta**. O uso do círculo dá a idéia de "todo" e tem a finalidade de mostrar a representatividade dessa parte em relação a esse todo.

Recomenda-se ao profissional não trabalhar com mais do que seis componentes a fim de aproveitar ao máximo o poder de comunicação visual do gráfico. Um cuidado essencial é que a disposição das informações importantes siga o sentido horário. Isso porque o olho humano está mais acostumado com o sentido horário (a informação mais importante pode ser colocada na linha das 12 horas).

Somente após a determinação da mensagem é que o analista terá condições de escolher entre os cinco modelos de gráficos: pizza, barras, colunas, linhas e dispersão.

O analista não deverá colocar realces excessivos sob pena de comprometer a elegância, além de prender a atenção do usuário da informação na "forma", e não na essência da informação, o que não significa não ser interessante tornar o relatório mais atraente e criativo.

Se o analista, entretanto, deseja comparar os componentes em relação a uma quantidade maior de elementos, o **gráfico de barras** é o mais indicado.

As barras podem ser organizadas na seqüência que o analista desejar (ordem alfabética, prazo, saldos, etc.). Por exemplo, suponhamos que o analista deseje comparar o resultado dos últimos exercícios das principais concorrentes. O profissional poderá dispor as informações como julgar conveniente (com base no volume de vendas, dimensão do mercado). O profissional, no momento de formatar o relatório, deve ter o cuidado de verificar se o espaço entre as barras é inferior à largura.

O **gráfico tipo pizza ou torta** é o mais popular, mas não é a popularidade que deve motivar o analista a incorporar modelos gráficos em um relatório. É importante identificar o tipo de gráfico para a informação que se deseja evidenciar.

Quando o objetivo é comparar a posição dos elementos em uma escala (comparação por item), recomenda-se o uso de **gráficos do tipo barras ou colunas**. O gráfico de colunas apresenta-se mais interessante quando se deseja mostrar níveis ou diferenças de grandeza ou, ainda, quando as atividades se iniciam e terminam a cada período.

Por exemplo, se o analista deseja enfatizar que a receita do exercício teve crescimento maior em relação ao exercício anterior, o emprego de barras facilita a analogia.

A presença de expressões do tipo "maior que", "menor que" ou "igual a" é sinal de que o gráfico evidenciará uma comparação por item.

Caso o analista esteja interessado em mostrar como determinado item se comporta no tempo (evolução ou tendência), o gráfico de linhas é o mais recomendado. O uso de termos, como "mudar", "variar" e "oscilar", é sinal de que o gráfico evidenciará uma comparação por série temporal.

Ao elaborar o gráfico de linhas, o analista deve ter alguns cuidados como, por exemplo, deixar a linha de tendência numa tonalidade mais escura do que a linha de base. O analista tem o livre arbítrio de usar grades verticais e horizontais.

Se o desejo do analista é mostrar a freqüência de determinado item, o gráfico recomendado é o do tipo colunas.

Quando o objetivo da mensagem é mostrar a relação entre duas ou mais variáveis recomenda-se o **gráfico de linhas**. Quanto maior o número de observações, mais adequado será o uso do gráfico de linhas.

Por exemplo, se o analista deseja mostrar como o comportamento das vendas é influenciado pelas vendas a prazo, o **gráfico de linhas ou barras** pode ser uma opção interessante (comparação por correlação).

O **gráfico de dispersão**, embora muitos o tomem como de aparência confusa, tem sido cada vez mais utilizado no meio empresarial; entretanto, este tipo requer do analista explicações bastante didáticas no corpo do relatório.

17.4.1. Cuidados Gerais

- Use apenas a quantidade necessária de recursos gráficos. O seu emprego excessivo pode mais prejudicar do que auxiliar no entendimento da informação reportada. Use dois ou três gráficos ou pelo menos um deles será lembrado. Use quinze e a probabilidade de nenhum deles ser lembrado será grande.
- Os gráficos, em um relatório, devem estar associados a uma idéia, devidamente expressa no texto. O seu posicionamento ao longo do relatório deve permitir a associação.
- O uso de realces através de cores e sombreamentos deve ser dosado.
- Quando a escala mostrar números, recomenda-se o arredondamento de algarismos, evitando o uso de decimais.

17.5. Modelos Simplificados de Relatórios

RELATÓRIO 1

1) Análise financeira

A empresa analisada contou nos anos 2002, 2003 e 2004 com um quadro financeiro satisfatório. A estrutura do ativo circulante apresentou-se, comparativamente a empresas de mesma atividade, relativamente líquida: 10% dos recursos em caixas e bancos, 35% aplicados no mercado financeiro, 20% em estoques, 30% em contas a receber e 5% em impostos a recuperar **(consultar Anexo 1)**.

As disponibilidades mantiveram-se em um patamar aceitável com relação às exigibilidades para curto prazo **(consultar Anexo 6)**.

O giro dos estoques e contas a receber também foram satisfatórios, o que reflete a boa qualidade dos ativos quanto à liquidez. Fato este que, mais uma vez, reflete a eficácia da administração financeira, visto ser prejudicial ao fluxo de caixa de qualquer empresa a manutenção de níveis elevados de "recebíveis", ainda que a curto prazo. Ou seja, concentrar valores em "recebíveis" embute um risco crescente à capacidade de pagamento de qualquer entidade **(consultar Anexo 3)**.

A empresa manteve em níveis aceitáveis os seus estoques, o que é, do ponto de vista gerencial, recomendável uma vez que os estoques elevam os custos financeiros além de empatarem capital de giro.

A liquidez corrente da empresa obteve crescimento significativo, o que refletiu a consolidação da empresa no seu mercado. No exercício 2002, a liquidez corrente obtida foi de 1,6. No exercício 2003, observou-se um crescimento de 20%. No terceiro ano, ocorreu um salto ainda mais expressivo: 50% **(consultar Anexo 6)**.

A liquidez geral também se manteve, nos períodos analisados, superior a 100%. Os números mostram até que ponto a empresa, nestes anos, tinha condições de aportar recursos a longo prazo com carências diversas junto a instituições financeiras, sem contudo afetar a continuidade de seus pagamentos **(consultar Anexo 1)**.

A liquidez imediata apresentou-se em nível satisfatório comparativamente às concorrentes.

A maior parte das dívidas está concentrada no curto prazo, entretanto 60% das dívidas correntes são do tipo "não-onerosas" (fornecedores, encargos trabalhistas e fiscais).

2) Análise do capital circulante líquido

Conforme os números observados, a empresa analisada manteve seu capital circulante líquido sempre positivo nos anos analisados, com um crescimento significativo no ano 2003. Tal quadro revela a folga financeira da entidade, ainda que numa ótica estática, especialmente quando atentamos para a composição do ativo circulante nos exercícios considerados: com um mínimo de rubricas de realização incerta.

3) Análise econômica

O capital de terceiros utilizado pela empresa gerou uma alavancagem financeira positiva nos exercícios analisados. Quadro que ressalta o êxito das aplicações realizadas pela empresa, onde o custo da dívida foi superado pelo retorno obtido pelas aplicações.

A rentabilidade do ativo apresentou-se dentro da média, tomando por base exercícios anteriores.

O retorno sobre o PL, que afere o retorno para o acionista, apresentou crescimento da ordem de 5% na transição do ano 2002 para o ano 2003, e de 8% na transição do ano 2003 para 2004.

Em termos de rentabilidade nominal, a empresa, para cada $1 do capital registrado nos anos 2002, 2003 e 2004, obteve uma remuneração respectiva de $5, $5,5 e $6.

4) Considerações finais de análise

A estrutura patrimonial da empresa analisada, no que tange ao aspecto econômico e financeiro, é favorável:

- Estrutura do ativo adequado em face das necessidades atuais da empresa, refletindo sua qualidade de gestão;
- Pouca concentração de passivo oneroso no grupo, exigível a curto prazo, situação que, aliada ao crescimento no faturamento, deixa a empresa em boa condição econômica e financeira;
- Folga financeira satisfatória, fato que reforça a competência de seus gestores na administração de recursos.

5) Anexos

Anexo 1: ANÁLISE VERTICAL E HORIZONTAL DO BALANÇO PATRIMONIAL

Anexo 2: GRÁFICOS DA ANÁLISE VERTICAL E HORIZONTAL DO BALANÇO PATRIMONIAL

Anexo 3: ANÁLISE VERTICAL E HORIZONTAL DA DRE

Anexo 4: GRÁFICOS DA ANÁLISE VERTICAL E HORIZONTAL DA DRE

Anexo 5: ANÁLISE ESTÁTICA

Anexo 6: QUADRO DE FÓRMULAS E NOTAS DE ANÁLISE

Anexo 7: POSIÇÃO DAS CONCORRENTES

RELATÓRIO 2

1) Apresentação

Este relatório tem por objetivo apresentar um diagnóstico acerca da situação econômico-financeira da empresa. No estudo foram utilizados apenas o Balanço Patrimonial e a Demonstração do Resultado do Exercício.

2) Análise

A empresa analisada apresentou **Liquidez Corrente** igual a 1,10. A princípio se poderia inferir que a cada R$ 1,00 (um real) de Passivo, a empresa disporia de R$ 1,10 (um real e dez centavos) de Ativo Circulante. Entretanto, o Ativo Circulante desta empresa está distribuído de forma não adequada (considerando como parâmetro o mercado e as características do próprio ramo). O percentual de 40% do Capital de Giro está comprometido com estoques, acima portanto do nível médio praticado. A situação agrava-se quando observamos que o nível de estocagem vem crescendo ao longo dos últimos três exercícios, conforme aponta a análise horizontal do saldo. O percentual de 30% do Ativo Circulante corresponde ao saldo das contas a receber, também acima do comportamento do mercado. O percentual de 5% constitui despesas antecipadas. Os 15% restantes estão distribuídos entre as contas caixa e bancos. O percentual de 10% consiste em impostos a recuperar. As despesas antecipadas não constituem fundos e os impostos a recuperar não geram caixa, embora signifiquem folga posteriormente.

A **Liquidez Imediata** (0,3) apresentou-se um pouco abaixo do mercado devido aos reflexos da política financeira da empresa, a qual priorizou as vendas a prazo como forma de conquistar mercado, desta forma, foi um comportamento esperado, razão pela qual não avaliaremos o índice como bom ou ruim. O comportamento está condizente com a estratégia da empresa.

O **Índice de Liquidez Seca** (0,5) reflete exatamente a política de estocagem da empresa, uma vez que, excluindo seus estoques a capacidade de pagamento da empresa caiu significativamente. Para cálculo do índice foram excluídos, além dos estoques, as despesas antecipadas. As mesmas limitações destacadas para o índice Liquidez Corrente valem para o índice de Liquidez Seca.

É importante destacar que a estocagem excessiva provoca incremento nos custos da organização, conforme podemos observar na D.R.E. O ato de estocar exige gastos com manutenção de estoques, condições físicas ou de infra-estrutura e gastos com pessoal, acrescente a esta análise o fato de elevados níveis de estoque empatarem ou comprometerem o capital de giro da organização, tornando a empresa vulnerável às condições de mercado. No caso específico, o mercado passa por dificuldades devido ao fato de ter sido encontrado níveis de contaminação no produto o que provocou uma queda na procura.

O **endividamento da empresa** (razão entre capital de terceiros e próprio) revelou crescimento nos últimos exercícios, o qual indica perda de soberania do capital próprio, especialmente quando observamos que 60% do passivo da empresa são onerosos (composto por empréstimos e financiamentos).

A maior parte das dívidas concentram-se no curto prazo, precisamente 60%, o que exige da empresa níveis satisfatórios de geração de caixa, o que não vem acontecendo (vide o orçamento de caixa da organização nos últimos períodos). O comportamento de concentrar dívidas no curto prazo não é compartilhado pelas empresas de mesmo porte que compõem o ramo – concorrentes efetivas.

A **rentabilidade sobre o ativo** apresentou-se insatisfatória, evidenciando a má qualidade das alocações da empresa, a exemplo da estocagem excessiva. O índice mostrou-se incompatível com a média do setor: RSA igual a 15% enquanto a média setorial foi de 30%.

O **retorno sobre o PL** revelou-se insatisfatório devido à queda nos lucros observada, especialmente em função do crescimento dos encargos financeiros. Esse crescimento decorreu do aumento do índice de endividamento.

O **EBITDA** revelou a queda de demanda observada, tendo sido reduzido drasticamente na transição do exercício anterior para o atual: EBITDA de 20X0 igual a R$ 300.000,00 e EBITDA de 20X1 igual a R$ 145.000,00. Tendo sido calculada a relação entre as despesas financeiras e o EBITDA, observou-se nesses exercícios um grande comprometimento do resultado operacional com os encargos decorrentes de operações financeiras.

3) Conclusões e recomendações

A empresa apresenta sinais de deterioração financeira ainda que em grau leve, uma vez que existem oportunidades de recuperação. Entretanto, recomendamos à gestão desta empresa, desimobilizar capital de giro por meio de esforços de redução dos níveis de estocagem, afinal, o mercado passa por mudanças e o produto tem sido rejeitado pelo público-alvo.

Outra recomendação refere-se à diminuição dos níveis de endividamento, especialmente o passivo oneroso.

17.6. Artigo de Opinião

A Contabilidade e o Processo Comunicativo nas Organizações

Por Yumara Vasconcelos

IOB COMENTA, 4ª semana de agosto/2002.

A organização moderna é marcada pela melhor comunicação entre os funcionários e a cúpula diretiva, mais que isso: entre a empresa, seus clientes e fornecedores. Se num passado não muito distante a hierarquia corporativa separava-se em dois blocos, os pensadores e executores, no presente, com a descentralização do processo decisório e a saudável instabilidade da hierarquia corporativa, todo executor deve refletir sobre o objeto de sua execução para otimizar processos. Nesse contexto, o usuário da informação, em qualquer ponto da organização, vem realçando sua importância.

> "*Agora, com as equipes sendo o veículo do desempenho das organizações flexíveis, a eficiência do indivíduo está cada vez mais vinculada à habilidade de comunicação e colaboração bem desenvolvidas.*" (Meister, 1994, p. 13)

O formato da informação nas organizações depende, ou, pelo menos, deveria depender, do tipo de utilização que se propõe fazer dela e do preparo do seu usuário. Assim, objetiva ou subjetivamente, o reconhecimento e o entendimento de uma informação envolvem julgamentos que são baseados muitas vezes na visão e no preparo do usuário.

Antes de divulgar determinada informação, é recomendável o estudo de certos aspectos da relação AMBIENTE/USUÁRIO, a saber:

- **Quantidade de informação:**

  A informação deve ser escoada numa dosagem que seja bem assimilada e interpretada. Grande volume de informações torna complexo seu entendimento. Imagine uma situação em que um gerente (também proprietário), desejando fazer um aporte de recursos externos, solicite a seu contador (em início de carreira) uma leitura acerca da situação econômica e financeira do seu negócio. Considere, no exemplo, que o gerente nada entende de Contabilidade. O contador, de pronto, inicia seu levantamento. Passam-se dias e, enfim, o relatório é entregue ao gerente. Ao ter em mãos o relatório, pensa o gerente:

  – *Ah! Quanto tempo mais levarei para ler este relatório brochura? O que é que eu faço, pelo amor de Deus!*

Em seguida, num impulso quase que inconsciente, abre uma gaveta e joga fora o relatório. Ressentido, o dedicado profissional sai da sala de seu chefe arrasado. Horas depois retorna à sala de seu superior e pergunta:

– O senhor leu o relatório? Que achou? Deseja maiores detalhes?

Com olhar crítico, o gerente responde:

– Você pecou em quatro pontos. Primeiro, fez um relatório pra si mesmo e não pra mim. Segundo, demorou uma existência para entregá-lo, de modo que, quando o recebi já havia tomado a minha decisão. Terceiro, você carregou o documento de informações não importantes para o tipo de decisão que precisava tomar, ou seja, faltou-lhe direção. Quarto, você me fez pedir auxílio de terceiros para interpretar seu relatório, o que tornou cara a informação. Aprenda uma coisa: informação inútil é informação cara.

Triste, o profissional defende-se:

– Mas, o meu relatório era preciso!

Responde pacientemente o gerente:

– De que adianta um relatório extenso, com linguagem complexa se o usuário não reúne condições para entendê-lo? De que adianta ainda carregá-lo de informações se parte delas é desnecessária ao objeto da decisão? Você, em momento algum, pediu-me detalhes acerca das minha necessidades informativas.

Em seguida, como forma de reconhecimento da qualidade técnica do profissional, acrescenta:

– Não vejo em você uma promessa, mas sim uma realidade. É competente e dedicado, mas falta-lhe "comunicação". Preciso que me veja e, ainda, que perceba minhas necessidades nas tomadas de decisão. É somente o que desejo!

O contador iniciante, refletindo sobre as colocações feitas, conclui:

– Se faltou comunicação, somos co-responsáveis porque o senhor é o termômetro da qualidade de meu trabalho. O seu feedback *foi tardio!*

A informação se apura a partir do *feedback*. É importante que não criemos somente veículos de comunicação. Mas, também, um ambiente de comunicação no qual o *feedback* seja, de fato, um diretor de aprendizagem.

- **Identificação do tipo de decisão que a informação fundamentará:**

  Conhecer as conseqüências da decisão é um poderoso aliado na construção da informação.

- **Caracterização do ambiente da decisão:**

  Consideração da influência de fatores internos e externos sobre o comportamento das variáveis da decisão. A verificação das circunstâncias que envolvem a decisão, no tempo e no espaço, é muito importante para a eficácia da informação.

- **Percepção do perfil do usuário:**

  O usuário tem condições de entender a mensagem reportada? A linguagem adotada é ideal para ensejar esse entendimento? Fui suficientemente claro? Para que a informação seja eficaz, faz-se mister que o usuário compreenda a importância da informação para o processo decisório; afinal, se o cliente desconhece de que forma a informação pode agregar valor a seu negócio, como pode valorizá-la? No "desabafo do usuário", citado anteriormente, faltou uma comunicação inicial, do tipo:

  – *Do que é que você precisa mesmo? Qual o melhor formato? Para quando você precisa desta informação?*

  A informação precisa ser TEMPESTIVA!

- **Pertinência e tempestividade:**

  A informação deve ser compatível com as necessidades do usuário e, para tanto, faz-se necessário identificar tais necessidades e gerá-las no momento certo.

- **Confiabilidade e integridade:**

  A informação deve considerar apenas a realidade dos fatos, de modo a não induzir o usuário a decisões equivocadas. O profissional é co-responsável pelos efeitos da informação que transmite. Para tanto, é essencial uma representação fiel da realidade.

- **Arquitetura-padrão**:

  Os instrumentos de reporte da informação devem possuir uma lógica de apresentação, inteligível e definida. Nesse ínterim, é recomendável o uso de palavras com significado claro, tamanho de texto compatível com o nível de detalhes necessários e o uso de representações gráficas, as quais podem auxiliar a legibilidade do relatório.

- **Essência sobre a forma:**

  A informação deve primordialmente contemplar a ESSÊNCIA em relação à FORMA.

- **Atualidade**:

  A Ciência Contábil é uma poderosa fonte de dados para a construção de informações estratégicas. Os relatórios gerenciais são um suplemento importante na leitura do desempenho de tais estratégias. Assim, as tendências rumam para o uso cada vez mais crescente de: técnicas de simulação a fim de se verificar o impacto das decisões estratégicas, projeções, com o objetivo de prever cenários, informações não-financeiras, a saber: índices de qualidade, produtividade, participação de mercado, clientes, fornecedores, concorrentes, reflexos de fatos econômicos, políticas governamentais, etc.

O profissional precisa sintonizar-se com essas novas tendências da demanda informativa.

A abordagem deve ser substanciosa, ou seja, suficientemente fundamentada, refletindo com precisão a realidade que interpreta, permitindo comparabilidade

A responsabilidade do profissional contador não termina quando da elaboração das Demonstrações Contábeis, estendendo-se à sua análise e interpretação. O verdadeiro relatório é aquele que comunica uma mensagem. Todavia, o termômetro da qualidade da informação transmitida é o *feedback* do cliente (usuário). A comunicação não depende apenas de uma das partes, como o nosso citado usuário nos induziu a pensar. O *feedback* deve ser contínuo e recíproco, melhor dizendo, a interação entre o mensageiro-destinatário deve ser contínua em um processo comunicativo. Afinal, nosso trabalho carrega a essência da comunicação e sua eficácia é primordial para a saúde das empresas, uma vez que dá suporte ao processo de gestão.

17.7. Exercícios para Fixação

1) Com base na informação, escolha a opção de gráfico mais adequada:

   a) composição percentual do ativo circulante;

   b) evolução das receitas brutas comparativamente aos custos;

   c) comparação entre o desempenho econômico (através do EBITDA) dos concorrentes principais da empresa analisada;

   d) composição percentual do passivo circulante;

   e) comparação dos saldos de algumas despesas ao longo dos anos;

   f) grau de influência da variável "despesa de pessoal" sobre o resultado da empresa.

2) Que comparações são interessantes para serem reportadas através de gráficos em um relatório?

3) Quais os cuidados que o analista deve ter na elaboração de gráficos em um relatório empresarial?

4) Ao dar forma de relatório final, quais cuidados são essenciais?

5) Quais estratégias podem ser utilizadas pelo analista para tornar o relatório mais compreensível e, até mesmo, "visual"?

6) Qual o modelo que melhor se alinhou às suas necessidades? Justifique.

Capítulo 18

Guia do Professor: Sugestão de Atividades para Sala de Aula

Este capítulo visa apresentar ao docente sugestões para desenvolvimento da disciplina ANÁLISE DAS DEMONSTRAÇÕES CONTÁBEIS, tornando-a mais dinâmica e agradável.

As estratégias de ensino consistem em ferramentas didáticas que auxiliam o professor em sua comunicação com o aluno.

O uso de estratégias de ensino, além de dinamizar a aula, provoca a participação dos alunos de forma espontânea. O segredo de uma estratégia de ensino eficaz é o trabalho em equipe. As estratégias permitem que o aluno, adquirido o domínio da matéria, saiba utilizá-lo e externá-lo. Mais do que isso: as estratégias de ensino estimulam o bom relacionamento interpessoal e a cooperação mútua, somente realizável no trabalho em equipe. Nos dias atuais, o convívio em equipe é credencial para inserção do egresso em seu mercado profissional.

O uso de estratégias de ensino encontra suporte no fato de que o professor não é um mero reprodutor de idéias, mas sim um facilitador do processo ensino-aprendizagem.

A exposição oral, ainda que não dogmática, embora importante e amplamente empregada, ganha maior eficácia se aplicada em conjunto com outros instrumentos metodológicos.

A aula expositiva, quando aplicada em isolado de outras estratégias de ensino, condiciona o aluno à condição de mero "ouvinte" (agente passivo) ou, em situações mais otimistas, à condição de "ouvinte-participante". Esta é a principal razão para dedicarmos um capítulo com sugestão de estratégias de ensino aplicáveis à disciplina de "Análise das Demonstrações Contábeis" ou "Contabilidade Gerencial"

18.1. Atividade 1: Oficina Criativa

Objetivos

- Colocar o aluno em contato com diferentes maneiras de ver a matéria de análise.
- Perceber aplicações gerenciais para a análise das demonstrações contábeis.

Sugestões ao docente

1. Orientar o aluno à leitura e discussão do Capítulo 1 deste livro, incentivando-o à troca de experiências e opiniões.
2. Dividir a turma em quatro grupos e solicitar a construção de um posicionamento em relação à utilização da técnica de análise das demonstrações contábeis no dia-a-dia das empresas, discordando ou concordando com a autora.
3. Abrir a discussão.

O facilitador deve incentivar os grupos a vislumbrarem aplicações para a técnica de análise das demonstrações contábeis promovendo a ligação da matéria com outras áreas (interdisciplinaridade). O aluno deve entender a importância da disciplina no contexto das outras disciplinas.

18.2. Atividade 2: Exercício da Argumentação

Objetivo

- Desenvolver o senso crítico do aluno e seu poder de argumentação.

Sugestões ao docente

1) Orientar o aluno à leitura e discussão do Capítulo 4 deste livro, incentivando-o à troca de experiências e opiniões.
2) Dividir a turma em dois blocos representados por dois líderes.
3) Cada líder defenderá um ponto de vista diante da seguinte questão: A análise através dos indicadores de liquidez diferencia empresas saudáveis de empresas prestes a falir? A distribuição dos grupos dependerá do ponto de vista dos alunos.

   a) Grupo 1: sim.

   b) Grupo 2: não.

Será destacado o grupo que apresentar a argumentação mais coerente e de melhor fundamento técnico. Os membros do grupo deverão apoiar os líderes na discussão.

18.3. Atividade 3: Análise de Crédito

Objetivo

- Simular uma situação de mercado.

Sugestões ao docente

1) Dividir a turma em quatro grupos, assim denominados: GRUPO 1, GRUPO 2, GRUPO 3 e GRUPO 4.
2) Cada grupo funcionará como analista de uma instituição financeira e analisará dois conjuntos de Demonstrações Contábeis, aprovando ou não um possível empréstimo.
3) Cada grupo apresentará um parecer referente à situação da empresa analisada e sua posição quanto à aprovação ou não do crédito.
4) Os grupos defenderão suas posições, expondo a metodologia da análise.
5) Discussão aberta.

18.4. Atividade 4: Análise de Crédito 2

Objetivos

- Simular uma situação de mercado.
- Despertar o aluno para o senso crítico acerca da forma de um relatório profissional.

Sugestões ao docente

1) Dividir a turma em quatro grupos, assim denominados: GRUPO 1, GRUPO 2, GRUPO 3 e GRUPO 4.
2) Distribuir, a cada grupo, cinco relatórios de análise para a apreciação crítica.
3) Discutir, no grupo, aspectos da apresentação dos relatórios recebidos, identificando as eventuais falhas na comunicação quanto à forma.
4) Abertura da discussão.

18.5. Atividade 5: Jogo dos Sete Erros

Objetivo

- Despertar o aluno para o necessário senso crítico em relação às ações gerenciais adotadas nas organizações.

Sugestões ao docente

1) Dividir a turma em quatro grupos, assim denominados: GRUPO 1, GRUPO 2, GRUPO 3 e GRUPO 4.
2) Distribuir, para cada grupo, modelos diferentes de relatórios, cada um contendo sete práticas não recomendadas.
3) Solicitar que cada grupo indique as sete práticas não recomendadas em cada relatório.
4) Discussão em grupo.

18.6. Atividade 6: Bingo do Conhecimento

Objetivo

- Levar o grupo a revisar, de forma descontraída, tópicos importantes da unidade.

Sugestões ao docente

1) Dividir a turma em quatro grupos, assim denominados: GRUPO 1, GRUPO 2, GRUPO 3 e GRUPO 4.
2) Cada grupo receberá uma cartela com 30 questões compreendendo assuntos da unidade. O grupo que responder mais questões corretamente será o vencedor.
3) Em caso de empate, será lançada uma nova questão para que respondam em cinco minutos.

Essa dinâmica descontrai o grupo, diminuindo as tensões normais que antecedem uma avaliação.

18.7. Atividade 7: Solução de Problemas

Objetivos

- Estimular o grupo a comunicar suas idéias de forma atraente.
- Incentivar o aluno a buscar soluções rápidas para os problemas apresentados.
- Aprofundar a discussão em assuntos importantes para a formação intelectual do aluno.

Sugestões ao docente

1) Divisão da turma em quatro grupos, assim denominados: GRUPO 1, GRUPO 2, GRUPO 3 e GRUPO 4.
2) Distribuir, para cada grupo, uma situação-problema, solicitar que construam um plano de ação e propostas para a resolução do problema.
3) Cada grupo vai "vender" sua(s) solução(ões) para os outros grupos.
4) Vencerá o grupo que apresentar as melhores soluções. Critério: qualidade da argumentação.

18.8. Atividade 8: Estudo de Caso

Objetivo

- Colocar o aluno diante de situações reais.

Sugestões ao docente

1) Dividir a turma em quatro grupos, assim denominados: GRUPO 1, GRUPO 2, GRUPO 3 e GRUPO 4.

2) Distribuir (antes ou depois de ser tratado o assunto do dia) casos reais para leitura e análise dos alunos.
3) Apresentação e discussão entre os grupos.
4) Recomenda-se que essa estratégia seja realizada constantemente pelo docente como forma de situá-lo perante sua realidade.

18.9. Atividade 9: Painel Integrado

Objetivos

- Aproximar o aluno de sua literatura técnica;
- Verificar o emprego de conceitos;
- Promover uma maior integração entre os alunos;
- Estimular a participação do aluno em atividades de classe diante dos colegas.

Sugestões ao docente

1) Dividir a turma em quatro grupos, assim denominados: GRUPO 1, GRUPO 2, GRUPO 3 e GRUPO 4.
2) Distribuir artigos técnicos enfocando pontos de vista distintos na mesma matéria.
3) Estimular a troca de material entre os grupos para nova leitura e análise.
4) Promover a discussão entre os grupos, cada um enfocando o que achou dos textos lidos, e expondo os pontos de vista construídos confrontando-se com os pontos de vista dos autores dos textos estudados.

O facilitador deverá conscientizar a classe acerca da necessidade de pesquisa bibliográfica para formação de massa crítica.

18.10. Atividade 10: Painel Integrado 2

O painel a seguir é recomendado para as aulas iniciais da disciplina.

Objetivo

- Desenvolver no aluno a habilidade de argumentação.

Sugestões ao docente

1) Dividir a turma em dois blocos, A e B. O grupo A, escolhido por sorteio, deverá defender um ponto de vista.

Grupo A: A análise estática das demonstrações contábeis é uma ferramenta defasada e cercada de tradicionalismo.

Grupo B: A análise estática das demonstrações contábeis é uma poderosa ferramenta de apoio à gestão.

- Para a etapa de construção da argumentação o facilitador deve destinar vinte minutos.
- Os membros de cada grupo deverão se inscrever para comunicar os resultados da discussão.

2) Promover o debate.

18.11. Atividade 11: Tempestade Cerebral

Objetivo

- Estimular o grupo a produzir idéias, bem como deduzir informações de forma imediata.

Sugestões ao docente

1) Escrever o tema a ser tratado em aula no quadro e solicitar aos alunos que em voz alta digam o que lhes vier à cabeça, desde que sugerido por aquele tema.
2) O professor, na condição de facilitador, transcreverá no quadro as idéias coletadas (usando apenas um dos lados do quadro).
3) Após a coleta das idéias dos alunos, o professor filtrará as melhores, formando conceitos a partir delas.

Figura 5: Quadro-Negro/Ilustração

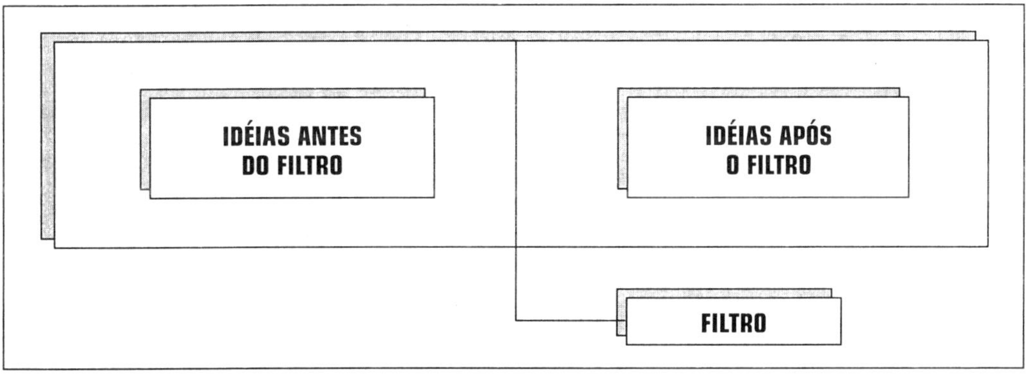

18.12. Atividade 12: Prática Gerencial nas Empresas (visita técnica)

Objetivo

- Programar visitas a empresas, levantando dados sobre sua prática gerencial.

Sugestões ao docente

1) Dividir a turma em seis grupos de trabalho.
2) Encaminhá-los a empresas distintas (parceiras) para que o aluno tenha contato com a prática gerencial delas. Antes, porém, o professor (facilitador) deverá prepará-los tecnicamente para a visita.
3) Obter o organograma da empresa e explicações sobre as funções e papéis desenvolvidos por cada área funcional.
4) Ao aluno caberá sistematizar questionários ou realizar entrevistas acerca dos relatórios gerenciais gerados pela entidade estudada, especialmente sobre a freqüência de uso do relatório de análise das demonstrações contábeis.
5) Organizar os dados e apresentá-los à turma, propondo melhorias às práticas gerenciais identificadas (uso de novas técnicas, aplicações diferentes de técnicas já praticadas, e outros).

18.13. Atividade 13: Análise das Demonstrações Contábeis e Análise de Crédito

Objetivo

- Programar visitas a instituições financeiras, levantando dados sobre a prática de análise das demonstrações contábeis na avaliação de crédito.

Sugestões ao docente

1) Dividir a turma em quatro grupos de trabalho.
2) Encaminhá-los a instituições financeiras distintas (parceiras) para que o aluno tenha contato com a prática de análise das demonstrações contábeis na avaliação de crédito. Antes, porém, o facilitador deverá prepará-los tecnicamente para a visita. Caso a visita não seja viável, outros meios de contato devem ser pensados.
3) Ao aluno caberá aplicar questionários ou realizar entrevistas acerca do emprego da análise das demonstrações contábeis na análise de crédito (indicadores mais utilizados, roteiro de análise, critérios, e outros).

4) Organizar os dados e apresentá-los à turma.
5) Admitindo que cada grupo seja convidado a elaborar um roteiro de análise de crédito, recomende aos alunos que sejam apresentados modelos de avaliação da capacidade creditícia de empresas.

Capítulo 19

Papéis de Trabalho Utilizados na Análise

Este capítulo apresenta sugestões de papéis de trabalho que podem ser utilizados na análise das Demonstrações Contábeis.

19.1. Cadastro da Empresa

Nome da empresa: ____

Constituição jurídica: ____

Ramo: ____

Atividade-fim: ____

Início de atividades da empresa : ______/______/______

Número de empregados: ____

Sócios: ____

Gerente(s): ____

Diretoria e áreas de responsabilidade: _____________________________

____

Departamentos / divisões e setores: _______________________________

____

Dados contratuais relevantes: ____________________________________

____

Empresa familiar: ( ) Sim ( ) Não

Outras informações:

____

____

____

____

____

____

____

____

____

____

19.2. *Checklist* de Questões Importantes para Análise

1) A empresa está passando por alguma fase delicada?

   ( ) Fusão

   ( ) Incorporação

   ( ) Cisão

   ( ) Outros.

2) As atividades geram incentivos fiscais?

3) Existe perspectiva de expansão da área industrial?

4) Existe perspectiva de reposição ou modernização do ativo fixo? Justifique.

5) A empresa opera com *leasing*?

6) Há previsão de lançamento de novos produtos?

7) A empresa utiliza qual critério de avaliação de estoques?

8) Ao longo dos últimos quatro anos, houve alguma mudança no critério contábil? Em caso afirmativo, justificar.

9) A empresa dispõe de um sistema de controle de estoque? Há um nível ótimo de estoque para o(s) seu(s) produto(s)?

10) As vendas do(s) produto(s) são mais intensas em qual período do ano?

11) Quais as condições de reposição de estoque, à vista ou a prazo? Qual o critério utilizado? Essa política é fixa ou flexível?

12) Qual a política de cobrança da empresa?

13) Qual o histórico de não recebimento dos últimos quatro anos?

14) A empresa negocia duplicatas?

15) Formaliza relação com seus clientes através de contrato?

16) Quais as cláusulas mais destacadas e comuns a todos os contratos?

17) Na aquisição de bens para o imobilizado, qual é o plano de pagamento usualmente utilizado, à vista ou a prazo? Justifique.

18) Qual o critério de cálculo de depreciação utilizado na empresa?

19) A empresa formaliza relação com seus fornecedores através de contrato?

20) Há contrato de exclusividade com fornecedores?

19.3. Formulários

19.3.1. Formulário 1: Folha de Reclassificação (Verticalização do Balanço)

CONTAS	ANO 1	ANO 2	ANO 3

19.3.2. Formulário 2: Folha de Cálculo dos Indicadores

DISCRIMINAÇÃO	FÓRMULA	PADRÃO DO SETOR	PADRÃO INTERNO	ANO 1	ANO 2	ANO 3

19.3.3. Formulário 3: Estudo dos Grupos de Indicadores de Liquidez

ÍNDICES DE LIQUIDEZ	PERÍODOS ABRANGIDOS NA ANÁLISE	INTERPRETAÇÃO ISOLADA
AVALIAÇÃO GERAL		

19.3.4. Formulário 4: Estudo dos Grupos de Indicadores de Estrutura de Capital

ÍNDICES DE ESTRUTURA DE CAPITAL	PERÍODOS ABRANGIDOS NA ANÁLISE	INTERPRETAÇÃO ISOLADA
AVALIAÇÃO GERAL		

19.3.5. Formulário 5: Estudo dos Grupos de Indicadores Econômicos

ÍNDICES ECONÔMICOS	PERÍODOS ABRANGIDOS NA ANÁLISE	INTERPRETAÇÃO ISOLADA
AVALIAÇÃO GERAL		

19.3.6. Formulário 6: Quadro Geral de Indicadores

DISCRIMINAÇÃO	FÓRMULA	VALORES PERCENTUAIS			POSIÇÃO ATUAL
LIQUIDEZ		ANO 1	ANO 2	ANO 3	ANO CORRENTE
ENDIVIDAMENTO E GARANTIA					
RENTABILIDADE					
INDICADORES ESPECÍFICOS					

O quadro acima permite uma visão panorâmica e histórica do comportamento dos indicadores da empresa analisada.

19.3.7. Formulário 7: Perfil do Balanço Patrimonial

O modelo de planilha a seguir denomina-se "Perfil do Balanço" e consiste na disposição ordenada dos aspectos analisados e seu respectivo conceito.

- **Aspectos:** liquidez, rotação e rentabilidade.
- **Conceito:** deficiente, regular, bom e ótimo.

A vantagem em se construir um perfil do balanço reside justamente no fato de permitir uma visualização imediata dos aspectos, antes analisados individualmente.

ASPECTOS ANALISADOS	CONCEITO			
	DEFICIENTE	REGULAR	BOM	ÓTIMO
Liquidez • imediata • seca • geral • corrente				
Estrutura de capitais (.....)				
Imobilização de capitais (.....)				
Rentabilidade (.....)				
Lucratividade (.....)				
EBITDA				
EVA				

19.3.8. Formulário 8: Identificação dos Pontos Favoráveis e Desfavoráveis

PONTOS FAVORÁVEIS	CONSEQÜÊNCIAS GERENCIAIS	PONTOS DESFAVORÁVEIS	CONSEQÜÊNCIAS GERENCIAIS

Capítulo 20

Exercícios e Modelos de Avaliação

Este capítulo apresenta exercícios de análise contábil, com o propósito de auxiliar no trabalho de revisão do aluno. Contém igualmente modelos de avaliação de aprendizagem.

20.1. Exercícios para Revisão

1) Demonstre, comparando, a influência dos eventos abaixo descritos sobre a interpretação dos indicadores:

   a) Desconto de duplicatas → Liquidez Corrente e liquidez seca;

   b) Empréstimos/financiamento a longo prazo→ Liquidez Corrente e Liquidez Geral;

   c) Obsolescência do imobilizado → grau de imobilização;

   d) Empréstimos (longo prazo) concedidos a acionistas conversíveis em ações para aplicação no circulante → liquidez corrente e liquidez geral;

   e) Transferência de créditos do Longo para o Curto Prazo → Liquidez corrente, Passivo Circulante/Total de capital e liquidez geral;

   f) Financiamento do ativo permanente com recursos a longo prazo → (Ativo permanente/Patrimônio Líquido + Exigível a Longo Prazo), (Ativo permanente/Patrimônio Líquido) e (Capital de terceiros/Patrimônio Líquido);

   g) Empréstimos a sócios para aplicação no circulante → Liquidez geral e Liquidez Seca;

   h) Alienação de bens do imobilizado com destinação dos recursos para o circulante → Indicadores de liquidez;

   i) Financiamento do imobilizado com recursos do circulante → Passivo Circulante/Ativo Real e Liquidez geral;

   j) Empréstimos a longo prazo → Passivo Circulante/Ativo Real, liquidez geral e liquidez corrente;

   k) Reavaliação de ativos → indicadores de imobilização.

2) Comente as afirmações abaixo:

   - É importante atentar para as explicações sobre o comportamento dos indicadores que guardam entre si uma relação.
   - Deve-se considerar que um aumento no número de indicadores não torna mais precisa a análise.
   - Para as empresas sazonais, faz-se necessário administrar com eficácia todo o seu ativo circulante, e não exclusivamente as suas disponibilidades.
   - O sucesso das empresas é cada vez mais função de uma gestão financeira eficaz.
   - Uma gestão eficaz de recursos financeiros reduz sobremaneira a necessidade de capital de giro.

3) Justifique as afirmações abaixo (verdadeiras ou não):

- Imagine uma situação em que o passivo circulante de uma empresa tenha prazo médio de maturação das exigibilidades menor do que o prazo médio de rotação do ativo circulante, embora o índice de liquidez tenha sido maior do que a unidade. Elabore uma pequena exposição para o grupo.
- Um elevado nível de endividamento reflete negativamente sobre o quadro de liquidez.
- Empresas com situação de liquidez satisfatória poderão apresentar dificuldades em seus pagamentos.
- Conhecer os critérios utilizados para a avaliação de estoques é de suma importância para fins da análise de liquidez.
- A análise das Demonstrações Contábeis serve de base para as decisões de investimentos em outras empresas, identificação de tendência à insolvência, dentre outros.
- É recomendável suprimir no cômputo dos indicadores de liquidez o saldo da conta "Impostos a recuperar".
- No cálculo do indicador de liquidez geral, recomenda-se expurgar todo o diferido.

4) Que termo reflete adequadamente a informação proporcionada pelos indicadores de liquidez: solvência ou, simplesmente, liquidez?

5) Pense e relacione operações que reflitam sobre os indicadores de rentabilidade estudados.

6) A análise deve se prender aos pontos fracos da organização? Justifique.

7) Estabeleça a diferença entre:

   a) Capital de Giro e Capital em Giro;

   b) Capital circulante líquido e Ativo Circulante;

   c) Lucratividade e Rentabilidade;

   d) Rentabilidade do capital nominal e rentabilidade do PL;

   e) Ativo total e ativo real;

   f) Ativo real e ativo fictício.

8) Devem ser incluídas no cômputo do indicador de rotação de estoques assim como nos índices de liquidez as contas: mercadorias em trânsito e importações em curso? Justifique sua resposta.

9) Destaque os cuidados que o analista deve ter na análise de liquidez e/ou rentabilidade, em relação às seguintes contas:

   a) Estoques;

   b) Investimentos temporários a curto prazo;

   c) Impostos a recuperar;

   d) Despesas do exercício seguinte;

   e) Gastos com *leasing;*

   f) Debêntures;

   g) Ações em tesouraria;

   h) Fundos de pensão.

10) Comente sobre a influência do efeito inflacionário sobre os indicadores de liquidez.

11) Suponhamos que uma empresa A, no exercício anterior, tenha efetuado vendas líquidas no valor total de $170.000 para um total de aplicações ativas de $35.000. Uma outra empresa, B, do mesmo ramo, no mesmo período, efetuou vendas líquidas no valor de $400.000 para um total de aplicações ativas de $700.000. A princípio, que empresa apresenta melhor rentabilidade. Relacione e justifique o(s) indicador(es) utilizado(s) na análise.

12) A situação econômica e financeira de uma empresa pode estar próxima à média do setor e não ser boa? Justifique.

13) O capital de giro guarda uma relação direta com o que se denomina "Orçamento de Caixa"?

14) Caso o indicador de liquidez seja menor do que a unidade, qual a importância da composição do passivo na análise? Que outros fatores devem ser considerados? Exemplifique.

15) Foram coletados 15 indicadores de liquidez corrente para certo segmento econômico (mesmo período) tomando por base uma região particular. A empresa analisada apresentou indicador 1,98. Analise os números em relação às congêneres da região:

1,25 – 2,5 – 1,00 – 1,1 – 0,90
0,75 – 1,22 – 2,00 – 1,5 – 0,70
2,1 – 0,50 – 0,35 – 0,20 – 1,95

16) Qual a real necessidade da padronização? As Demonstrações não deveriam estar "prontas" para fins de análise? Defenda o seu ponto de vista.

17) Tomando por cenário uma época de crise num dado setor, qual a contribuição dos indicadores-padrão para a análise contábil da empresa? Que tipo de decisão a análise setorial apóia?

18) Quais as vantagens aplicativas do orçamento de caixa no processo gerencial? De que forma a análise contribui para o estudo da liquidez?

19) Elabore um roteiro para análise de capital de giro na verificação do desempenho da área de finanças quanto à alocação de recursos.

20) Para chegar às conclusões abaixo, quais análises devem ser feitas e que indicadores devem ser calculados:

a) O PL evoluiu satisfatoriamente, considerando a inflação acumulada do período;

b) A capacidade de pagamento da empresa é insatisfatória, apesar do índice de liquidez se apresentar igual à unidade. Grande parte do Ativo Circulante é formada por estoque e "contas a receber". A inadimplência do setor tem crescido nos últimos anos e o giro dos estoques e títulos é lenta;

c) O grau de imobilização apresenta-se acima da média do setor. O ativo fixo absorve quase a totalidade dos recursos próprios (95%);

d) O grau de endividamento é elevado e composto por dívidas a curto prazo em sua maior parte;

e) A rentabilidade é inexpressiva comparativamente à da melhor entidade do setor.

21) A análise das Demonstrações Contábeis sempre dá margem à criação de índices. Quais os índices não contemplados nessa obra você, como analista, criaria? Justifique a existência deles, enfatizando a importância da informação para a análise contábil.

22) Pesquise ramos nos quais são comuns altos índices de imobilização.

23) Pesquise ramos nos quais o normal é manter em níveis baixos os níveis de imobilizado.

24) Quais as conseqüências de um superinvestimento em imobilizado?

25) Quais os indicadores devem ser calculados para a obtenção das informações abaixo:

   a) Proporção do capital próprio em relação ao capital de terceiros;
   b) Indícios de grande volume de capital de terceiros em relação a todo capital disponível da empresa,
   c) Cobertura das aplicações de caráter permanente com o capital a longo prazo;
   d) Indícios de insolvência;
   e) Maior proporção de recursos a longo prazo no giro;
   f) Elevado nível de endividamento;
   g) Ociosidade do nível de imobilização.

26) Como identificar as situações abaixo:

   a) Índice de recuperação da margem de lucro da empresa;
   b) Crescimento das despesas operacionais;
   c) Redução do capital ocioso do ativo fixo;
   d) Melhora da capacidade financeira da empresa;
   e) Redução do capital de giro próprio;
   f) Capital de giro insuficiente.

27) Como você interpretaria os seguintes sintomas:

   a) Aumento da liquidez, redução da rentabilidade e aumento da rotação de estoques;
   b) Redução da liquidez e da rotação de estoques e aumento da rentabilidade.

28) Comente as respostas da questão anterior.

29) A empresa Beta apresenta índices de liquidez corrente compatíveis com o setor, todavia continua a enfrentar dificuldades para saldar suas dívidas. Como você explicaria esse fato? Quais índices justificariam essa explicação? Que medidas você sugeriria?

30) Como você justificaria o fato de algumas empresas que apresentam lucros terem dificuldades de fazer o pagamento?

31) Qual a importância dos índices de rotação (estoques, créditos e contas a pagar) sobre a interpretação da necessidade de capital de giro?

32) Com base nos números abaixo, responda às questões que seguem:

Empresa Comercial S/A

INDICADORES	A	B	C	D
Imediata	0,10	0,25	0,3	0,15
Corrente	1,5	1,25	1,5	2,0
Seca	0,4	0,6	0,8	1,0
Geral	2,0	1,75	1,8	2,0

Informações adicionais:

- A empresa **A** possui 10% do ATIVO CIRCULANTE na forma de direitos a receber;
- A empresa **B** possui 30% do ATIVO CIRCULANTE em direitos a receber;
- A empresa **C** diversifica suas aplicações no mercado de capitais;
- A empresa **D** concentra maior parte dos seus investimentos a curto prazo em estoques.

Pede-se:

a) Qual a empresa com melhor situação financeira (capacidade de pagamento)?

b) Admitindo uma inflação elevada, qual empresa apresenta melhor liquidez imediata?

c) Que empresa apresenta deficiência de seus estoques?

33) Com base na interpretação do balanço patrimonial, responda às questões que seguem:

ATIVO CIRCULANTE	ANO 1	ANO 2
Caixa	5.000	6.000
Bancos	15.000	25.000
Contas a receber	30.500	40.500
Estoque	25.000	26.400
Despesa antecipada	5.400	4.800
ATIVO PERMANENTE		
Imóveis	30.800	110.000
Móveis e utensílios	10.000	15.000
Instalações	20.000	25.000
ATIVO TOTAL	141.700	252.700

PASSIVO CIRCULANTE		
Fornecedores	20.000	31.000
Obrigações trabalhistas	13.000	15.000
Obrigações fiscais	16.000	10.000
Empréstimos	42.000	100.000
PATRIMÔNIO LÍQUIDO		
Capital social	40.000	40.000
Lucros	10.700	56.700
PASSIVO TOTAL	141.700	252.700

a) Quais as principais aplicações da empresa?

b) Qual a maior fonte de recursos?

c) Considerando um ambiente de estabilidade monetária, qual a situação econômico-financeira da empresa no ano 2?

34) Com base nos dados abaixo, responda às questões que seguem:

ATIVO CIRCULANTE		**PASSIVO CIRCULANTE**	
CAIXA E BANCOS	100	FORNECEDORES	700
CONTAS A RECEBER	400	OBRIGAÇÕES TRABALHISTAS	200
ESTOQUE	600	OBRIGAÇÕES FISCAIS	100
		EMPRÉSTIMOS	1.000
TOTAL	1.100	TOTAL	2.000

a) O que fazer para melhorar a situação financeira da empresa?

b) Você recomendaria à empresa um novo empréstimo bancário? Justifique.

35) Aponte a tendência mais provável dos índices abaixo (interpretação isolada).

$\frac{\text{Ativo Permanente}}{\text{Patrimônio Líquido + Passivo Exigível a Longo Prazo}}$	0,75	1,50	1,70
$\frac{\text{Ativo Permanente}}{\text{Passivo Circulante}}$	1,0	1,50	1,75
$\frac{\text{Imobilizado}}{\text{Ativo total}}$	0,50	0,75	0,85
$\frac{\text{Custo da Produção}}{\text{Imobilizado}}$	0,85	0,90	1,10
$\frac{\text{Imobilizado + Diferido}}{\text{Ativo Total}}$	0,40	0,41	0,7

36) Interprete os números abaixo:

$\frac{\text{Disponível}}{\text{Passivo Circulante}}$	0,31	0,95	1,25
$\frac{\text{Caixa + Bancos}}{\text{Passivo Circulante}}$	0,30	0,40	0,50
$\frac{\text{Ativo Circulante}}{\text{Passivo Circulante}}$	0,50	0,90	1,00

37) Interprete os números abaixo:

a) Prazo médio de estocagem = 45 dias;

b) Prazo médio de pagamento a fornecedor = 30 dias;

c) Liquidez imediata = 0,25;

d) Liquidez seca = 0,65;

e) Liquidez corrente = 1,25;

f) Prazo médio de recebimento = 60 dias;

g) Inadimplência = 35%.

38) Elabore um roteiro de padronização para o balanço patrimonial e a DRE, contendo, no mínimo, cinco itens para cada demonstração, justificando cada uma delas.

39) Explique o significado da padronização para as Demonstrações Contábeis e aponte as vantagens de fazê-la.

40) Uma empresa que apresenta um índice de liquidez corrente igual a 0,78 pode honrar suas obrigações em dia? Justifique.

41) Existe relação entre o índice de liquidez e o Capital Circulante líquido? Justifique.

42) Relacione que elementos deveriam ser expurgados do ATIVO para o cômputo da RSA (retorno sobre o ativo)?

43) Em quais aspectos a exclusão dos ativos não-operacionais melhora a informação proporcionada pela RSA?

44) Elabore um roteiro de análise, apontando de quais indicadores você faria uso. Justifique o emprego de cada um e de cada etapa.

45) Que tipo de relação existe entre análise do orçamento de caixa de um negócio e a análise estática de liquidez? São complementares? Justifique.

46) Relacione os principais indicadores utilizados na análise da rentabilidade, destacando o valor informativo dos índices citados.

47) Em que consistem os fatores de insolvência e a análise discriminante?

48) Quais as limitações inerentes à aplicação de análise discriminante? Comente cada uma.

49) Qual a utilidade informativa proporcionada pelo fator discriminante? Quando utilizá-lo na análise contábil?

50) Pesquise e faça uma análise comparativa dos modelos existentes, destacando a precisão de cada um.

51) Ao calcularmos a TRI (Lucro Líquido/Ativo total), é importante analisá-la do ponto de vista da margem e do giro. Por quê?

52) Quais os reflexos econômico e financeiro da operação de "desconto de duplicatas"?

53) Discorra sobre as afirmações abaixo:

a) Endividamento abaixo da mediana pode indicar menor risco.

b) Nível de endividamento pode implicar ativos velhos, o que significa "ativos não competitivos".

c) Liquidez corrente elevada pode significar que a empresa realizou aplicações ociosas ou especulativas no giro, ou ainda que não investiu em seus projetos de expansão.

d) Liquidez corrente elevada pode ser indício de redução de rentabilidade a curto ou médio prazo.

e) Quanto maior o índice de liquidez corrente, tanto melhor será.

f) Liquidez corrente baixa pode evidenciar um maior cuidado na formação do ativo circulante através do planejamento financeiro.

g) Quanto menor o índice de liquidez corrente, tanto pior será.

h) Níveis elevados de endividamento deixam a empresa vulnerável economicamente.

i) Níveis baixos de lucratividade podem ser normais considerando, por exemplo, a implementação de projetos caros.

54) A melhor empresa em certo setor nem sempre consegue se posicionar, no ano seguinte, entre as melhores. Faça um levantamento na revista EXAME MAIORES E MELHORES e justifique essa mudança de desempenho.

55) De que forma a análise contábil é utilizada na prática da análise de crédito? Visite uma unidade de análise de crédito e levante essa informação, destacando os índices e técnicas mais utilizados.

56) Em sua opinião, as ferramentas de análise contábil condicionam a equipe gestora a ignorar o exterior das entidades? Justifique sua resposta usando como base de argumentação o próprio objeto de estudos da Contabilidade.

57) Elabore um artigo sobre um dos temas abaixo:

a) EBITDA: informação e aplicação.

b) Análise das Demonstrações Contábeis e avaliação de desempenho empresarial.

c) Análise das Demonstrações Contábeis e a inflação: reflexos e distorções.

d) Aplicação da análise das Demonstrações Contábeis em perícias.

e) EVA: Potencial informativo.

f) Avaliação de empresas e a análise de Demonstrações Contábeis.

g) Reorganizações societárias e a análise das Demonstrações Contábeis.

Os artigos têm abordagem livre, mas devem conter um estudo de caso com apreciação crítica do aluno. Os trabalhos serão apresentados à turma.

58) Como você explicaria o fato de, em períodos inflacionários, empresas utilizarem-se de razoáveis recursos de terceiros?

59) Quais as principais causas do aparecimento de pontos de estrangulamento em uma empresa?

69) Qual a importância do índice da Du Pont para a análise contábil?

61) A política financeira de uma empresa se reflete nas Demonstrações Contábeis. Discorra a respeito, ilustrando com exemplos.

62) Admitindo que você seja contratado para elaborar a análise das Demonstrações Contábeis das empresas e acompanhar os principais concorrentes em seu desempenho econômico, elabore um roteiro de trabalho.

63) Levante publicações, junto a revistas e jornais, que apresentarem análises empresariais.

64) Empresas do mesmo segmento apresentam Demonstrações Contábeis com características comuns no que se refere à estrutura patrimonial e ordem de grandeza? Justifique com exemplos.

65) Faça um levantamento de reportagens, junto a revistas e jornais empresariais, que façam abordagens tomando por base a análise contábil.

66) Selecione balanços de empresas diversas e caracterize os tipos de aplicações realizadas em cada caso (ATIVO). Sugestões: construtoras, frigoríficos, instituições financeiras, transportadoras, empresas de consultoria, supermercados, siderúrgicas, *holding*, indústria de confecções, estaleiros, hospitais, usinas, cooperativas, dentre outros. Levante as características principais das atividades escolhidas.

67) Os índices-padrão consideram a totalidade dos ramos de negócios?

68) Através da análise vertical e horizontal, quais variações de elementos patrimoniais devem ser tomadas como críticas? Justifique.

69) O que ocorre quando uma empresa tem suas vendas crescendo mais do que proporcionalmente em relação aos recursos próprios?

70) Admitindo os dados abaixo, responda as questões que seguem:

Descrição	
Resultado operacional líquido	$2.000.000
Remuneração exigida pelos acionistas	15%
Remuneração exigida pelos credores	12%
Participação do capital de terceiros	70%
Participação do capital próprio	30%
Investimento total	$800.000

Questão 1: Qual o EVA?	**Questão 2:** Qual o MVA?
a) $1.968.800 b) $1.800.968 c) $1.960.868 d) $1.896.800	a) $14.703.875 b) $17.403.875 c) $14.307.875 d) $14.307.758
Questão 3: Qual o valor de mercado? a) $15.503.875 b) $15.305.875 c) $14.703.875 d) $15.875.305	**Questão 4:** E o "Q de Tobin"? a) 0,05 b) 19,63 c) 18,39 d) 2,37
Gabarito: 1) d 2) a 3) a 4) c	

71) Analise a demonstração abaixo:

Demonstração de Resultado do Exercício

Descrição	**Valor**
Receita Operacional Bruta	R$ 65.000,00
Deduções da Receita Bruta (Impostos sobre Vendas)	R$ (7.890,00)
Receita Operacional Líquida	**R$ 57.110,00**
Custo dos Produtos Vendidos e dos Serviços Prestados (CPV)	R$ (15.425,00)
Lucro Bruto	**R$ 41.685,00**
Despesas com Vendas	R$ (3.258,00)
Despesas Gerais e Administrativas	R$ (4.569,00)
Despesas Financeiras	R$ (5.896,00)
Outras Despesas	R$ (5.890,00)
Lucro Operacional	**R$ 22.072,00**
Receitas/Despesas não-operacionais	R$ 8.970,00
Despesas não-operacionais	R$ (2.563,00)
Lucro líquido antes do IR	**R$ 24.879,00**
Imposto sobre o lucro	R$ (384,47)
Lucro líquido após IR	**R$ 28.094,53**

Considerando a depreciação como 14% do saldo de outras despesas e 6,5% das CPV, o EBITDA corresponde a:

a) R$ 21.650,21;

b) R$ 20.950,42;

c) R$ 29.795,23;

d) Nenhuma das respostas acima.

72) Considerando os dados da questão anterior, o EBIT corresponde a:

a) R$ 21.650,21;

b) R$ 20.950,42;

c) R$ 29.795,23;

d) Nenhuma das respostas acima.

73) Assinale a alternativa que apresenta somente informações corretas:

- O EBITDA corresponde ao Lucro Operacional antes dos impostos mais os juros, depreciação e amortização;
- O EBITDA consiste em um excelente indicador de desempenho para organizações que utilizam intensamente ativos fixos (mínimo de vinte anos);
- O medida é sensível a incrementos de produtividade;

- O indicador não elimina o impacto do aporte do capital de terceiros bem como das inversões de capital;
- O EBITDA corresponde ao Lucro Operacional após impostos mais os juros, depreciação e amortização;
- O EBITDA corresponde ao Lucro Operacional após impostos menos os juros, depreciação e amortização.

a) V, V, V, F, F, F;

b) V, F, V, F, F, V;

c) V, F, F, F, F, V;

d) V, V, F, F, F, F;

Gabarito: a

74) Assinale a alternativa que apresenta somente informações corretas:

a) O EBITDA mostra o desempenho da empresa na atividade, enquanto o EBIT não.

b) O EBIT considera os efeitos contábeis da depreciação e amortização.

c) O EBIT corresponde ao lucro antes dos juros, imposto de renda, depreciação e amortização.

d) O EBIT representa o quanto a empresa gera de recursos em sua atividade, sem considerar os efeitos financeiros e da carga de impostos.

Gabarito: b

20.2. Prática da Análise das Demonstrações Contábeis

O presente exercício destina-se à prática da análise das Demonstrações Contábeis.

As tarefas compreenderão a padronização das demonstrações, o desenvolvimento dos padrões internos, a comparação com empresas de mesma atividade ou ramo e a elaboração do relatório. Cada questão conterá o Balanço Patrimonial, a Demonstração do Resultado do Exercício em dois exercícios consecutivos e os dados necessários para desenvolvimento dos padrões internos (fictícios). Caberá ao aluno buscar as referências do setor.

20.2.1. Enunciado

A empresa GAMA, em cumprimento das disposições estatutárias, submete a V.Sas., para apreciação técnica, as Demonstrações Contábeis relativas aos dois últimos exercícios.

A diretoria.

BALANÇO PATRIMONIAL (em milhares de reais)

Ativo	20X4	20X5
Circulante		
Caixa e bancos	98	23
Contas a receber	24.500	15.000
Estoques	18.000	13.000
Impostos a recuperar	650	780
Demais contas a receber	1.480	930
TOTAL	**44.728**	**29.733**
Realizável a longo prazo		
Empresas ligadas	300	795
Depósitos judiciais	700	–
Permanente		
Imobilizado	80.000	70.000
Diferido	5.000	5.800
TOTAL	**85.000**	**75.800**
Passivo		
Circulante		
Fornecedores	40.000	17.000
Financiamentos	20.000	35.000
Salários e encargos sociais	2.000	9.678
Impostos a recolher	1.000	1.950
Demais contas a pagar	3.500	2.600
TOTAL	**66.500**	**66.228**
Patrimônio líquido		
Capital social	15.000	15.000
Reserva de capital	5.655	1.293
Reserva de lucros	1.845	1.807
Lucros acumulados	16.728	12.000
TOTAL	**39.228**	**30.100**

DEMONSTRAÇÃO DO RESULTADO DO EXERCÍCIO

DESCRIÇÃO	20X4	20X5
RECEITA DE VENDAS		
Mercado interno	200.000	198.500
Mercado externo	30.000	25.000
Impostos e deduções sobre vendas	(43.700)	(42.465)
RECEITA LÍQUIDA DE VENDAS	186.300	181.035
Custo dos produtos vendidos	(98.500)	(95.000)
LUCRO BRUTO	87.800	86.035
Despesas operacionais		
Com vendas	(16.000)	(15.300)
Gerais e administrativas	(15.000)	(12.950)
Honorários dos administradores	(2.000)	(1.890)
Participação nos resultados	(1.800)	(1.000)
Financeiras, líquidas	(9.000)	(8.000)
Depreciação e amortização	(300)	(290)
Outras	(6.800)	(5.980)
RESULTADO NÃO-OPERACIONAL	(4.000)	(4.500)
LUCRO LÍQUIDO	36.900	36.125

20.2.2. Informações Adicionais

A empresa GAMA tem como objeto social a manufatura, o processamento, o comércio, a importação, a exportação e quaisquer outras atividades relacionadas com a produção e comercialização dos produtos X, Y e Z.

As Demonstrações Contábeis foram elaboradas segundo as práticas contábeis adotadas no Brasil.

Os estoques são demonstrados ao custo médio das compras ou produção. O ativo permanente está demonstrado ao custo de aquisição e a depreciação dos bens do imobilizado foi calculada pelo método linear.

O ativo diferido é composto por despesas gerais de implantação amortizadas linearmente pelo prazo de dez anos a partir da data em que os benefícios começaram a ser gerados.

Histórico de alguns indicadores para a construção de padrões internos:

LIQUIDEZ IMEDIATA (DISPONÍVEL / PC)
0,17 – 0,20 – 0,25 – 0,11 – 0,15 – 0,16 – 0,18 – 0,14 – 0,12 – 0,13 – 0,12 – 0,21 – 0,22 – 0,23
LIQUIDEZ CORRENTE (AC / PC)
0,79 – 1,0 – 1,10 – 1,11 – 1,12 – 1,13 – 0,80 – 0,81 – 0,95 – 0,94 – 0,83 – 0,82 – 0,74 – 0,99
LIQUIDEZ GERAL (AC + ARLP / PC + PELP)
1,0 – 0,85 – 0,94 – 0,88 – 0,95 – 1,1 – 0,89 – 1,12 – 1,13 – 1,50 – 2,0 – 0,75 – 0,76 – 0,77
ENDIVIDAMENTO (PL / P C + PELP)
1,0 – 1,3 – 1,4 – 0,5 – 0,8 – 0,9 – 0,86 – 1,12 – 1,20 – 1,6 – 0,6 – 0,78 – 0,89 – 0,99
PERFIL DA DÍVIDA (PC / PC + PELP)
1,5 – 1,4 – 1,3 – 1,25 – 1,21 – 1,15 – 1,45 – 0,9 – 0,6 – 0,5 – 0,8 – 0,85 – 0,75 – 0,88
RENTABILIDADE SOBRE O ATIVO (LUCRO LÍQUIDO / ATIVO TOTAL)
0,15 – 0,18 – 0,3 – 0,19 – 0,25 – 0,35 – 0,45 – 0,16 – 0,10 – 0,31 – 0,32 – 0,26 – 0,27 – 0,28
RENTABILIDADE SOBRE O PATRIMÔNIO LÍQUIDO (LUCRO LÍQUIDO / PL)
0,31 – 0,30 – 0,29 – 0,28 – 0,27 – 0,26 – 0,25 – 0,32 – 0,33 – 0,34 – 0,35 – 0,21 – 0,22 – 0,4

Esses índices foram os melhores resultados ao longo da existência da empresa. De posse desses dados, elabore o relatório emitindo opinião sobre a situação econômica e financeira da empresa.

20.3. Propostas de Avaliação de Aprendizagem

As avaliações da segunda unidade nas disciplinas de Análise das Demonstrações Contábeis devem englobar a maior parte do conteúdo apresentado em sala de aula. Todavia, o professor se depara com um problema: o tempo necessário para a realização da avaliação. Assim, grande parte dos docentes, adota como forma de avaliação alternativa, a análise externa.

Neste capítulo, apresentamos um modelo de avaliação que envolve a maior parte do conteúdo da disciplina, o que viabiliza a avaliação presencial.

Nada impede entretanto, que o professor continue a adotar como uma das avaliações análise externa.

AVALIAÇÃO 1. Com base nos índices já calculados e no cálculo do EVA e EBITDA (bem como dos indicadores obtidos com base nessas medidas), analise a empresa e elabore o relatório de desempenho econômico-financeiro:

<table>
<tr><td>Liquidez Imediata</td><td>0,3</td><td>Características do Endividamento</td><td>Características do Mercado</td></tr>
<tr><td>Liquidez corrente</td><td>1,2</td><td>60% do capital corresponde ao capital de terceiros e o restante, capital próprio</td><td>O comércio desse produto está em franco crescimento, com ampla aceitação por parte do mercado (público-alvo). O giro do produto é relativamente rápido.</td></tr>
<tr><td>Liquidez geral</td><td>1,13</td><td>Custo do capital de terceiros = 10%</td><td>Padrões do setor
• Liquides imediata = 0,35
• Liquidez corrente = 1,20
• Liquidez geral = 1,22
• Liquidez seca = 0,60
• Rentabilidade sobre o ativo = 16%
• Rentabilidade sobre o PL = 25%</td></tr>
<tr><td>Liquidez seca</td><td>0,58</td><td>Custo do capital próprio = 16%</td><td>Nível médio de estocagem do setor = 30% do ativo circulante (compatível com a capacidade e timing de absorção do mercado)</td></tr>
<tr><td>Rentabilidade sobre o ativo</td><td>15%</td><td colspan="2">60% das dívidas são do tipo onerosas.</td></tr>
<tr><td>Rentabilidade sobre o PL</td><td>25%</td><td colspan="2">Composição do Ativo Circulante</td></tr>
<tr><td>Lucro operacional</td><td>$1.000.000</td><td>40% Estoques</td><td>28% Disponibilidades</td></tr>
<tr><td>Depreciação</td><td>$30.000</td><td>30% Clientes</td><td>2% Despesas antecipadas</td></tr>
<tr><td>Juros (despesa)</td><td>$40.000</td><td colspan="2">O ativo realizável a longo prazo é composto essencialmente por despesas antecipadas.</td></tr>
<tr><td></td><td colspan="3">Lucro Líquido: 400.000</td></tr>
</table>

NOTA:

Adote o seguinte formato para o relatório:

Capa – Apresentação – Análise financeira – Análise econômica – Conclusões – Recomendações.

AVALIAÇÃO 2. Com base nos índices já calculados e no cálculo do EVA e EBITDA (bem como dos indicadores obtidos com base nessas medidas), analise a empresa e elabore o relatório de desempenho econômico-financeiro:

<table>
<tr><th>Liquidez Imediata</th><th>0,15</th><th>Características do Endividamento</th><th>Características do Mercado</th></tr>
<tr><td>Liquidez corrente</td><td>1,15</td><td>60% do capital corresponde ao capital de terceiros e o restante, capital próprio</td><td>O comércio desse produto está em franco crescimento, com ampla aceitação por parte do mercado (público-alvo). O giro do produto é relativamente rápido.
A empresa trabalha com proporção maior de receita a prazo com a finalidade de estimular as vendas</td></tr>
<tr><td>Liquidez geral</td><td>0,8</td><td>Custo do capital de terceiros = 10%</td><td>Padrões do setor
• Liquidez imediata = 0,35
• Liquidez corrente = 1,20
• Liquidez geral = 1,22
• Liquidez seca = 0,60
• Rentabilidade sobre o ativo – 16%
• Rentabilidade sobre o PL = 25%</td></tr>
<tr><td>Liquidez seca</td><td>0,40</td><td>Custo do capital próprio = 16%</td><td>Nível médio de estocagem do setor = 30% do ativo circulante (compatível com a capacidade e timing de absorção do mercado)</td></tr>
<tr><td>Rentabilidade sobre o ativo</td><td>14%</td><td colspan="2">60% das dívidas são do tipo onerosas.</td></tr>
<tr><td>Rentabilidade sobre o PL</td><td>25%</td><td colspan="2">Composição do Ativo Circulante</td></tr>
<tr><td>Lucro operacional ajustado (NOPAT)</td><td>$1.000.000</td><td>50% Estoques</td><td>10% Disponibilidades</td></tr>
<tr><td>Depreciação</td><td>$30.000</td><td>30% Clientes</td><td>10% Despesas antecipadas</td></tr>
<tr><td>Juros (despesa)</td><td>$40.000</td><td colspan="2">O ativo realizável a longo prazo é composto essencialmente por depósitos judiciais.</td></tr>
<tr><td></td><td colspan="3">Lucro Líquido: 350.000</td></tr>
</table>

NOTA:

- Adote o seguinte formato para o relatório: Apresentação – Análise financeira – Análise econômica – Conclusões – Recomendações – Memória de cálculo.
- A nota do relatório será dada em função do conjunto de seus elementos.
- Utilize parágrafos curtos e diretos.
- Fundamente cada afirmação feita.

AVALIAÇÃO 3. Com base nos índices já calculados e no cálculo do EVA e EBITDA (bem como dos indicadores obtidos com base nessas medidas), analise a empresa e elabore o relatório de desempenho econômico-financeiro:

<table>
<tr><th>Liquidez Imediata</th><th>0,30</th><th>Características do Endividamento</th><th>Características do Mercado</th></tr>
<tr><td>Liquidez corrente</td><td>0,85</td><td>60% do capital total corresponde ao capital de terceiros e o restantes, capital próprio. 60% das dívidas são do tipo onerosas. A maior parte das dívidas onerosas estão concentradas no exigível a longo prazo, onde seu aporte decorreu da necessidade de modernizar seu imobilizado operacional</td><td>A empresa é prestadora de serviço, operando primordialmente com receita a vista.
A tarifa do serviço é regulada, o que impede o gestor de adotar estratégias que visem ganho de margem</td></tr>
<tr><td>Liquidez geral</td><td>0,95</td><td>Custo do capital de terceiros = 10%</td><td>Padrões do setor
• Liquidez imediata = 0,35
• Liquidez corrente = 1,00
• Liquidez geral = 1,25
• Rentabilidade sobre o ativo = 10%
• Rentabilidade sobre o PL = 12,5%</td></tr>
<tr><td rowspan="2">Rentabilidade sobre o ativo</td><td rowspan="2">9%</td><td colspan="2">Custo do capital próprio = 16%</td></tr>
<tr><td colspan="2">Informações adicionais (transição dos dois últimos exercícios):
• Crescimento do passivo exigível a longo prazo = 28,3%.
• Crescimento do faturamento = 35%.
• Crescimento das despesas operacionais = 30%.</td></tr>
<tr><td>Rentabilidade sobre o PL</td><td>9,75%</td><td colspan="2">Composição do Ativo Circulante</td></tr>
<tr><td>Lucro operacional ajustado (NOPAT)</td><td>$600.000</td><td>10% Caixa
30% Bancos</td><td>Almoxarifado 25%
Adiantamentos 15%</td></tr>
<tr><td>Depreciação</td><td>$30.000</td><td>10% Aplicações financeiras</td><td>Despesas antecipadas 10%</td></tr>
<tr><td>Juros (despesa)</td><td>$40.000</td><td colspan="2">O ativo realizável a longo prazo é composto essencialmente por despesas antecipadas e depósitos judiciais.</td></tr>
<tr><td></td><td colspan="3">Lucro Líquido: 200.000</td></tr>
</table>

NOTA:

- Adote o seguinte formato para o relatório: Apresentação – Análise financeira – Análise econômica – Conclusões – Recomendações – Memória de cálculo.
- A nota do relatório será dada em função do conjunto de seus elementos.
- Utilize parágrafos curtos e diretos.
- Fundamente cada afirmação feita.

AVALIAÇÃO 4. Com base nos índices já calculados e no cálculo do EVA e EBITDA (bem como dos indicadores obtidos com base nessas medidas), analise a empresa e elabore o relatório de desempenho econômico-financeiro:

Liquidez Imediata	0,15	**Características do Endividamento**	**Características do Mercado**
Liquidez corrente	1,25	50% do capital total corresponde ao capital de terceiros e o restantes, capital próprio. 60% das dívidas são do tipo onerosas. A maior parte das dívidas onerosas estão concentradas no exigível a longo prazo, onde seu aporte decorreu da necessidade de ampliar seus pontos de venda.	A empresa é de natureza comercial, operando primordialmente com receita a prazo. A ampliação dos pontos de vendas ainda está em fase de implantação de projeto.
Liquidez geral	1,50	Custo do capital de terceiros = 10%	**Padrões do setor** • Liquidez imediata = 0,25 • Liquidez corrente = 1,50 • Liquidez geral = 1,25 • Rentabilidade sobre o ativo = 15% • Rentabilidade sobre o PL = 13,5%
Rentabilidade sobre o ativo	11,2%	Cuso do capital próprio = 16% Informações adicionais (transição dos dois últimos exercícios): • As vendas sofreram uma queda de 15% comparativamente a última estação (mesmo período no exercício anterior). • Crescimento do passivo exigível a longo prazo = 20%. • Crescimento do faturamento = 20%. • Crescimento das despesas operacionais = 18%. • Nível médio de estocagem do setor = 20% do ativo circulante. (compatível com a capacidade e *timing* de absorção do mercado). • O giro do produto é relativamente rápido.	
Rentabilidade sobre o PL	11,75%	**Composição do Ativo Circulante**	
Lucro operacional ajustado (NOPAT)	$370.000	Disponível 10%	
Depreciação	$30.000	Estoque 45%	Clientes 40%
Juros (despesa)	$40.000	Despesas antecipadas 5% O ativo realizável a longo prazo é composto essencialmente por despesas antecipadas e depósitos judiciais.	
Investimento			

NOTA:

- Adote o seguinte formato para o relatório: Apresentação – Análise financeira – Análise econômica – Conclusões – Recomendações – Memória de cálculo.
- A nota do relatório será dada em função do conjunto de seus elementos.
- Utilize parágrafos curtos e diretos.
- Fundamente cada afirmação feita.

Referências Bibliográficas

ASSAF NETO, Alexandre. *Estrutura e Análise de Balanços*. São Paulo: Atlas, 2001.

BLATT, Adriano. *Análise de Balanços: Estrutura e Avaliação das Demonstrações Financeiras e Contábeis*. São Paulo: Makron Books.

BRAGA, Hugo Rocha. *Demonstrações Contábeis: Estrutura, Análise e Interpretação*. São Paulo: Atlas, 1999.

BRAGA, Roberto. *Fundamentos e Técnicas de Administração Financeira*. São Paulo: Atlas, 1989.

CARVALHO, Irene Mello. *O Processo Didático*. Rio de Janeiro: Editora da Fundação Getúlio Vargas, 1987.

CARVALHO, Juracy Vieira. *Análise Econômica de Investimentos: EVA – alor Econômico Agregado*. Rio de Janeiro: Qualitymark, 2002.

CANDAU, Vera Maria. *Rumo a Uma Nova Didática*. Rio de Janeiro: Vozes, 1996.

COPELAND, Tom; KOLLER, Tim e MURRIN, Jack. *Avaliação de Empresas "Valuation": Calculando e Gerenciando o Valor das Empresas*. São Paulo: Makron Books, 1995.

FARIA, Wilson de. *Teorias de Ensino e Planejamento Pedagógico*. São Paulo: EPU, 1987.

FRITZEN, Silvino José. *Exercícios Práticos de Dinâmica de Grupo*. Rio de Janeiro: Vozes, 2000.

FRANCO, Hilário. *Estrutura e Análise das Demonstrações Contábeis: Uma Abordagem Prática*. São Paulo: Atlas, 1989.

FERREIRA, Genival. *Modelo de Projeção de Balanços – Um Enfoque Gerencial*. Recife: Editora Raiz, 1994.

FESS, Warren Reeve. *Financial Accounting*. Western: Ed. South.

____________________. *Corporate Financial Accounting*. Western: Ed. South.

____________________. *Financial & Managerial Accounting*. Western: Ed. South.

GITMAN, L. J. *Princípios de Administração Financeira*, 7ª ed. São Paulo: Harbra, 1987.

GUJARATI, Damodar N. *Econometria Básica*. São Paulo: Makron Books, 2000.

HELFERT, Erich A. *Técnicas de Análise Financeira*. Porto Alegre: Bookman, 2000.

ICÓ, José Antônio e BRAGA, Rosalva Pinto. EBITDA: lucro ajustado para fins de avaliação de desempenho operacional. *Revista Pensar Contábil*, novembro de 2000/Janeiro de 2001.

IUDÍCIBUS, Sérgio de. *Análise de Balanços*. São Paulo: Atlas, 1998.

MACHADO DA SILVA, Clóvis L. et al. *Mudança e Estratégia nas Organizações: Perspectivas Cognitiva e Institucional.* ANPAD, 1998. 1 disco compacto: digital, estéreo.

MARQUES, Antônio Carlos F. *Orçamento Estratégico.* Campinas: Alínea, 2001.

MARQUES, Jadir Neves. *Contribuição ao Estudo de Liquidez. RBC*, nº 57, 1986.

MARTINS, E e ASSAF NETO, A. *Administração Financeira.* São Paulo: Atlas, 1985.

MATARAZZO, Dante C. *Análise Financeira de Balanços: Abordagem Básica e Gerencial.* São Paulo: Atlas, 1995.

MINTZBERG, Henry et al. *Safári de Estratégia: Um Roteiro pela Selva do Planejamento Estratégico.* Porto Alegre: Bookman, 2000.

MINTZBERG, H. e WATERS, J. *Of Strategies, Deliberate and Emergent*; in A. David and C. Bowman (Eds.). *Readings in Strategic Management.* London: Macmillan, 1985.

MORAIS, Regis de. *O que é Ensinar.* São Paulo: EPU, 1986.

MYER, John N. *Análise das Demonstrações Financeiras.* 4ª ed. São Paulo: Atlas, 1973.

NETTO, Eduardo José. *Olho no Caixa!* São Paulo: Nobel, 1999.

OLIVEIRA, Djalma de Pinho Rebouças de. *Planejamento Estratégico.* 18ª ed. São Paulo: Atlas, 1999.

PANDELÓ JUNIOR, Domingos Rodrigues. *Avaliação de Riscos de Instituições Financeiras com Base em Dados Contábeis.* In: Encontro Nacional dos Programas de Pós-graduação em Administração. Anais ENAMPAD. Rio de Janeiro: ANPAD, 2000, 1 CD.

PIRES, Paulo Sady. *Estimativas de Analistas Financeiros e Modelos Matemáticos de Previsão: Um Estudo Comparativo.* Dissertação (mestrado) – Pontifícia Universidade Católica do Rio de Janeiro, 1986.

PORTELLA, Gualter Ramalho. *Modelos de Avaliação de Empresas Baseados em Demonstrações Financeiras e a Importância Relativa do Balanço Patrimonial e da Demonstração de Resultado.* In: Encontro Nacional dos Programas de Pós-graduação em Administração. Anais ENAMPAD. Rio de Janeiro: ANPAD, 2000, 1 CD.

PORTER, M. *Vantagem Competitiva.* Rio de Janeiro: Campus, 1989.

________________. *What is Strategy?* Boston: Harvard Business Review, v. 74, nº 6, p. 61-78, nov.-dec., 1996.

________________. *Estratégia Competitiva: Técnicas para Análise de Indústrias e de Concorrência.* 7ª ed. Rio de Janeiro: Campus, 1997.

PRAHALAD, C. e HAMEL, G. *Objetivo Estratégico*. Boston: Harvard Business Review; mai/jun, 1989.

PRESS, Eric. *Análise Financeira: 25 Princípios para Tomar Decisões com mais Segurança*. São Paulo: Publifolha, 2002.

QUINN, J. *Strategies for Change*. Homewood, Illinois: Irwin, 1980.

RODRIGUES, Artur Jorge e ARMADA, Manuel José da Rocha. *Uma Análise Multivariada da Utilização dos Critérios de Avaliação de Projectos de Investimento em Portugal*. In: Encontro Nacional dos Programas de Pós-graduação em Administração. Anais ENAMPAD. Rio de Janeiro: ANPAD, 2000, 1 CD.

SÁ, Antônio Lopes de. *Estudo Analítico da Rentabilidade das Empresas*. Apec Rio de Janeiro, 1976.

____________________. *Teoria Geral do Conhecimento Contábil*. Belo Horizonte: IPAT-UNA, 1992.

____________________. *Análise Empresarial e Liquidez Financeira*. *RBC*, nº 38, 1981.

SANTI FILHO, A. e OLINQUEVITCH, J. L. *Análise de Balanços para Controle Gerencial*. 3ª ed. São Paulo: Atlas, 1996.

SANTOS, Samuel Cruz dos. *Um Modelo de Análise Discriminante Múltipla para Previsão de Inadimplência em Empresas*. Dissertação (mestrado) – Pontifícia Universidade Católica do Rio de Janeiro, 1996.

SAMANEZ, Carlos Patrício e MENEZES, Angela de Souza. *Análise de Solvência de Instituições Bancárias : Uma Abordagem Multivariada*. In: Encontro Nacional dos Programas de Pós-graduação em Administração. Anais ENAMPAD. Rio de Janeiro: ANPAD, 1999, 1 CD.

SCHRICKEL, Wolfgang Hurt. *Análise de Crédito: Concessão e Gerência de Empréstimos*. São Paulo: Atlas, 1997.

____________________. *Demonstrações Financeiras: Abrindo a Caixa-preta*. São Paulo: Atlas, 1997.

SCHWARTZ, Peter. *A Arte da Previsão: Planejamento o Futuro em um Mundo de Incertezas*. São Paulo: Página aberta, 1995.

____________________. *Análise Financeira de Empresas*. 3ª ed. São Paulo: Atlas, 1996.

SILVA FILHO, Plínio Guilherme da. *Administração do Capital de Giro: Um Modelo de Otimização para Rentabilidade × Risco × Liquidez para Planejamento Integrado do Capital de Giro*. 2v. Dissertação (mestrado) – Pontifícia Universidade Católica do Rio de Janeiro, 1984.

SILVA, José Pereira da. *Análise Financeira de Balanços*. São Paulo: Atlas, 1998.

TELES, Odenildo de Sá. *Análise de Demonstrações Financeiras: Uma Abordagem Objetiva*. São Paulo: Lasergraf, 1997

THEISS JÚNIOR, Felix Christiano e WILHELM, Pedro Paulo Hugo. *Análise do Capital de Giro: Modelo Dinâmico versus Modelo Tradicional*. In: Encontro Nacional dos Programas de Pós-graduação em Administração. Anais ENAMPAD. Rio de Janeiro: ANPAD, 2000, 1 CD.

THOMPSOM, Arthur e STRICKLAND III, A. J. *Planejamento Estratégico: Elaboração, Implementação e Execução*. São Paulo: Pioneira, 2000.

TREUHERZ, Rolf M. *Análise Financeira por Objetivos*. São Paulo: Pioneira, 1987.

VALADARES, Maurício C. B. *Planejamento Estratégico Empresarial: Foco em Clientes e Pessoas*. Rio de Janeiro: Qualitymark Editora, 2002.

VASCONCELOS, Yumara Lúcia. EBITDA: *Retrato do Desempenho Operacional*. Artigo publicado na *IOB – Informações Objetivas*. IOB COMENTA, 49/2001.

__________________. *Aplicações do Fluxo de Caixa para os Empreendimentos de Pequeno Porte. IOB – Informações Objetivas*, 2ª semana, junho/2001.

VASCONCELOS, Nanci Pereira de. *Reflexões sobre o Sistema de Informações Contábeis. Revista Álvares Penteado*, nº1, dezembro, 1998.

VERTES, Alexandre. *Estrutura, Análise e Interpretação de Balanços*. Porto Alegre: Unisinos, 1977.

VICARIO, Rafael Becerra. *El análisis financiero como instrumento para la predicción de la insolvencia: una aplicación a la empresa turística española*. Disponível em http://www.turismo.uma.es/turitec/turitec99/pdf/ep3.pdf. Acesso em 02 fev.2003.

VOLKEMA, Roger e NESS, Walter. *Estudos em Negócios*. Rio de Janeiro: Mauad, 2001.

YOSHITAKE, Mariano. *Teoria do Controle Gerencial*. São Paulo: IBRADEM, 2004.

YOUNG, David S. e O' BYRNE, Stephen F. *EVA e Gestão Baseada em Valor: Guia Prático para Implementação*. Porto Alegre: Bookman, 2003.

ZEGARRA, Sofía Lilliane Villgarcía; VIVANCOS, Adriano Gameiro; CARDOSO, Francisco Ferreira. *Papel da força engenharia & projetos na competitividade das empresas construtoras e integração entre cadeias dea Valores*. v. 1 p. 81-90. In: I Simpósio Brasileiro de Gestão da Qualidade e Organização do Trabalho, Pernambuco, 1999. Artigo Técnico.

A Autora

YUMARA LÚCIA VASCONCELOS, graduada em Ciências Contábeis pela Universidade Católica de Salvador-BA, é Mestre em Contabilidade pela Fundação Visconde de Cairu, da qual agora faz parte como pesquisadora e docente dos cursos de graduação em Administração com habilitação em Marketing e Ciências Contábeis. Doutoranda pela Escola de Administração da Universidade Federal da Bahia.

É membro efetivo da Academia Nacional de Economia como representante do Estado da Bahia. Foi professora-substituta do Departamento de Ciências Contábeis da Universidade Federal da Bahia e da Universidade Católica de Salvador. É professora do programa de cursos de pós-graduação da Faculdade de Ciências da Administração de Petrolina-PE e Fundação Escola Álvares Penteado – regional Bahia, atuando nesta última como coordenadora dos cursos Controladoria Estratégica e Contabilidade Gerencial. Exerce ainda atividades técnicas como sócia-diretora da Unidade Treinamentos Empresariais.

É autora de diversos artigos técnicos publicados em jornais e revistas especializadas, nacionais e internacionais.

MERCADO FINANCEIRO (16ª Edição)

Autor: Eduardo Fortuna
ISBN: 85-7303-349-5
Nº de páginas: 656
Formato: 18 X 25cm

O texto, atualizado de acordo com as últimas normas legais, inclui todas as novidades relacionadas aos fundos de investimentos. Consagrado como a bíblia do profissionais da área financeira, e cada vez mais adotado nos cursos de graduação e pós-graduação, o livro já vendeu mais de 120 mil exemplares. Esta nova edição, além do texto atualizado de acordo com as últimas normas legais, inclui as mais recentes novidades relacionadas à facilitação na concessão de empréstimos e na aplicação em fundos de investimentos.

EVA – VALOR ECONÔMICO AGREGADO

Autor: Al Ehrbar
ISBN: 85-7303-225-1
Nº de páginas: 208
Formato: 18 x 25cm

Um dos principais objetivos desta obra é apresentar estudos de casos reais que ilustrem as soluções do método EVA para anomalias contábeis. Explicar o funcionamento do sistema e a forma como é medido, além de demonstrar como é possível alinhar interesses de acionistas e da gerência para torná-los congruentes.

CONTROLES FINANCEIROS E FLUXO DE CAIXA

Autor: José Segundo Filho
ISBN: 83-7303-568-4
Nº de páginas: 176
Formato: 18 x 25cm

Este livro mostra a importância de controles financeiros nas organizações, apresentando metodologias para a implantação de um sistema de controle financeiro. Estruturação, planejamento e elaboração do controle do fluxo de caixa diário e mensal, projetos de investimentos e os principais métodos de avaliação de negócios. O autor ainda apresenta alguns exercícios práticos com o objetivo de facilitar a assimilação dos conceitos apresentados.

Qualitymark Editora

Rua Teixeira Júnior, 441 – São Cristóvão
20921-400 – Rio de Janeiro – RJ
Tel.: (21) 3860-8422
Fax: (21) 3860-8424

www.qualitymark.com.br
e-mail: quality@qualitymark.com.br

Dados Técnicos:

• **Formato:**	18×25cm
• **Mancha:**	14×21cm
• **Fontes Títulos:**	Square721CnBT
• **Fontes Texto:**	Palatino Linotype
• **Corpo:**	11
• **Entrelinha:**	13
• **Total de Páginas:**	376